先秦史

萧璠◎著

傅乐成主编 张鸣序荐

中国通史

九州出版社
JIUZHOUPRESS

图书在版编目（CIP）数据

先秦史／萧璠著．—北京：九州出版社，2009.6
（中国通史／傅乐成主编）
ISBN 978-7-5108-0057-3

Ⅰ．先…　Ⅱ．萧…　Ⅲ．中国－古代史－先秦时代　Ⅳ．K222

中国版本图书馆 CIP 数据核字（2009）第 085060 号

先秦史

作　　者　萧　璠著
出版发行　九州出版社
出 版 人　徐尚定
地　　址　北京市西城区阜外大街甲 35 号（100037）
发行电话　(010) 68992190/2/3/5/6
网　　址　www.jiuzhoupress.com
电子信箱　jiuzhou@jiuzhoupress.com
印　　刷　三河市汇鑫印务有限公司
开　　本　720×1000 毫米　16 开
印　　张　16.5
字　　数　139 千字
版　　次　2009 年 11 月第 1 版
印　　次　2009 年 11 月第 1 次印刷
书　　号　ISBN 978-7-5108-0057-3
定　　价　39.80 元

简体版序

张　鸣（著名人文学者）

英国哲人培根说，读史使人明智。对中国人而言，读史能否使人明智倒在其次，主要是可以使人愉快。古代的中国人，文学和历史是分不大清的，因此大量被中文系视为文学作品的东西，当初作者和读者都是当历史来看的。四大名著中最受欢迎的《三国演义》，其实就是在讲史。而最像小说的《红楼梦》，其实当初倒不那么受老百姓待见。

经过一百多年的折腾，中国人毕竟已经迈进了现代社会。老黄历不用再提，至少受过教育的读书人，知道了什么是历史，什么是小说。小说、电视剧里胡编和半胡编的历史故事，看了过瘾之余，有时候也想看点“历史的真实”。更有野心的历史爱好者，一般都想通过读史，最好是系统地读史，了解历史的全貌。这时候就用得着通史了。很多爱好者，只要读史，首选往往就是通史。真正专门化的历史研究，其实跟其他学科一样，没有点专业训练，还真不一定读得懂。其实，就算一般文科类的学科，如果学校不那么功利，似乎也应该给学生们开一两门通史课，当然，首先是开中国通史课。前些年，博士生面试的时候，经常能碰上号称把中国历史都读通了的考生，一问才知道，他们所谓的“读通”，无非是看了一套中国通史而已。

不过，中国人尽管喜欢通史，但以往的积习却很难全然改掉。写通史尽管不一定要写成通俗历史故事，但还是要通俗易懂才好，否则，读者面就受限制。中国史学界有一种说法，说是20世纪出产的中国通史，有两部半著作值得称道：一是钱穆先生的《国史大纲》，一是吕思勉先生的《中国通史》，半部是张荫麟先生的《中国史纲》（未完成）。其实，如果按我的看法，还有三部通史也相当不错，一是夏曾佑先生的，一是缪凤林先生的，还有就是范文澜先生的。其中夏曾佑先生的著作，原是为中学做教科书的，写得相当有见地，而且是中国人做西洋式通史的第一部。缪凤林先生的通史比较扼要，但很有特点。范文澜先生的大作，是最长的，也是按唯物史观写通史诸大作中，最足观的一套。

但是，作为一般爱好者而言，上述的所有通史，都有一个毛病，就是不够通俗晓畅，对于史学爱好者来说，都有点难度。1949年之后，中国史学界分为大陆和台湾两大块。由于台湾学界相对比较平静，没有那么多折腾事儿，因此，成就斐然。为一般爱好者书写的通史，也大有可观。开放之后，我通过各种渠道，见过一些台湾史学家编写的中国通史，大体叙事都比较清楚，文字干净。特别优秀的，不仅通俗易懂，而且文辞优美。每个章节，都有历史随笔的味道。比较起来，大陆史学界尽管开放之后，研究方面有了长足的进步，但通史写作，却在开倒车。某些长篇巨制，块头虽大，但不仅内容杂芜，优劣不一，而且文字干瘪，味同嚼蜡。面向市场的所谓图文本通史，主编者名头虽响，但具体编写则是一群毫无研究的学生，等于是书商为了挣钱临时找人凑出来的，不仅毫无见地，而且有大量的常识错误。至于各个大学开这门课的学者，为了评职称各自为战、画地为牢编出来的通史教材，则更是不忍卒读。

傅乐成先生主编的这套七卷本的《中国通史》，是我所看到台湾同类著作中，比较出色的一部。傅乐成先生，是傅斯年先生的侄子。傅斯年先生虽然长期主持"中研院"史语所，自认是"二流人才"，但其实早在北大读书期间，就是一位连老师都不敢小窥的牛学生。胡适先生回国在北大讲中国哲学史，如果不是得到作为学生领袖的傅斯年先生的支持，是根本站不住脚的。傅斯年先生的史学著述虽然不多，但大气磅礴，独树一帜。傅乐成先生从小得家学真传，名儒熏陶，不仅通经史，而且于文学和绘画，也有相当造诣。西南联大毕业之后，他立志史学，在秦汉史和隋唐史方面建树颇多。去台后，更是一步一个脚印在史学界耕耘，在台大历史系做教授多年，是位政学两界任何人都无法忽视的人物。

傅乐成先生主编的这部通史，是由他牵头、组织五位台湾史学界第一线的青壮年俊彦编写的。每个人都是学有专攻的史学家，按自己的研究领域，撰写自己精熟的那部分，最后由傅乐成先生统稿。每本都是名副其实的著作，不像我们这边仅仅是编写。应该说，这套通史的作者，个个文笔俱佳，学、才、识三者足备。书成之后，在话语圈里，影响巨大，长期以来，既是爱好者的案头书，也是大学的常用教材，甚至一些研究者，也能从中得到教益。有人说，这套书保留了文言文的古意，因此，读来如饮醇醴。其实，在我看来，这套书最大特点，是有见地，不人云亦云；简单、干净，能把很复杂的事情，三言两语道个明白。不在史料里浸润多年，看过不知成亿字的资料，断不能为此。

傅乐成的通史来了，说实在的，对于大陆史学爱好者而言，这比台湾著名的娱乐节目"康熙来了"，更像是福音。

2009年7月29日于京北清林苑

原书序

傅乐成（著名历史学家）

这部《中国通史》是我和几位年轻朋友的集体著作，也是一项大胆的尝试。

我早有这么一个想法，邀集几位年轻朋友，每人分写一部分，合编成一部《中国通史》。因为写通史不是件容易的事，由一个人来写，极其吃力；尤其是上了岁数的人，不但力不从心，而且于对许多问题会考虑再三，有时简直无法下笔。但年轻人精力足且有胆量，有自己的想法、看法和写法，写出来可以使沉闷的史学出版界添几分生趣。

直到去年春天，这个想法才因长桥出版社的赞助有了实现的希望。当时我邀集了几位年轻朋友，商讨此事。他们也都是我从前或现在的学生，分别是萧璠、邹纪万、王明荪、姜公韬、段昌国诸棣。其中除了邹君现仍在台大历史学研究所就读外，其余四棣都毕业于台大、政大等校研究所，现任台湾、中兴、东吴等大学的讲师。他们在校时是读书勤奋的好学生，在各校教书也都是优秀的教师。他们各有专长，而且沉潜于史学的研究，历久不懈，都曾有不少的论文发表。在我的敦劝下，他们都答应参加这个工作。

商讨的结果，我们把中国历史分成七段，每人各就所长，撰写一段或两段。由萧璠棣写上古部分，邹纪万棣写秦汉和魏晋南北朝部分；隋唐五代部分，因一时找不到人，由我承乏；宋辽金元、明清两部分，由王明荪、姜公韬两棣分担；近代部分则由段昌国棣担任。并由我兼任主编，负责内容的审查和文字的修润。同时接纳长桥的意见，每段的文字，以不超过十万字为原则，用语体文撰写，文字以简洁生动为主。此外并尽量搜罗有关各代的历史图片和地图，以求“图文并茂”。

据我审阅的结果，各部分的内容大致完备，取材也颇审慎，文笔大体清顺，若干地方还有些新颖的见解。但就这部书的整体来说，每部分的字数不算平均，有的部分尚能按照规定，在十万字左右，有的则超过规定两三万字，但这还不算大缺点。最大的疏失，在于章节编排的繁简不均。因为此书成于多人之手，最初也没有硬性规定每部分须分若干章，因此有的部分多至二十章，有的则仅有四、五章，读来有不调和之感。这些要请读者原谅。

总之，这部书的各位作者，除我之外，都是年富力强勤勉有为的历史学者。年轻人写的书，大半新颖可爱，当然也难免有错误缺失之处。我主编这部书，主要目的也是在给予他们一种磨练和鼓励。他们的成就在将来，这部书只是他们此后长期历史工作的一个开始和尝试。还望读者不吝指教！

1978年10月于台北

目录

第一章

中国文明的诞生

第一节　文明前的黑夜

在中国境内很早就有人类居住、繁殖、活动。中国的旧石器时代可以上溯到距今约 200 万年前。

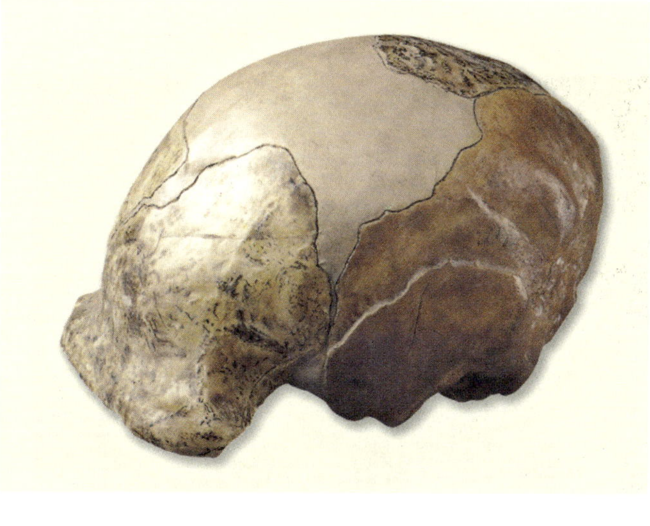

北京人头盖骨。顶骨低平、前额后倾、眉脊粗壮，有与猿相近的特征，距今约 50 万年，旧石器时代早期，北京市房山县周口店第一地点出土。同时发现有动植物化石、石器及用火遗迹，可知当时北京地区较现在温暖，有森林、草原。他们制作石器，从事采集、狩猎，用火烤兽肉，过着十分原始的生活。

一、旧石器时代早期

旧石器时代早期人类活动的遗迹在我国境内发现了不少，重要的有山西芮城西侯渡及匼河、平陆庙后、垣曲南海峪、交城、宁武阳方口及郭家井、朔州梵王寺及沙河村；陕西潼关张家湾及卧龙铺、蓝田陈家窝及公王岭；河南陕县侯家坡、安阳北楼顶山；北京房山周口店；内蒙古喀喇沁左翼旗鸽子洞；湖北大冶石龙头、郧县；云南元谋上那蚌等地。

这个时期的人类有在云南元谋发现的元谋猿人，其时代据古地磁测定可能早达距今约 170 万年前；此外尚有蓝田陈家窝出土、距今约 60 万年前的蓝田猿人，房山周口店出土、距今约 50 万年前的中国猿人，即北京人。蓝田猿人具有先天性第三臼齿缺如的体质特征，这种现象在现代的蒙古种人，即黄种人当中出现得最频繁。北京人也具有铲形门齿等十七点与蒙古

◉ 辽宁喀左水泉乡鸽子洞石器，旧石器时代中期。多为石英岩、燧石制成，有刮削器、尖状器和砍砸器，还有较精致的雕刻器，主要是用锤击法打制而成。（下左）

◉ 元谋人上（左）、中门齿（右），距今约 170 万年，旧石器时代早期，云南元谋县上那蚌村出土。元谋人是目前中国境内发现的时代最早的直立人。这两枚门齿冠下部的底结节发达，指状突粗壮，都是纤细类型南猿向直立人过渡的代表特征。在元谋人牙齿化石层位中，还发现了中国犀和剑齿象等哺乳动物化石、石制品及大量炭屑，说明元谋人生活的环境温暖而湿润，使用石制工具，并可能懂得用火。（下右）

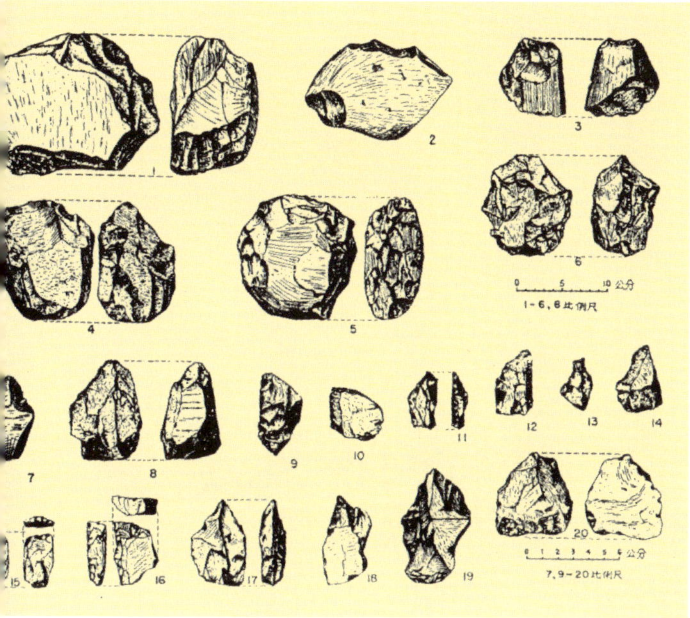

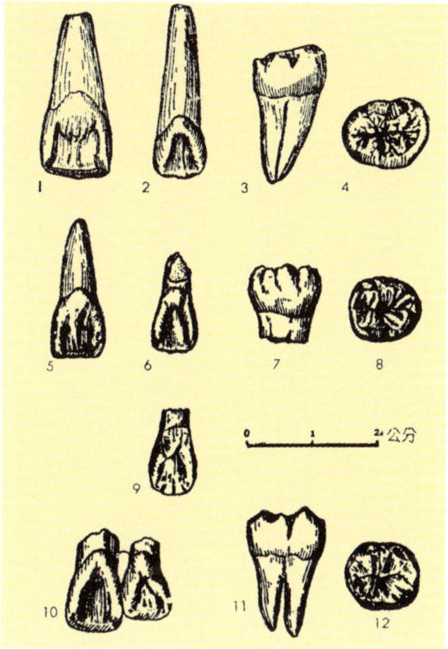

● 北京人的石器（上左）

● 北京人、丁村人、河套人与现代人的铲形门齿的比较。1.2. 北京人门齿；3.4. 北京人臼齿及其嚼面；5.6. 丁村人门齿；7.8. 丁村人臼齿及其嚼面；9. 河套人门齿；10. 现代华北人门齿；11.12. 现代华北人臼齿及其嚼面。（上右）

种相同或近似的体质特点。这显示出现代蒙古种人虽然不一定是他们一脉相传的后裔，但是和他们之间仍然具有某种程度的遗传关系。

由于资料的限制，我们对这个时代所知不多，譬如关于元谋猿人，我们只晓得他们拥有极原始的石器，并且已开始使用火了。旧石器时代早期的人类生活状况可以用北京人的活动情形为例子来了解。他们过着打猎和采集的经济生活，使用石器并可能用木棍来猎取鹿、水牛、野猪、象、犀牛、虎等野兽，同时采集朴树子作为食物。他们居住在天然的山洞里，已经知道用火，砍取荆树等树木作为薪材。在石器的制造方面，北京人和较早的蓝田人一样，所选用的石材都是以石英岩和脉石英为主。北京人比起那些

中国旧石器时代人类和主要文化遗址分布图

时代上较蓝田人更早、生活在匼河地区的人们来，已经掌握了更进步的技术。匼河及周口店两地的石器都是打制的，而且多半没有经过第二步的加工处理，而北京人的石器比匼河地区出土的石器打制得较规则。在石器的第二步加工方面，周口店的石器也比较精致，制成的样式也比较复杂。一般说来北京人制造石器，不论是打击石片或修整工作，都有一定的方法及步骤。制成的石器依形制及打制技术大约可以分为四类：偏锋砍伐器、中锋砍伐器、石片器及石核器。至于匼河居民所使用的三棱大尖状器、石球以及蓝田人的大尖状器，则北京人都没有制造。北京人居住的洞穴中还出土有不少击碎的兽骨残片，他们是否已经制造并使用骨器，还不能确定。

北京人可能已经过着某种社会群体生活，至少为了围猎的需要，他们可能发展出了经常相互合作以便于打猎的群体。

二、旧石器时代中期

出土旧石器时代中期人类化石及工具的重要地点有山西曲沃里沟及南梁、襄汾丁村、交城西冶河、静乐风程山、朔州后屹塔峰、保德火山，河南灵宝孟村，陕西吴堡宋家川、榆林油房头、神木永兴堡，甘肃庆阳赵家寨，宁夏中卫，湖北长阳赵家堰，广东曲江马坝乡等处。发现的化石人有丁村人、

石球，距今约10万年，旧石器时代中期，狩猎工具，山西阳高县许家窑出土。石球是许家窑文化中最富特色的器物，最大的重1.5千克，最小的重100克，粗大的用于直接投掷野兽，中小型的石球可用作飞石索。出土石球的同时，还发现大量动物化石，有野马、披毛犀和羚羊等，仅野马化石就有300多匹，是许家窑人用石球猎获野马的有力证据。（上左）

三棱尖状石器，距今约7万年，旧石器时代中期，山西襄汾县丁村出土。三棱尖状石器是用以挖掘根茎类植物的工具，一般个体较为粗大，多用巨厚石片制成，从平坦的一面向背面加工，使背部成棱脊或高背状。此类器物在距今180万年前的西侯度地点和距今70～80万年前的匼河遗址，还有山西怀仁鹅毛口早期新石器时代遗址均有发现，被视为匼河—丁村文化系统的代表石器，并认为是确定这种文化系统的重要依据。（上右）

长阳人和马坝人等，他们显然已经具备了更接近现代人的体质特征。其中丁村人的两颗上门齿都呈现铲形的特点，这是从北京人直到现代中国人都具有的特征。

从丁村人发现的遗址，我们可以推测出当时生活的情景。丁村人生活的当时，丁村地区的气候比现在要温暖些，人们一方面猎取附近草原上的扁角鹿、象、犀牛、熊、貉等动物，同时也发展出了渔捞业，从汾河中捕捉青鱼、鲤鱼、草鱼、厚壳蚌等水产作为食物。

丁村人的石器多用角页岩来制造，大体上多用摔砸法和碰砸法打成，跟旧石器时代早期的传统没有什么差别，一般也很少作第二步的加工修整。石片石器数量极多，石器的类型以砍伐器为主，石球及三棱尖状器显示出丁村与匼河的渊源关系。但是丁村旧石器比起匼河、周口店等早期的石器来，却有明显的进步，即丁村人已经有了原始的石瓣技术，同时也发展出了先进行石核的修整并敲打出打击台面，然后才开始打击石片的工具制造程序。石器也呈现比较明显的类型分化，反映在工具的使用上也有了一定程度的分工。

三、旧石器时代晚期

旧石器时代晚期的遗址在我国境内分布相当广泛，在山西阳高许家窑、河曲巡检司、朔州峙峪、阳城固隆、偏关，北京房山周口店山顶洞，河南安阳小南海、许昌灵井砦，宁夏银川水洞沟，内蒙古萨拉乌苏河谷的小桥畔及大沟湾、清水河、托克托、河套西北角圣雅各教会附近，陕西榆林鱼河堡，四川资阳黄鳝溪，广西柳州白面山白莲洞、柳江通天岩及陈家岩、来宾麒麟山、都安，辽宁建平、凌源八间房，黑龙江哈尔滨，山东新泰，云南丽江、宜良，四川大渡河北岸汉源富林镇，台湾台南左镇等地都有发现。

在这个时期里出现了现代人类，即“智人”。河套人、周口店的山顶洞人、许家窑人、灵井人、资阳人、柳江人、麒麟山人、都安人、建平人、新泰人、左镇人等都属于现代人，但或具有若干较原始的特征。左镇人的时代据其含氟量与含锰量的推测，大约在距今2万至3万年前。山顶洞人的时代据碳十四的测定约在一万八九千年前。

河套地区的石器比起丁村的石器来，很明显地有更重大的进展，比如在石片的制造上，打击石片前，先修整石核并预备打击台面的制造技术已经发展到相当成熟的阶段了，经过第二步加工的石片中也显示出较熟练的石瓣技术。同时这些有进一步加工痕迹的石器也显现了明确的定型化的趋势，器具形态中还出现了“雕刻器”这种新器型。这些变化反映出石器工具正迅速地朝着分工的方向进展，为了不同的工作上的需要而发展出某种特殊的工具形态，来供特定的范围内使用，即已经开始呈现出明显的专门化的倾向。

在清水河及萨拉乌苏河地区的石器当中值得注意的是有了细石器，器型细小，可能河套人已经会制造复合器具，即把许多小片石器镶嵌在骨角做的把柄上来使用。

河套地区中，萨拉乌苏河遗址的石器与朔州峙峪、阳城固隆、河南安阳小南海、许昌灵井砦的石器，多有相同或相近似的特点，并且都有器型较小的细石器，说明了这几处地区间存在着某种程度的技术交流关系。灵井砦遗址中还出土了海生软体动物牡蛎的壳，显示灵井人和滨海地区的人们也有往来。但在另一方面各地区的石器又具有自己的特色，反映出人们在不同的地理环境下发展出的工具也带有地方性的风格。

在这个时期的末尾，人类的生活有了更明显的变化。周口店山顶洞中发现大量的脊椎动物化石以及巨大的河蚌壳、鱼脊椎骨、青鱼眼上骨、海蚶壳。广西来宾麒麟山盖头洞中出土有鹿、野猪骨头和大量的螺蛳壳堆积，

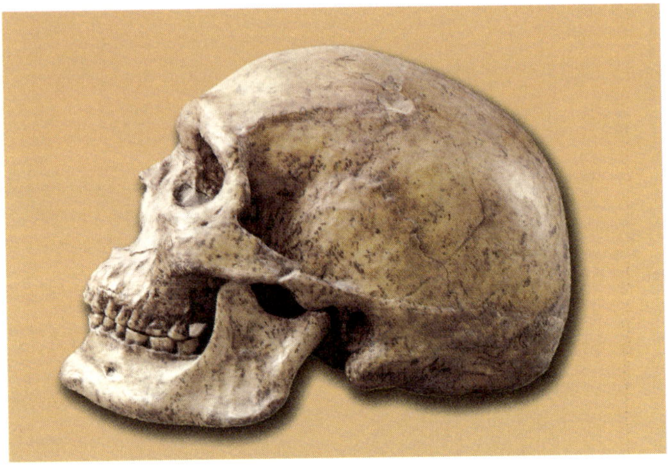

山顶洞人头骨，距今约1.8万年，旧石器时代后期，北京市房山周口店龙骨山山顶洞出土。山顶洞人头骨已经具有现代人的形状，脑量约1300毫升～1500毫升，在现代人脑量的变异范围以内。

柳州白面山白莲洞也有同样的螺蛳壳堆积，表明打猎及渔捞的经济活动有了相当的进展，为人类提供了更多的食物。

在工具制作方面，人类创造了更进一步的成就。在周口店上洞发现的山顶洞人已经掌握了更进步的石器制造技术，即他们已懂得用磨制和钻孔的方法来生产更精致的石器，而不纯用打击的技术。一片带有磨制痕迹的砾石标本，显示在时代上大致与山顶洞人同时的灵井人也发展出了近似的成就。

在工具材料的种类上，这时已经很明显地可以确定有了骨器，在哈尔滨、周口店上洞都有。上洞就曾经出土过一件骨针。上述各遗址的发现显示当时人们常利用天然的岩洞作为居址；据上洞发掘出的骨针可以推测山顶洞人或许已有了某种兽皮缝合的衣服。

当时的生活大概由于食物的来源较为丰富以及生产工具的改进而有了某种程度的改善，人们也比过去更可能节省下部分的时间和精力来从事解决生存问题以外的活动，即致力于文化的创造，于是出现了原始宗教和原始艺术。在周口店上洞中发现了人类尸体埋葬的仪式，在尸骨的旁边放置

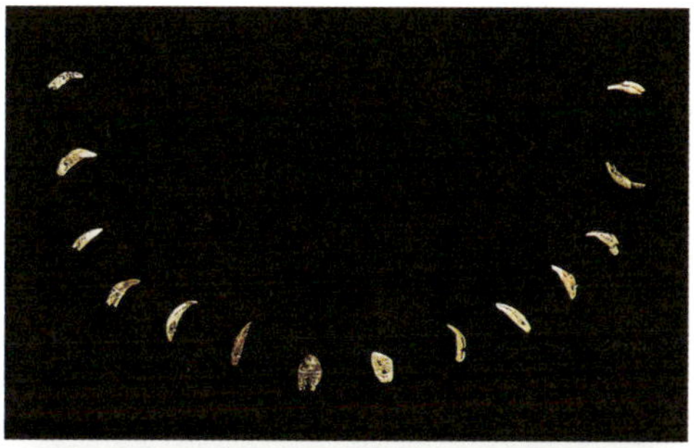

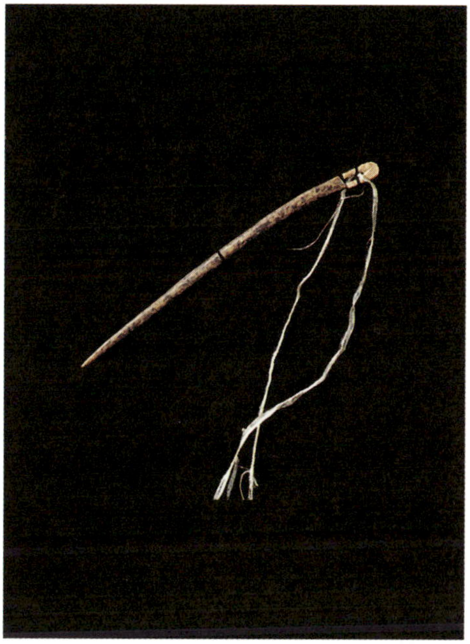

● 饰珠和赤铁矿，距今约 1.4 万年，旧石器时代后期，1972 年～ 1974 年在河北阳原县虎头梁出土。这些饰珠由鸟的骨管制成，一端被仔细磨过，另一端则粗粗一磨，可能是供系绳佩戴。赤铁矿石是原始人用作染色的一种原料，如将动物筋或植物纤维做成的绳子染成红色，原始人也用赤铁矿从事宗教活动。（上左）

● 骨针，距今约 1.8 万年，旧石器时代后期，缝纫工具，1933 年北京市房山周口店龙骨山山顶洞出土。残长 8.2 厘米，孔径 0.31 厘米～ 0.33 厘米。这是中国已发现的时代较早的骨针之一，针尖锐利，表面有刮磨痕迹，针孔用尖状器刮挖而成。据这件骨针，可以推断出，山顶洞人已经开始利用兽皮、兽筋等材料缝制衣服，以抵御寒冷。（上右）

着随葬品，包括穿孔的狐牙及介壳等物，并且发现了赤铁矿的碎块；尸体附近的地层都被赤铁矿粉末染成了朱红色，说明山顶洞的居民已经有了死后的信仰，在人死后需要安排一项表示结束现世生活并进入另一个世界、开始下一度新生活过程的手续，也就是埋葬的仪式，这是原始宗教的萌芽。

在同一地点也出土了一批装饰品，其中有 7 件磨制钻孔的石珠，1 件由河水自然磨圆而由人加工钻孔的砾石，4 件鸟骨管，3 枚穿孔的海蚶壳，135 枚穿孔的兽牙，包括狐、鹿、獾的犬齿和虎的门齿，此外还有 1 件穿孔的鱼骨。这些佩饰物显示了审美观念的存在。到目前为止，这是原始艺术活动在我国境内最早的记录。

年堙代远的旧石器时代在整个人类的历史中占了大约百分之九十九以上的时间，而我们对这个时代的认识却是极其有限的，这是一个黑暗的漫漫长夜。与其说这是由于旧石器时代距离我们太遥远，留下的痕迹太少而使我们产生这种印象，还不如说这是因为这个时期人类的时间和精力，多半花费在应付极困难的环境和解决最基本的生存问题上去了，因此限制了他们的文化活动而导致了这个结果。

第二节　文明曙光的映照

新石器时代在人类历史上是一个具有关键性意义的时代，在这个时代里人类展开了历史上的第一次产业革命，发明了两种新形态的经济活动——农业和畜牧：将天然的植物结实加以人工的播种、培育、收获；把野生的兽类加以驯服、饲养，使其繁殖。这次产业革命把人和自然的关系作了重大的转变，把人类由只知道从大自然攫取食物的自然的寄生者转变成了食物的培育、生产者，减轻了人类对自然的依赖，也使人类在某种程度上突破了大自然的限制，比较不像过去那样强烈地受到气候变迁、植物生长季节、动植物生态环境等自然因素对其经济生活的支配。经济的跃进为人们生产了更丰富的食物，并且有时候还可能有剩余可供人们储藏起来，以应付灾变时的需要，更重要的是提供给人类比较稳定的食物来源。同时农业与畜牧的经营也使人类逐渐地定居下来，节省下更多的时间和精力。在这样的基础上，人类的生存有了比较可靠的保障，生活得到了更进一步的改善，有了更多的闲暇和精力来进行文化的发展，因而加快了文化前进的步伐，把文化的水平推到更高的一个阶段。

我国境内出土新石器时代遗存的地点极多，分布的范围遍及全国各地，东北、蒙新草原沙漠地带、西藏高原、华北、华南、台湾、海南诸岛都有发现。但是经过广泛发掘、深入研究及有系统的整理而能详知的文化却为数不多，目前只能透过一些了解较清晰的文化来认识我国新石器时代文化的轮廓。

由于考古发现的不足，还不能具体地把握从旧石器时代晚期过渡到新石器时代这个重要的环节，因此我们对新石器时代初期文化的认识就目前所知而言可以说是十分模糊的。在北京西北门头沟附近的东胡林村（距山顶洞人遗址北方约 35 公里），发现了新石器时代早期的遗址，其中出土的一个少女也呈现有典型的蒙古种人的体质特点，即其上门齿具有明显的铲形特征。东胡林人的石器仍旧是打制的，而且没有进一步的加工痕迹。在这里发现了两件女用的装饰品，一件出土在颈部，是用 50 枚蜒螺壳穿孔制成的项圈，一件是由 7 枚牛肋骨管制成的环，戴在腕上。蜒螺是生活在海滨地区的生物，这说明了东胡林人的活动范围与山顶洞人类似，使用介壳及骨管作佩饰的习惯显示出东胡林人与旧石器时代晚期山顶洞人在文化上有继承的关系。值得注意的是，在东胡林人的生活用具中还没有发现陶器，同时也没有农业和畜牧活动的痕迹。

一、早期农村生活的开展

一直要到公元前 5000 年左右，新石器时代文化才显现出相当高度发展的农业和畜牧的存在。当时我国境内的文化中心分布在三个地区：一是东南沿海地区，即在福建、广东沿海及台湾；一在华东沿海地区，即山东、江苏、浙北一带；另一个则在华北黄土高原的东南部，即晋南、豫西及关中东部。

1. 仰韶文化

山西、陕西、河南三省交会的地区是仰韶文化分布的核心地区，从这向北可以分布到河套，西抵渭水上游、洮河流域，南达汉水中、上游，东北波及河北全省，甚至远到张家口一带，向东到河南东部。这个文化在不同的时代和分布地域中显现出各种不同风格的面貌，分别代表了富于特殊色彩的各种文化类型。大体上，仰韶文化可以划分为中原仰韶文化与甘肃仰韶文化。中原仰韶文化包括若干不同时期的类型，其中有以西安半坡村为代表的半坡类型，有以河南陕县庙底沟为代表的庙底沟类型，二者均分布于晋南、豫西及关中一带；还有由河南安阳后岗得名的后岗类型，广泛出现于河北境内及河南北部；有秦王寨类型，命名自河南广武秦王寨，分布在河南北部及西南部；又有以安阳大司空村为代表的大司空村类型，其

● 猪面纹细颈彩陶壶，仰韶文化半坡类型，甘肃秦安县王家阴洼出土。半坡类型彩陶上的动物形纹样，多与原始宗教信仰有关，面目威猛的猪面纹样寓有避凶化吉的意念。（上左）

● 红陶人头像，仰韶文化庙底沟类型，甘肃礼县高寺头出土。原为陶器的上部，在头顶有一个黄豆般大的小孔，额上有半圈凸起的条状饰物，人头塑像敦厚而饱满，雕塑的立体感显得很强。（上右）

红陶人头瓶，马家窑文化石岭下类型，甘肃秦安县出土。马家窑文化是中原仰韶文化后期在甘肃的继承和发展，故又名甘肃仰韶文化。（上左）

旋纹带流敛口彩陶瓮，马家窑文化半山类型，甘肃兰州市关庙坪出土。这是当时新颖的器型，也是半山类型出现的特有的水器样式。（上右）

遗址多发现于冀南、豫北一带。此外，其他地区也有表现浓厚地方特色的仰韶文化。经碳十四测定，再加上树木年轮修正的年代指示，中原仰韶文化大约起讫于公元前 5000 年到前 3000 年。半坡类型遗址的时代大体上比庙底沟类型的早，大致在公元前 4000 年之前。经校正的后岗类型的碳十四年代约在公元前 4500 年至前 4000 年间，秦王寨类型则在公元前 3800 年至前 2900 年左右，大司空村类型大致与秦寨王类型同时。甘肃仰韶文化包括有天水、武山一带的石岭下类型，有由临洮马家窑得名的马家窑类型，又有以临洮半山为代表的半山类型，还有取名自青海乐都马厂沿的马厂类型。甘肃仰韶文化的碳十四年代，经校正后，约在公元前 3900 年到前 2000 年间。

骨项链、石坠、石护臂，马家窑文化马厂类型，甘肃永昌县鸳鸯池出土。图中的石护臂用坚硬的白云石制成，通体磨光；石护臂从环发展而来，已不单是装饰品，还具有护臂的作用，从这个意义上讲，它已经是甲胄的雏形。

石岭下类型约在公元前3800年左右，相当于中原的庙底沟类型；马家窑类型约在公元前3000年左右，已是中原仰韶文化末期；半山类型的大约年代是公元前2500年到前2300年；而马厂类型则约起讫于公元前2300年至前2000年。

根据中原地区考古工作的发现，我们可以描绘出仰韶时代生活景情的轮廓。

在仰韶时代，农业、畜牧已成为主要的经济部门。在半坡村的一个窖穴中发现成堆的谷壳和在陕西华县泉护村的一间屋里出土的谷粒，显示当时的主要农作物是适应当地干燥气候的原生植物——小米，而非水稻，这也是全世界所发现的小米栽培记录中时代最早的。但时间上可能属于中原仰韶时代最末端的河南渑池仰韶村遗址，曾发现有稻壳的印痕，显示在仰韶晚期中原地区与江淮下游的人们已经展开了经济交流的活动。蔬菜的栽培也跟小米的种植同时出现，半坡村出土的一个小陶罐中就储存着白菜和芥菜的菜籽。当时使用的农具有石铲、石锄、石刀、陶刀、骨铲、木耒等，也有谷物加工用的石磨棒与石磨盘。人们豢养的家畜一般是猪和狗，在晚期有少数地点更养驯了牛只，在甘肃地区的仰韶晚期则同时还饲有山羊、绵羊及鸡。大量的骨角制造的镞、矛、鱼钩、鱼叉及石网坠等渔猎工具及彩陶上的渔网、鱼、鹿花纹和斑鹿、水鹿、竹鼠的遗骨，反映渔猎经济仍有相当的重要性。成堆的榛子、松子、栗子、朴树子以及螺蛳壳及厚壳蚌，指示出采集经济依旧是人们食物的一个来源。

器具的制造以石器、骨角器、陶器的制作及纺织、编织为主要的项目。石器以磨制为主，但打制石器还占有相当的数量。石器制作时常应用穿孔的技术，产品大多是各种生产工具。在甘肃仰韶文化的各类型遗址中并有少量的细石器。骨角器一般多刮磨得相当精致。陶器主要是手制的，多用泥条盘筑法制成，少数陶器的口沿有用慢轮修整过的痕迹。在陕西华县泉护村、河北磁县下潘汪等晚期仰韶遗址中更出现了若干全部轮制的小件陶

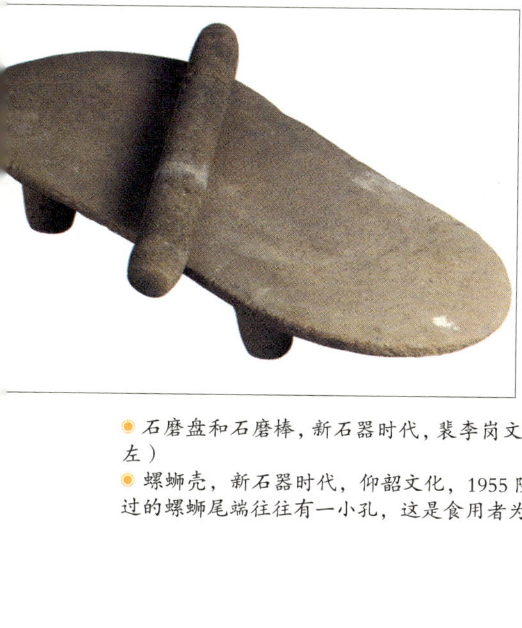

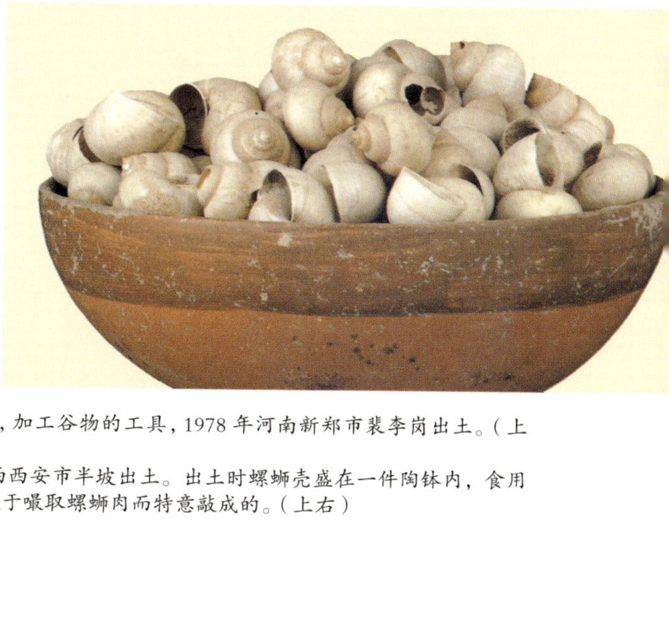

石磨盘和石磨棒，新石器时代，裴李岗文化，加工谷物的工具，1978 年河南新郑市裴李岗出土。（上左）

螺蛳壳，新石器时代，仰韶文化，1955 陕西西安市半坡出土。出土时螺蛳壳盛在一件陶钵内，食用过的螺蛳尾端往往有一小孔，这是食用者为便于嘬取螺蛳肉而特意敲成的。（上右）

小口尖底陶瓶，距今约6000年，新石器时代，仰韶文化，汲水工具，陕西宝鸡市北首岭出土。在其腹部两侧的环耳处系绳，汲水时手提绳子将瓶置于水中，因瓶腹是空的，重心在瓶的中上部，瓶就倒置于水中；注满水后，重心移到瓶的中下部，瓶口就朝上直立起来。（上左）

陶屋，仰韶文化马家窑文化石岭下类型，甘肃秦安县出土。陶屋成覆钟形，屋门为削割而成，完整无缺。门洞开在屋壁正面，很明显是半穴居的做法，这表明仰韶文化石岭下类型的先民刚刚走出半穴居，但还不能完全摆脱半穴居建筑的影响。（上右）

器。大司空村类型的陶器除手制外，还兼用模制。后岗类型陶器中的“红顶碗”透露当时人们已经相当有技巧地控制了烧窑过程中的氧化和还原作用。至于器壁的厚度方面，后岗类型仰韶的居民已经能够制造一种胎骨相当薄的陶器了。陶器以红色和红褐色为主，但大司空村类型的陶器则以灰色占多数，并有少量黑陶。形制多为瓮、罐、盆、盘、瓶等，其中半坡、庙底沟类型的小口尖底瓶十分突出。陶或石的纺轮及骨针是常见的纺织及缝纫工具，纺织品的原料大概都是麻类纤维，但在晚期更出现了丝。山西夏县西阴村出土过半个已经碳化了的蚕茧，经鉴定是人工培养的家蚕茧，而非野蚕的丝。这是世界上最早的养蚕的记录，中国成为世界丝国并不是偶然的，早在新石器时代中国地区在这方面已经居于世界先进的地位了。编织品则有席子、篮子等物。

通过仰韶居址及墓葬显示的现象，我们可以推测出当时的社会概况：仰韶文化的主人翁已经过着聚集居住的生活，形成了许多农业村落。当时房屋有半地穴式的，也有地面上的建筑，在半坡类型遗址中前者较多，时代也比较早。房屋的平面呈方形、长方形或圆形。用木梁柱搭成房屋间架，屋顶用木椽紧密地排列架成，然后上面铺草或涂有以草拌和的泥土。墙壁则由密集木柱构成骨干而后涂上拌草的泥土。居住面上也敷涂草泥土。有些房屋，尤其是在庙底沟类型遗址中的房屋有更复杂的建筑程序，如墙基

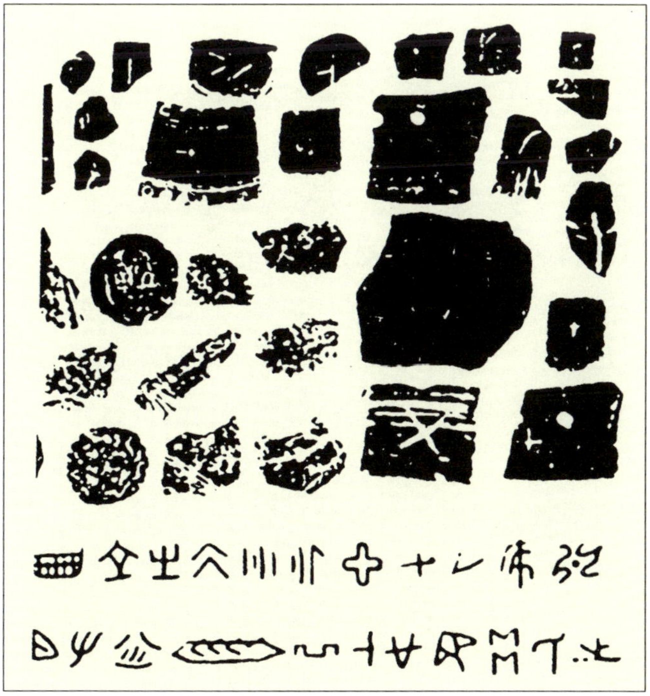

半坡遗址出土的刻画符号

临潼姜寨村村落复原图。位于陕西临潼姜寨村母系氏族村落遗址，面积为5.5万平方米，在这里共发现房屋遗址百余座，村落的中心是广场，四周有五组建筑群，每组都以一座大型房屋为主体，附近拥簇着十几座或二十几座中小型房屋，所有房屋的门均朝广场，体现了母系氏族的凝聚力。

的修建是先挖沟槽，内填砾石或烧过的土块，然后才在上面筑墙。房中地面用石灰质做成，光滑坚硬，或先涂草拌泥，再用火烧过。一般房屋中间都有一个圆形或方形的火灶。房屋通常只开一扇门，半地穴式房屋的门道修成斜坡或阶梯。屋旁通常有储存物品的地窖。

房屋面积一般是介于10平方米到20平方米之间，大体上最多只能够5人居住，可能当时社会的基本单位，是由一夫一妻及子女构成的家族。由这些家族组成的农村通常都有一定的平面布局，大体上有两种设计。一种平面呈“非”字形，整个聚落是一条街，两排住家隔街相对，如陕西宝鸡北首岭遗址。这种聚落布局的形态直到20 我国的一些农村或小镇还依旧保存着。另一种以半坡村及临潼姜寨为代表，住家围成圆形，每一住家的房门朝向圆心，圆心或靠近圆心处建有巨大的房屋——当是全村成员共同集会活动的场所。半坡村的居住区外绕有一条深宽都是5米到6米的壕沟，沟北是公共墓地，东边是烧陶的窑场。姜寨的居住区与墓地间也有壕沟。

一般的仰韶居民，死后都有一定的埋葬方式。墓葬分布相当集中，墓坑排列十分整齐，大体上尸体都是头向西脚向东。一般的葬式，小孩多用陶瓮为棺，葬在房屋附近或成人墓间。成人则以仰身直肢葬和二次葬（即埋葬后经过一段时间再改葬）为主。这种现象反映出当时社会构造的一些面貌，即当时可能有依年龄分组的年龄层级制度，儿童、少年、成人分别属于不同的群体，成人才有资格作为村落中的成员，参与村中的公共事务。在北首岭墓地有男女分边埋葬的现象，显示也有男女性别分组的群体存在。在半坡类型的墓葬中，有些随葬的生产工具，因性别不同而有差异，透露出男女性别分工已经出现了。华县元君庙墓地里有一些墓是多人的合葬墓，其中有些是一名女性一次葬，其余的男女是从别处移来的二次葬，即是以女性为中心的埋葬制度，同时一般妇女的随葬品也比男性的多，说明当时女性在社会上可能地位较高。某些遗址也有个别的女性随葬品特别丰富的现象，半坡村的一小女孩墓，随葬品特别多，尸体周围还有木板围成的“木棺”。临潼姜寨的一个十六七岁的少女墓也有极多的随葬品，其中骨珠就多达 8577 枚。根据这些考古资料，并且结合了古代某些传说所显示的现象，如《庄子·盗跖篇》所说的“神农之世……民知其母，不知其父”的情形，《诗经》及《史记》上记商、周王族的始祖诞生神话里有不由人而怀孕的事——这些现象都是民族学上母系氏族社会的典型特征，有些学者因而推论仰韶时代的社会可能是母系氏族社会。华阴横阵村的一座大墓坑中，有五个小墓坑，每一小坑都有四到十二人合葬，可能这五个小坑就是五个母系的家族的墓，而五个家族又组成一个更大的母系亲族，因而五个小坑共同套在一个大坑里。

一些时代较晚的遗址，如华县柳子镇的仰韶村落并没有本村的墓地，而与其他村落共用一块墓地，显现出强烈的氏族意识和死后归葬祖茔的习俗，同时也反映了由于人口繁殖而产生的压力导致晚期仰韶村落的分殖。

当时的政治生活情况，由出土资料和古代传说也可以推知一二。半坡村出土的陶器口沿上发现有规整的符号刻画，同样的刻画在长安灵台、郃阳莘野村、临潼姜寨都有发现，而莘野村距半坡村约有 150 公里之遥，表明了在相当大的范围内，仰韶农村间彼此进行着文化的接触。半坡村仰韶农民用来制造各种器具的蛇纹石并不产于当地，而最近的产地也在距半坡村数百公里之外，显示出古半坡村民与其他仰韶村落居民间存在着物品交易的关系。半坡村居住区外既宽又深的壕沟，反映了仰韶农村间因战争或抢劫的活动而产生了防御的需要。若干村落共用同一墓地的现象指示这些村落必定保持着彼此间关系的协调。这些现象透露出当时已需要有村际领袖或部落间的领袖来担任居间协调或仲裁的工作，因而当时大概已有了部落联盟的组织。古代传说中的禅让制度或许跟后世的鲜卑、契丹、蒙古推选可汗的世选制度一样，就是在这种部落联盟组织的"原始民主"生活方式下的领袖人物产生的法则。《尚书·尧典》等资料中的"四岳"或许就是四方部落的酋长，他们在这种原始民主制度下，有议事权、荐举权和竞选部落联盟大酋长的权利。

在半坡村出土的一件彩陶盆内画着一种特别的纹样，由人面与鱼组成，似乎是画一个巫师，穿戴着宗教仪式场合专用的服饰。可能在仰韶居民的宗教活动中，已有为祈求渔捞丰收而举行的祭祀仪式，而巫师在这祭典中扮演了重要的角色。反映氏族组织的墓葬排列也意味着祖先崇拜可能已经存在。

仰韶时代的艺术活动，除了表现在制作精致的骨笄、石或陶制的环以及绿松石珠与坠子、玉佩和蚌佩等装饰品上之外，最主要的就是陶艺创作了。陶塑艺品在较早的类型遗址发现的有人面塑像，鸟或兽形的器盖把钮，而晚期类型遗址出土的数量较多，造型生动，有壁虎、鹰隼、鸟头以及人

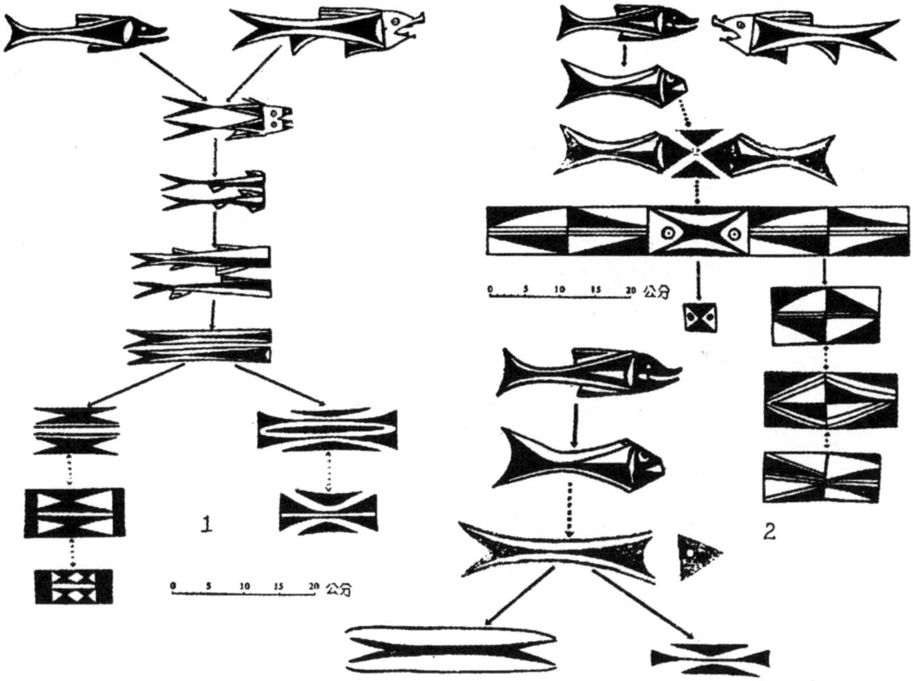

半坡类型仰韶彩陶纹饰的演变，由鱼纹分解组合而成各种几何纹。

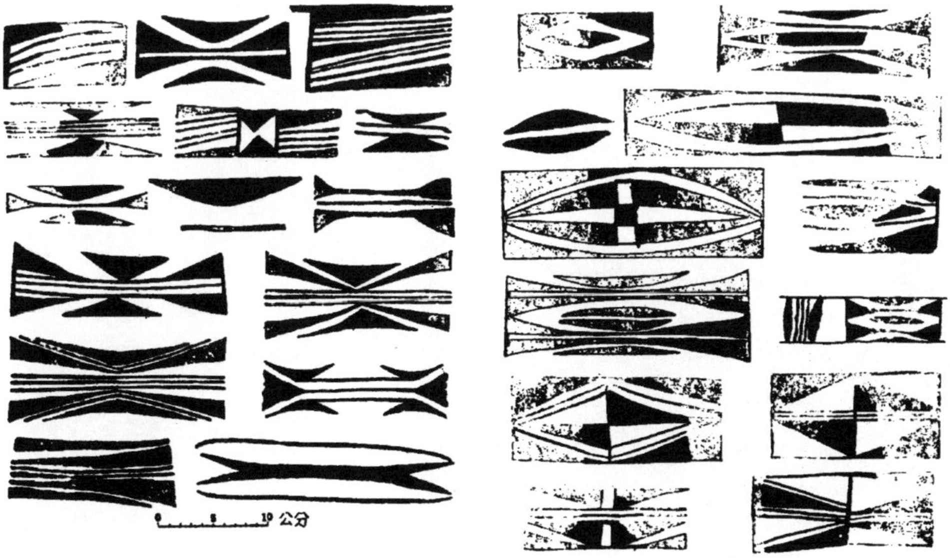

半坡类型仰韶彩陶上的主要几何纹饰

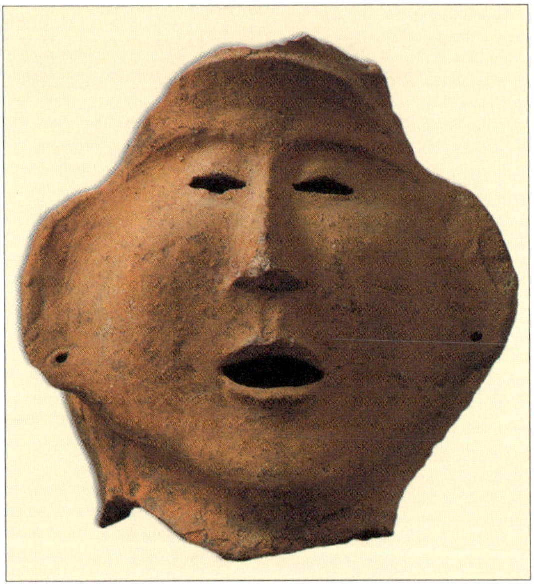

红陶人面，马家窑文化，甘肃天水市柴家坪出土。

人面鱼纹彩陶盆，新石器时代，仰韶文化，1955年陕西西安市半坡出土。这件彩陶盆是儿童瓮棺的棺盖。仰韶文化流行一种瓮棺葬的习俗，把夭折的儿童置于陶瓮中，以瓮为棺，以盆为盖，埋在房屋附近。这件陶盆上画有人面，人面两侧附有一条小鱼附于人的耳部，有学者以为寓意为巫师请鱼附体，进入冥界为夭折的儿童招魂。

面塑像等。更值得注意的是陶器上的纹饰，一般而言，绳纹占有相当的数量，线纹多半印在小口尖底瓶上，此外也有篮纹、弦纹和附加堆纹。半坡类型陶器上还有用刺剔方式产生的麦粒形、三角形、菱形的花纹。

但在各种纹饰当中最突出的是彩绘花纹。一般多直接将颜料涂在红色陶器的外壁上，关中地区的半坡类型彩陶则有涂在大口浅腹陶器内壁的现象，在豫西、关中一带少数的庙底沟类型陶器上还有在绘彩之前先施白色陶衣的情形。所使用的颜料以黑色为主，少量的陶器兼施黑、红二色。纹饰设计以几何图案和动植物花纹最突出。半坡类型彩陶的动物花纹比庙底沟类型的多，有人面、鹿、鱼等，其中鱼纹最普遍，有些学者因而认为这是鱼图腾部落的文化遗存。这些半坡古居民不但绘制单只鱼纹，

● 鱼纹彩陶盆，新石器时代，仰韶文化，水器，1955 年陕西西安市半坡出土。口径 28 厘米，此盆的外壁画有比较写实的鱼纹。在以半坡为代表的仰韶文化遗存中，鱼纹是母题花纹，由这种母题花纹又演化出一系列的子题花纹，演变过程是由完整向局部演化，由写实向抽象演化。
● 钩羽圆点纹彩陶盆，仰韶文化庙底沟类型，甘肃正宁县宫家川出土。此陶盆以全部统一为弧形的钩羽圆点纹，展开在自由流动的图案格式中，鸟纹已完全变成几何形，由正面鸟纹简缩为圆点，显示出庙底沟类型彩陶特有的奔放活泼的艺术风格。

也画复合鱼纹，他们更把鱼纹加以各种方式的分解跟组合，创造出样式繁多的几何形图案。几何图案是半坡类型彩陶纹饰的主体，由带纹、三角形纹、直线、斜线及波线等基本装饰母题组合而成，其中不少母题显然是从鱼纹发展出来的，组成的不同纹样共有二十多种，组合的基本方式则有四种：对称的组合、不对称的组合、重复同一装饰母题而形成一条花纹带、两种母题交互出现而连接成一组花纹。

庙底沟类型彩陶纹饰所表现的艺术成就无论从母题的设计、笔触或整个风格来看，都是我国艺术史上不可多得的瑰宝。动物花纹有鸟与蛙，植物纹样——花是最显著突出的纹饰，此外也有将花、鸟纹重新分解、组合而形成的几何图案——即由圆点、钩叶、弧线三角、曲线等基本单位构成变化繁复而连绵的花纹带，其中圆点由花蕊的柱头或鸟首变出，钩叶、弧

庙底沟类型仰韶彩陶上生动流畅的植物纹

线三角从花瓣衍生，曲线则自蕊柱或鸟翅、鸟身化成。花朵纹样的笔势旋回波转，变化多端，起伏有致，连绵不绝，自首至尾，一气呵成，产生了一种细腻、飘逸而又遒劲的韵律效果；整个风格富于变化，气势灵活流利，表现出紧凑的节拍，贯穿着一种动态的美感。

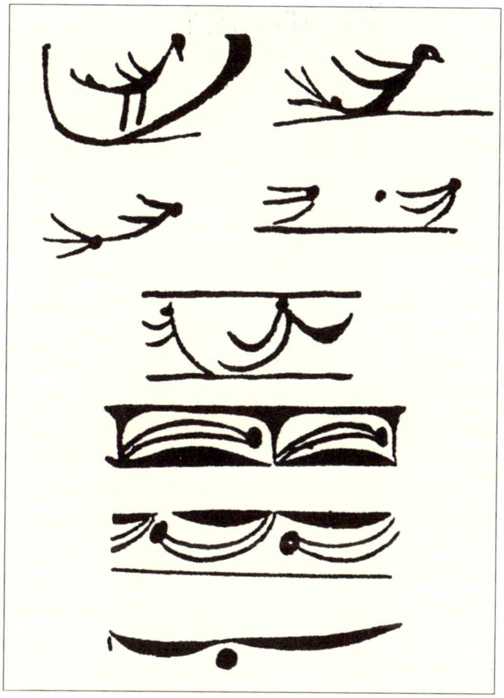
庙底沟类型仰韶彩陶上的鸟纹与几何纹

发现这种花纹的遗址多距华山不远，“华”即古“花”字，因而有些学者认为，或许庙底沟类型仰韶文化的主人翁所以这样广泛地使用花的纹饰是因为他们和“华族”——我们中华民族所以得名的祖先民族，有相当密切的关系。

后岗类型的彩陶纹饰以平行线、内填平行线的三角形为主，有些遗址则根本没有彩陶。陶器中前述的“红顶碗”特别突出，碗的口沿为一红色宽带，其余部分则是灰色，这种颜色不是彩绘，而是在烧制过程中由于口沿氧化而底部还原所造成的效果。秦王寨类型的仰韶人们将红陶磨光或加白色陶衣，再绘紫黑色的平行曲线、宽带等纹样组成的花纹带，此外还有S形纹和X形纹等图案。大司空村类型彩陶的主要花纹是以弧线三角形及曲线两种基本母题组成的几何图案带状花纹。除此之外蝶须纹、水波纹、梳齿纹、子安贝纹等母题也很常见。

江汉地区的仰韶文化的陶器以橙黄色、灰色为主，彩陶很少而有大量

锯齿漩涡纹双耳壶，马家窑文化半山类型，甘肃兰州市关庙坪出土。泥质红陶，通体施彩绘，颈部施细带及三角纹，近底部施黑色宽带纹，主题图案是腹及肩上以锯齿状曲线构成的四大漩涡纹，且有强烈动感。（上）

几何纹彩陶鼓，马家窑文化马厂类型，甘肃永登县河桥东山大坪出土。此陶器为泥质红陶，通体施彩，由单条组成几何形图案。（左）

马家窑类型甘肃仰韶彩陶上生动流畅的植物纹

裸体双性浮雕彩陶罐，新石器时代，仰韶文化马厂类型，青海乐都县柳湾出土。酒器，高33.4厘米。此陶壶的表面被捏塑出一个裸体双性人像，人体站立，头位于壶的颈部，五官俱备，身躯和四肢位于壶的腹部，双手置肚前，为一集男女为一体的两性人。

的薄胎“红顶盌”、带流的罐等器形。

马家窑彩陶的动物纹样有鸟与蛙，几何纹样有垂幛纹、圆条纹、方格网纹、弧线纹、螺旋纹等，其中的螺旋纹由鸟纹演变而产生，线条回转，流畅生动，富于韵律感，也反映了我国新石器时代艺术成就的高度水准。半山与马厂类型彩陶的图案有相似的部分，也有不同的地方。半山类型的纹饰有螺旋纹、瓠形纹等，马厂类型的则有人面纹、宽带折线纹、水波纹、菱形纹等。

前述半坡村、长安灵台、郃阳莘野村、临潼姜寨等地的一些陶器的口沿上有基本上相同的符号刻画，整齐且有规则，共有二十余种。虽然有些学者认为这种刻画只是某种原始符号，还不能肯定是文字，但是商代的陶工仍然有在器口边刻画记号的习惯；如果将半坡陶文与商代陶器上的刻画和甲骨文来比较，则可以发现其中有一些刻画与商代的若干甲骨文字相同。尤其值得注意的是那些可以确定为代表数目的文字：一、二、五、七、八等（表一）。这说明了我们的祖先在六七千年前已经发展出了数字符号，并且可能开始了文字创造的活动。

表一　早期的中国数字

阿拉伯数字	甲	乙	丙	丁	戊	己
1	|	|	|	|	一	一
2	||	||	||		二	二
3		|||	|||	|||	三	三
4		||||		||||	亖	四
5	×	×	×	× × ×	× × × ×	五
6					∧ ∧ ∧ ∧	六
7	+	+	+		+	七
8	)(*	)(			)(八	八
9					九 九 九	九

甲、半坡村陶文　乙、二里头陶文　丙、二里岗陶文　丁、小屯村陶文
戊、安阳甲骨文　己、现代汉字　＊左上部残缺

2. 河姆渡文化

华东沿海地区的考古发现证实在公元前5000年到前4000年间这一带的居民确实已从事着种稻、养猪的生产劳动。考古工作者在浙江余姚河姆渡发现了我国——也是全世界——最早的水稻栽培记录。这个古遗址的所在地点，在新石器时代是一处背靠丘陵、面对一片低洼沼泽的地区。在这遗址的底层，约四百平方米的范围当中，普遍地发现有稻壳、谷壳、稻秆、稻叶的堆积，一般厚度约从一二十厘米到三四十厘米，最厚的可达七八十厘米。据专家鉴定这是由人工栽培的籼稻，不是自然野生而由人采集获得的谷子。此外其他发现也显示了农业活动的存在，例如在同一地层出土了大批的生产工具——骨制的耜；而花粉分析的结果，也表明地层中主要的植物花粉是禾本科的，可能即农作物的花粉。这些现象标志出河姆渡古居

◎ 炭化稻粒，新石器时代，河姆渡文化，浙江余姚姚江边河姆渡村出土。在河姆渡遗址 400 多平方米的范围内，有堆积厚度达 50 厘米～80 厘米的稻谷遗存，属栽培稻籼亚种中的晚稻型，是迄今所知世界上最古老的人工栽培稻之一，对于探讨中国水稻栽培的起源及其在世界稻作农业史上的地位，具有重要的意义。（上左）

◎ 骨耜，新石器时代，河姆渡文化，浙江余姚姚江边河姆渡村出土。由鹿、水牛的肩胛骨加工制成，由于其形状类似后世翻耕土地时使用的臿，故被认为是挖土深耕的农具，并命名为“骨耜”，河姆渡因此被认为是脱离了刀耕火种，进入“耜耕时代”的高水平文化。（上右）

民经营的农业已经超越了原始的阶段；这个地层的树木年轮校正的碳十四年代范围是公元前 5100 年到前 4600 年左右，反映出在此之前应当还有一个农业开始发生、初步发展的阶段。

同一遗址还有其他动植物的遗存出土，动物有猪、狗、水牛、鹿、龟、犀、象、水獭等。其中猪、狗可以肯定是家畜，水牛也可能是人饲养的。植物除水稻外，还有很多野生菱角、葫芦、酸枣、麻栎果、橡实等。这些遗存说明了农业及畜牧之外，渔、猎、采集还是当时经济生活的辅助部门。

当时生产的骨、木、石制器具中以骨器最多，制作精致，包括有大量

猪纹黑陶钵，新石器时代，河姆渡文化，浙江余姚姚江边河姆渡村出土。此陶器外壁两面各刻一猪纹，形象介于野猪和家猪之间，表明当时猪可能已经被驯养。

的农具，即骨耜，有打猎用的箭镞，有针、锥、凿、匕等工具，也有哨子。木器有刀、矛、匕等。石器较少，有斧、凿等。陶器全部用手制，火候低，同时造型简单，器形不十分规整，器具种类也少，反映出当时制作技术的水准还在原始阶段。陶土中掺杂了大量的草类、禾本科植物的杆、叶碎末及种子壳等物，因此烧成后，陶质呈黑色，陶片中含有上述各物烧成的炭粒结晶。陶纺轮及若干骨器、木器，表明当时已有了纺织的活动。

居址的发掘，透露当时已知道应用榫卯技术来从事木构建筑的营造。

经济生活的改进提供了文化活动扩展的基础，河姆渡遗址底层发现的遗物就显现出相当活泼的美术活动。出土的文物中有一批装饰品、艺术品或玩具，如笄、环、玦、璜、珠、陶塑小猪等。许多骨器、木器、陶器都经过艺术加工的手续。例如一些陶器上印有绳纹，或用刻画、锥刺的方式造成各种花纹，如凹弦纹、四叶纹、树叶纹、花、草、虫、鱼等动、植物图案，刻画相当生动。此外还发现了三件彩陶片，即在与其他质地相同的印绳文陶器上加陶衣、打磨光洁，并绘彩制成，器表灰白发亮，彩纹则呈褐色或黑褐色。

3. 马家浜文化

分布在苏南、浙北地区的马家浜（音帮）文化取名自浙江嘉兴马家浜遗址，这个文化的年代据树轮校正的碳十四数据，大约是公元前 4900 年到前 3500 年间，相当于中原仰韶文化的早、中期，比河姆渡文化略晚，渊源于河姆渡文化。

在江苏苏州草鞋山、上海青浦崧泽二遗址发现的碳化了的籼稻粒以及各遗址常见的收割工具——石刀反映出水稻的耕作活动。在马家浜，尤其是在吴江梅堰，数量相当多的水牛骨显示水牛可能是当地最主要的家畜。牛、鹿、野猪、鱼骨、螺、蚌壳、龟壳的发现表明渔、猎、采集仍旧是辅助性的经济生产方式。

陶器多为夹砂红陶及泥质红陶，绝大多数用手制。除陶器外，石器、骨器、角器、牙器的制造以及编织、纺织也都是重要的手工生产活动，例如家具中就有芦苇或竹篾编制的席子。草鞋山出土的残布片证实了当时已

陶四足兽形器，马家浜崧泽文化，江苏苏州草鞋山出土。此陶器整体好像一只昂头、张口、挺腹、翘尾的怪兽，是十分罕有的器型。

经知道用苎麻来作布料。

一般的墓葬多是俯身葬，头向东北方，墓中的随葬品很少，有些墓中随葬有玉或玛瑙的玦、璜等装饰或艺术品。

4. 青莲岗文化

初次在江苏淮安青莲岗发现的青莲岗文化（或称大汶口文化。以山东泰安大汶口遗址为代表）分布在山东、苏北一带，其经树轮校正的碳十四年代可以早到公元前 4600 年左右，早期的青莲岗文化大约一直延伸到公元前 3000 年。当时的居民一般多选择靠近河边的岗阜作为居址，房屋用木头作柱子，墙则用芦苇秆编成，外面再敷上用草拌和的泥土。这个文化与马家浜文化有许多共同的部分，但也有显著的差异，例如农业收割工具中有

三角纹网纹彩陶钵，新石器时代，大汶口文化，山东茌平县尚庄村出土。钵是当时居民的日用食器，这个钵腹部有赭、黄、白色绘出的三角网纹图案。（上）

玉铲，新石器时代，大汶口文化，山东泰安市大汶口出土。此玉铲与石铲相比，整体扁薄，通体磨光，外形似工具石铲，但实则为礼器，是部落首领的祭器或权力象征物。（左）

未见于马家浜遗址的獐牙钩形器，饲养的家畜为狗及猪。葬式以仰身葬为主，少量时间上较晚的泥质陶器已采用轮制。陶器中以红色最常见，有少量彩陶。彩陶分为两类，一类表现地方特色，另一类无论是器形还是彩绘风格均与中原庙底沟类型的仰韶彩陶极相似，有些几乎完全相同，意味着两者之间已有文化交流的活动。

5. 东南沿海文化

在福建金门富国墩发现的贝丘遗址的年代，据碳十四测定并经树木年轮校正，大致上是在公元前 5500 年到前 4000 年，就目前所知，在这里从事渔猎的居民已经开始制造陶器了，陶器主要的纹样特征是在器表印有绳纹、贝壳纹及指甲痕。类似的绳纹及指甲印文陶片在台南归仁乡八甲村的贝丘遗址里也有发现，时代也可以早到公元前 4400 余年左右。台湾地区除了归仁乡外，在北部、西南部、东南部的沿海及河口地带、浊水溪及大肚溪流域都曾发现过类似的粗绳纹陶片，广东沿海地区的一些遗址也有出土。有些学者根据台湾考古工作的若干资料认为在公元前 5000 年到前 4000 年间这个地区可能已经展开原始的农耕活动了。

此外，在我国北疆草原地区、东北松辽平原中西部一带都曾普遍地发现过一些出土用玛瑙、燧石、蛋白石等石料，经间接打片法或压制法加工制成的细石器的遗址。其中在河套东北角地区相当密集地分布着不少细石器与仰韶式的文物共存的遗址。当地的陶器以红色为主，也有少量彩陶，多绘黑彩，也有兼施黑红二色的，所绘纹饰表现出半坡类型、庙底沟类型及马家窑类型的风格。器型中也有小口尖底瓶、盆、罐等典型的仰韶式器具。石器有石刀、斧、石磨棒及磨盘。显然这个地区是仰韶农业部落与草原地带狩猎、畜牧部落接壤的最前线。

在西辽河及其支流老哈河流域的内蒙古赤峰地区，“细石器文化”可分

中国新石器时代主要遗址分布图

为两种类型。其中以林西锅撑子山遗址为代表的类型还包括巴林左旗富河沟门、巴林右旗等遗址。石器中以细石器为主，原料中以玉髓、玛瑙、蛋白石、燧石、水晶等最常见，多是反映狩猎生活的器形。石锄、铲、杵臼透露农业活动相当普遍，猪、牛、羊、马的遗骨，则表明当时人们还兼营畜牧。陶器以夹砂褐陶为主，纹饰有篦纹、Z 字形线印压纹。值得注意的是富河沟门遗址中已有了用来占卜的羊或鹿的肩胛骨。据碳十四的测定，其时代约在公元前 3500 年到前 3200 年间。

另一类型以赤峰红山后遗址的下层为代表，细石器较少，也有类似上

◉ 双耳双口红陶壶，红山文化，内蒙古赤峰市翁牛特旗大南沟出土。此陶器扁圆卵形腹，一对并列的高颈小口，接在器腹的上面，中间有乳钉状东西突起，似寓意水乳交融。

述的褐色粗陶、石磨盘、磨棒、牛羊等家畜遗骨。但另有一批细泥红陶，其中的彩陶制法、器形、纹饰均与仰韶彩陶的近似，说明仰韶文化已扩散到这个地区。在辽宁葫芦岛沙锅屯等地，也发现过类似这种的文化遗存。

二、早期农村社会发展的转折

约从公元前3000年开始，我国境内新石器时代文化的发展基于过去的成就，或先或后逐步地迈进到一个新的阶段。由于仰韶、马家浜、早期青莲岗等文化在彼此间的交互影响以及各文化内部的发展动力，如经济的进展、人口的压力等因素的共同作用下产生了重大的变化。这次变化不只是在经济上获得了显著的进展，在社会、文化方面也呈现了不同的面目。在黄河中、下游、苏、鲁沿海及江汉地区这个变化前前后后约经历了五百年，终于酝酿出了新的文化风貌——龙山文化。这五百年左右的历程是一个继往开来的过渡阶段，它上承前述各地区的文化，而后孕育出了龙山文化。由于各地文化背景的差异，这次过渡期的转变也在不同地区形成各具特色的文化。在苏南、浙北一带，则转折衍生了良渚文化及北阴阳营文化。

1. 黄河中下游、苏鲁沿海、江汉地区各转型期文化

继承中原仰韶文化在核心区展露新面貌的文化是庙底沟第二期文化，经碳十四测定，并经校正，其时代在公元前2900年到前2600年左右。在这期间出现了蚌刀以及半月形的石刀及石镰，生产工具的改进，意味着农业较前有了某种程度的进步。在动物饲养方面的进展更明显，出土家畜骨骼的数量，较仰韶时代的大幅提高，牛、羊、鸡骨的发现显示不只是饲养动物的数量上有增加，同时豢养动物的品种也增加了许多。陶器的制作也显现出值得注意的变化。除了有些器具的口部有慢轮修整的痕迹外，也有部分陶器采用了模制的方法。陶质以粗灰陶为主，已出现了少量的既黑且

彩陶盆，新石器时代，仰韶文化，水器，河南陕县庙底沟出土。陶器大部分以圆点、曲线、涡纹、弧线、三角涡纹、方格纹组成，图案富于变化，是一件有代表性的陶器。

陶鸡、陶狗、彩陶纺轮，新石器时代，屈家岭文化，湖北天门市石家河邓家湾出土。

亮、近乎蛋壳陶的薄胎骨器，器形中鼎、斝最常见，但没有鬲。仰韶陶器中的小口尖底瓶仍有发现。纹饰以篮纹、绳纹、方格纹最多，也有不少划纹和附加堆纹，另有少量彩陶，以黑彩绘于红陶器上部。这些现象反映了庙底沟第二期的陶器带有由仰韶过渡到龙山的转型性质。在陕西华县泉护村出土的陶且（即“祖”字）塑像说明了父系氏族组织已经出现，祖先崇拜正是与这种社会组织相配合，并且带有巩固它的功能的意识形态，同时意味着男性中心的社会已经形成。

在长江中游一带，上承仰韶文化而下启龙山文化的是由湖北京山屈家岭为代表的屈家岭文化，其分布范围大致是河南西南部、湖北境内，据校正过的放射性碳素测年数值，其时代约在公元前 2900 年到前 2500 年间。

粳稻的种植表明这个文化是在当地仰韶文化的基础上受到江淮下游文化的影响而形成的。

碳化稻谷的遗存以及大量的红烧土块上印有密集的粳稻壳、秆痕迹，证实了水稻栽种已经更为普遍。绵羊、鸡、鸭、鹅的陶塑像说明在猪狗之外，这些动物可能已为人们饲养。

石器制作精致，小石刀尤其突出，有些甚至只有一厘米长。石器形制所表现的多样性，反映了制造过程中有了更细密的分工。

包括十余种不同形式的陶制纺轮的大量出土显示出相当高度发展的纺织业的存在。制陶技术也达到了相当高度的水准，早期陶器的陶质以黑陶、粗灰陶为多，也有黑色的蛋壳陶。中、晚期粗红陶有增多的趋势。器型有高圈足的豆、鼎、碗、盆等三足器具与圈足器，晚期并有了形制接近鬶的薄胎器具。

陶且塑像显示屈家岭文化的社会中，也有父系的氏族组织活动或祖先崇拜的宗教生活。

屈家岭文化的陶艺成就突出地标志了这个文化的特色。陶塑的艺术品有鸡、鸭、鹅、羊等动物塑像，彩绘图案也相当特别。

彩陶高足壶，新石器时代，屈家岭文化，湖北天门邓家湾出土。这壶通体红衣，上用黑彩绘斜网格纹，是屈家岭文化的典型器类。

◉ 骨镰，新石器时代，大汶口文化，山东泰安市大汶口出土。此骨器用矩形骨片磨制而成，尾部有穿孔，便于装柄绑扎，镰是收割庄稼的重要农具，反映了大汶口文化农业生产及生产技术的进步。（上左）
◉ 白陶双层口鬶，新石器时代，大汶口文化，山东临沂大范庄出土。鬶呈鸟型，双层口沿，四周饰有三角形镂孔，以阻挡灰尘杂物，也具有装饰效果。（上右）

彩绘陶器除了少数有仰韶风格之外，有一种胎色橙黄，胎骨极薄，只厚 0.1 厘米到 0.2 厘米的蛋壳陶，在器胎上先加黑或灰色陶衣，再绘由卵点、叶形、弦纹、方框、弧线等母题组成的图案，另外还有朱绘的黑陶。中、晚期遗址出现彩绘的陶纺轮，纹饰以“太极图”式和对称双弧线中夹斜线的图案为主。

晚期青莲岗文化（或大汶口文化）的下限，据校正后的碳十四数据，可以晚到公元前 2300 年左右。少量的彩陶中有些带有秦王寨类型仰韶晚期及庙底沟第二期文化的风格，意味着这时青莲岗文化与中原地区的主流文化仍有联系。朱绘黑陶、橙黄底彩陶又表明了这个文化与屈家岭文化及良渚文化间也存在着文化交流的关系。在这期间，经济生产有了进一步的发展。出土的耕种工具有鹿角制的鹤嘴锄及石铲等，而石铲的数量相当多，

彩陶鬶和彩陶盉，新石器时代大汶口文化，山东泰安市大汶口出土。陶鬶、陶盉都是酒器，在山东出土数量大，形制多样，不仅反映当时山东酿酒业发达，也说明谷物产量有较大的提高。

但收获工具，包括石刀、蚌刀、牙刀、鹿角镰、骨镰、牙镰及蚌镰等的数量更多，显示农业有了相当的进展。值得注意的是，鬶、盉、高足杯等酒器经常成套地出现，似乎那时已因农业进步而有相当数量的粮食剩余，在一定的限度内可供人们做造酒的原料。在山东胶州市一座屋中的地窖里，就曾发现过多达一立方米的小米堆积，证实了农作物生产的数量已有相当幅度的增加。在畜牧方面已开始豢养羊了，在曲阜、滕州市等地的墓葬中都有发现用母猪头、颌骨随葬的习俗，可能当时饲养猪只的数量已有较大幅度的提高，因而可用母猪随葬而不至于影响小猪的繁殖。这些现象，意味着畜牧业也有了较高程度的成长。

石、骨、角、牙及蚌器的制作大致都相当精致，多为农耕、农产加工、伐木、渔、猎、纺织等活动的工具，反映了上述各种经济生活的侧面。至于陶器依旧以红色为最多，同时还有灰、黑、白各色陶器共存。在这时期的末尾，白陶有大量增加的现象。磨光黑陶，包括一些胎骨极薄的陶器，也有与时俱增的趋势。这种白陶的烧制温度可以高达摄氏 1200 度到 1400 度，说明当时的制陶技术已经达到了相当高的水准。器形有鼎、杯、镂孔豆、鬶、盉、尊等，形制繁复，一般制作相当规整，形制较前更进一步地规范化，意味着专业的陶工可能已经出现，末期的轮制陶器也透露了这种可能性。也就是陶器的生产可能已经由作为农民家庭副业的各种手工制作当中分化出来，成为专门化的独立手工业部门，即农业、手工业的分工，在某些方面已逐渐地萌芽。

象牙梳，新石器时代，大汶口文化，山东泰安市大汶口出土。（上左）
嵌松石骨雕筒，新石器时代，大汶口文化，山东泰安市大汶口出土。由动物肢骨雕刻而成，一侧穿有四孔，便于系绳携带，这类牙雕筒可能是象征氏族首领权力的麾之柄部。牙骨雕刻及玉石镶嵌技艺始于大汶口文化，开创了商周镶嵌工艺之先河。（上右）

精致的工艺或装饰品，包括有石或骨制的臂环、指环、串饰、笄、束发器；玉质的铲、臂环、指环、笄、管饰；象牙雕刻的梳、筒、琮，还有镶嵌松绿石的骨雕筒等，也展现了高度的手工技巧。

泰安大汶口的一座墓葬出土陶器有 83 件，其中瓶状容器即多达 38 件，这数量显然超出了墓主本人生活的需要范围，显示当时已有了为交换目的而制造的产品。此外陶器中有些质地粗松、器形较小，不能实用，当是专为陪葬而烧制的明器，可能也是为交换而生产的。这些现象表示经济交换的活动，随着农业及手工业生产的增进，在人们生活领域中的重要性也逐步升高。

当时随葬品中的生产工具多出于男性的墓葬里，而装饰品则多见于女性墓或男女合葬墓中女性的一侧，说明了男性已在经济活动中占着主导的位置，而妇女则退处次要的社会地位。在男女成人合葬墓中男子居于墓的

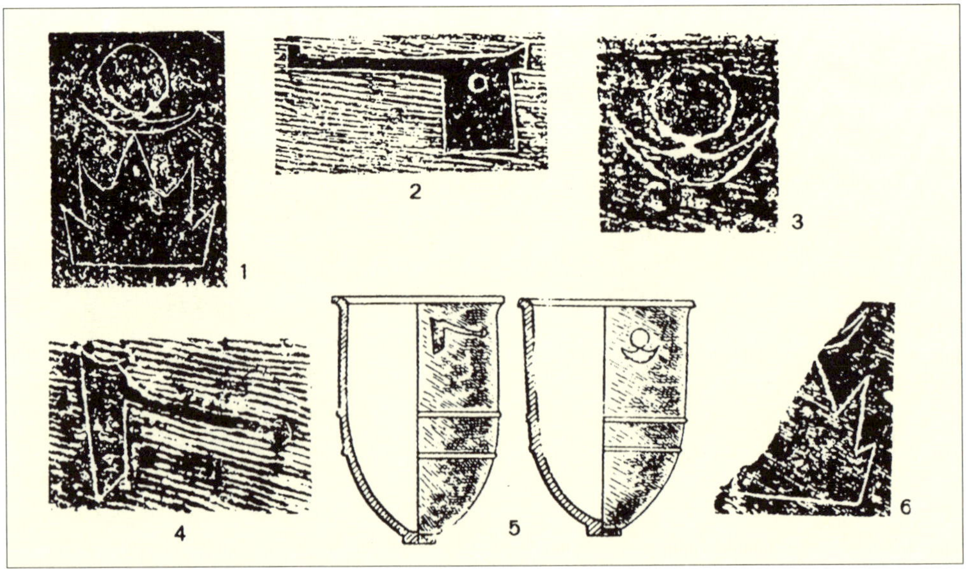

大汶口文化陶器上的刻文：1 ~ 5 山东莒县宁阳河；6. 山东诸城前寨。1.3.6. 可能是“旦”字，2.4. 是“斧”字。

正中央，女子却在侧边上，随葬品也多偏置于男性一侧，证实了男女主从角色的差别，已经成为社会次序中的一个坚固环节。更值得注意的社会现象，是因财富多寡不同而引发的社会分化。当时大多数的墓葬中都有随葬品，但各墓随葬品数量和质量相当悬殊。少数的墓显示厚葬的习俗已经出现，这种厚葬墓一般形制较大，往往还有木椁墓室，随葬品的数量多达五六十件，甚至一百八十余件，一般都有猪头、象牙或骨质雕刻品；而大多数墓葬只有几件器物。这种贫富的差距，是导致社会阶层化的重要因素，而社会纵面层级化过程的展开，也增加了社会构造的复杂性。

在山东莒县凌阳河、诸城前寨的陶器上也有一些线条刻画，有些古文字学家认为其中的一种刻画是表示日出的“旦”字。

晚期青莲岗文化的许多因素如木椁墓室、死者口中放置玉晗的葬俗、骨雕工艺等已开创了日后殷商文化相关部分的先河。

2. 苏南、浙北地区

在江苏继马家浜文化之后的，有由南京北阴阳营遗址代表的北阴阳营文化及得名自浙江杭县良渚的良渚文化。

北阴阳营文化的陶器以红陶为主，有时上施红色陶衣或绘深红色的纹饰，另有少量灰、黑陶。器形以鼎、镂孔豆等三足器及圈足器最常见。石器有扁平带孔的石刀、斧、锄、锛等生产工具。工艺品中也有玉或玛瑙的璜、玦、管、珠、环和坠子。

穿孔石斧，新石器时代，北阴阳营文化，江苏南京北阴阳营出土。这件用凝灰岩制的石斧，是当时重要的农业生产工具，主要在开垦耕地时，用来砍伐树木。

石耘田器，新石器时代，良渚文化，农具，浙江吴兴钱山漾出土。耘田器是用石头磨制而成，背部正中有一圆孔，使用时需要安装木柄或竹柄。耘田器是用于稻田中除草的工具，类似的农具在台湾的一些史前遗址中也有发现。（上左）

石破土器，新石器时代，良渚文化，浙江杭州市志初山出土。长 20.3 厘米，宽 18.1 厘米，厚 1.4 厘米。使用石破土器时，利用器身所开的长缺口和顶角缺口捆绑木柄，木柄上系绳可牵引，破土器带刃的长边入土，前边两人挽拉，后边一人扶把而耕，有学者认为这是最早的开沟犁。（上右）

良渚文化分布在浙江北部，钱塘江下游及太湖流域一带。树轮校正的放射性碳素测年数值指示其时代约在公元前 3400 年至前 2100 年间。这个文化与北方的龙山文化在某些方面彼此具有相当近似的面貌。

良渚文化的农业已相当进步，除种植水稻外，还有花生、蚕豆、香瓜、桃、菱角等作物。翻土的工具有扁平穿孔的石铲、大三角形的犁形器。农具中另外还有两翼形的耘田器，显示已有田间管理的中耕工作，表明了水稻栽培技术有了更进一步的发展。木制的“千蔀”与后世的千蔀形式相近，良渚文化的农民可能已经知道拿这种工具来利用河湖的淤泥作为肥料。浙江吴兴钱山漾遗址中出土成堆的粳稻、籼稻的谷粒说明水稻的产量已相当高。家畜除猪、狗、水牛外，也有了羊。木桨、木浮标、网坠反映良渚居民已能进行深水水域的渔捞作业。

木工制作、竹器编制均高度发展，石器、骨器也相当精致。陶质细腻，器表经打磨后烧成，乌黑光亮。也有一些红、灰陶及少量淡黄胎的彩陶，此外也曾发现过朱绘黑陶。大部分都采用轮制，部分手制。器形以鬶、鼎、双鼻高颈壶、豆、簋等较常见，也没有鬲。

此外，江西修水跑马岭遗址的陶器以夹砂粗红陶为主，出土的有稻、花生及水核桃等作物。其碳十四年代，经校正后，约在公元前 2800 年左右。

3. 龙山文化

从公元前 2500 年左右起，大多数上述华北地区、长江中游的转型期文化或早或迟纷纷进入了一个新时期，这个新时期，即龙山时期的遗址分布极广，在陕西、河南、山西、河北、山东、辽东半岛、苏北、湖北都有发现。

龙山文化大体上自上述各过渡阶段的文化衍生而成，经济活动在前期的基础上继续发展，蚌制农具有相当数量的增加，水牛饲养的范围也已扩及关中地区，在山东龙山文化遗址中还曾发现过马。渔、猎、采集依旧是

蛋壳黑陶套杯，新石器时代，龙山文化，山东潍坊姚官村出土。这件套杯堪称当时制陶技艺最高水平。全器由杯身、器座两部分套合而成，杯身的口沿宽平，套放入高足器座内。杯的陶土细腻，壁薄程度仅 0.5 毫米～ 1 毫米，全器十分轻，施有黑陶衣，火候较足，胎骨坚硬，表面乌黑发亮，雕镂有纹饰。

辅助经济活动。至于陶器的制作，呈现了更高的技术水准，烧窑时已经能相当有效地掌握陶坯的气化或还原作用，因此杂色或颜色不纯的陶器已比较少见。轮制、模制的方法日益推广，蛋壳陶大幅地增加。器形上三足、圈足和把手大量出现。陶器以灰陶最多，次为黑陶，纹饰以绳纹及篮纹最普遍，有些地区则流行素面或磨光的表面处理。

在宗教活动的领域中，山西大同附近出土的石祖，显示祖先崇拜也已传布到龙山文化圈的北疆。除了祖先崇拜之外，最值得注意的是骨卜的风气开始在中原一带流行起来，也就是利用牛、羊、猪、鹿的肩胛骨，加以火灼来进行占卜。公元前 3500 年到前 3200 年间，在今内蒙古赤峰市巴林左旗富河沟门附近的细石器文化的主人翁已经知道用兽肩胛骨来占卜，这是目前所知有可靠年代的卜骨中最早的记录，陕西及山东龙山文化中的骨卜当是从此处传来，表明龙山文化的源头还有北方细石器文化一支。

由于分布地域的辽阔，各地区自然环境的差异以及所传承的文化背景有别，因而各地的龙山文化都带有地方色彩，可以划分为陕西龙山文化、河南龙山文化、山东龙山文化、湖北龙山文化等类型。

陕西龙山文化分布在陕西、豫西、晋南。没有蚌器。陶器中灰陶约占百分之八十。有少量黑陶及红陶及彩陶。器形有鬲、斝、盉、鬶、尊、豆，但鼎极少。制作方法以泥条盘筑法为主，部分陶器也用模制及轮制技术。纹饰以绳纹、篮纹最常见。

河南龙山文化多发现在河南、山西、冀南一带。其校正的碳十四年代约在公元前 2600 年到前 2200 年左右。蚌制农具相当多。遗址中常见少量的细石器。轮制已相当普遍，汝州煤山、洛阳王湾等地点的陶器制法都是以轮制为主。部分器具采轮模兼制。灰陶数量最多，次为磨光黑陶，有少量的红陶和橙黄陶。烧制技术已相当进步，有不少火候高、陶质硬、胎骨薄而匀的产品，典型的蛋壳陶也已出现。纹饰中绳纹最多，篮纹次之。个

黑陶单耳杯、黑陶双耳杯和黑陶盒，新石器时代，龙山文化，山东胶州市三里河出土。龙山文化时期，山东地区出现了大量单色无彩的新型陶器，尤以黑陶最为典型，其胎壁薄而均匀，炼制的火候也较高，有的烧成温度达 950℃～1050℃，反映了窑室的通风有所改善。这类黑陶的陶色十分纯正，可能已采用掺炭烧制的技术。

别遗址中也有以素面器为主而较少绳纹的。器形也有鼎、盉、甗、鬶、鬲、斝、豆、盘等。

山东龙山文化也称作典型龙山文化，以山东为中心，北沿渤海弯沿岸到辽东半岛，南及苏北一带，与青莲岗文化有渊源。依树轮修正的碳十四年代，山东龙山文化约起迄于公元前 2600 年到前 1900 年间。

石器磨制十分精致，河北唐山大城山、山东日照两城镇等遗址也有细石器出土，说明河南、山东龙山文化与北方细石器文化有一定的关联。陶器制法以轮制最普遍，可占全部陶器的二分之一以上。陶器以黑陶、灰陶为主，并有少量红陶及白陶。但磨光黑色的蛋壳陶大量出现是山东龙山文化的特征。器形以鬶及鬼脸式腿的鼎最多见，高圈足镂孔豆及杯、盆等也不少。河南及陕西龙山文化中常见的鬲、斝、甗等器则极少出现。器表多为素面或加以磨光，绳纹、篮纹均极罕见。此外，值得注意的是在山东胶州市出土过两件铜制的锥形器。

山东济南历城区龙山镇城子崖遗址中发现的村落夯土围墙，是目前所

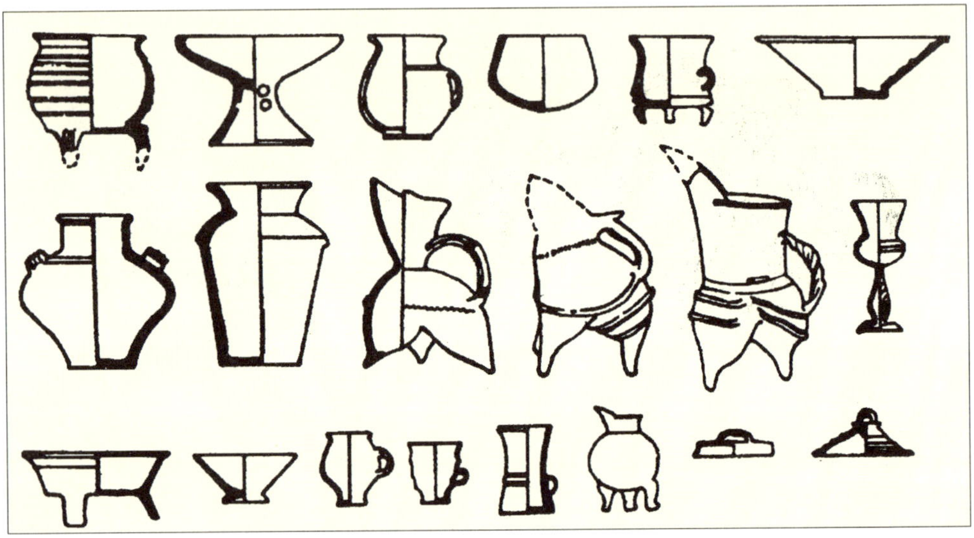

山东龙山文化的陶器

知我国最早利用夯土技术的建筑遗存。

在山东日照两城镇发现的石锛上刻画的兽面纹，也是现存这种装饰图案当中时代最早的。

湖北龙山文化孕育自屈家岭文化的传统。陶器中几乎没有黑陶，而有少量彩陶，如鬶等器。彩陶纺轮反映了本类型文化与屈家岭文化一脉相传的密切关系。器形有鼎、斝、鬶，但罕见鬲和甗。纹饰则以篮纹最为普遍。

另外，在河套地区也发现过长方形磨制石斧、穿孔石刀、篮纹及绳纹陶、鬲、斝、甗等带有明显的中原龙山文化色彩的遗存与细石器共同出土，显然龙山文化的波涛已冲击到北方大草原上。

在西北地区稍晚于马厂、半山文化而相当于龙山文化的是齐家文化，因最初发现在甘肃广河齐家坪而得名。遗址多在甘肃东半部、青海东北角湟水流域、宁夏南角一带。这种文化的时代，据碳十四测定，校正后，在公元前2300年到前1900年左右。

绳纹鬲，齐家文化，甘肃清水县永清堡出土。泥质红陶，敞口外折唇。三空足，通体施细绳纹。陶鬲是陕西客省庄文化的主要器型，齐家文化也使用这种器皿，显示齐家文化受到客省庄文化的影响。

临夏大何庄曾发现不少粟粒，当是农业的主要作物，大量的猪、狗、牛、羊等家畜的骨骼显示畜牧也是重要的经济部门。器具的材料以石、骨、陶为主，骨器磨制相当精致。陶器都用手制，以红色、红褐色为主，器形有甑、鬲、斝、盉、豆、盘等，以双大耳罐及侈口高颈深腹双耳罐最具代表性。表面纹饰多为绳纹、篮纹。有少量彩陶，器形以罐为主，陶质较粗，多施黑彩。骨针、石及陶制纺轮的大量出土，反映出纺织业已发展到相当的水准，所织布料的密度为每平方厘米有经纬线各十一根。

在武威皇娘娘台、临夏大何庄与秦魏家还出土过少量的红铜工具和指环，有用单范模制的，也有用锤锻法制造的。皇娘娘台遗址中还有炼铜留下的矿渣，有用含铜的绿松石之类的绿色石料制成的随葬品，同时武威附近最常见的石器原料也就是这种绿色的石头。而这三个遗址附近正有几处铜矿，另一方面齐家遗址的陶窑设计也足以产生到达熔解铜矿的温度，这些相关的发现证实了红铜器是由当地自造的而非从外输入的。同时这也是目前我国有可靠年代资料中能确切地证明的最早的冶铜记录。齐家文化的下限可以晚到公元前 1900 年左右，已经进入传说中夏朝（前 2100 年～前

1600年左右）的初期范围内。而齐家文化的起点可能早到公元前2300年左右，大致上是传说中黄帝的时代（如果我们依据《史记·五帝本纪》的记载，在禹之前依次还有舜、尧、挚、喾、颛顼、黄帝等六世相接续的统治者，如果以每世平均约三十年来计算，则黄帝的时代正当公元前2300年左右）。值得注意的是《左传》《墨子》等先秦古籍都有记载有禹或启铸九鼎的事，袁康《越绝书》也提到夏禹时才开始铸造铜质武器，而据《管子》一书所述，则在黄帝时代的蚩尤，已经知道制造铜兵器。虽然我们不能证明这些传说的每一个细节都是历史的真实，但从山东龙山文化及齐家文化考古的发现来考察，在相当夏代初期或更早一二百年的黄帝时期，我们的祖先已经知道冶铜、制造铜器，当是可以肯定的。

齐家文化的墓葬排列十分整齐，成人合葬墓中男性仰身直肢，而女性则面向男性屈肢侧卧于其左侧，或二女性屈肢侧身相向而夹仰身直肢的男性于当中。这个现象揭露了当时甘肃地区男女尊卑不同的社会地位已经形成。在临夏张家咀发现的石且（祖），显示已有了男性祖先崇拜，可能当时已是一个父系的氏族社会。各墓葬中随葬品多寡不等，如猪下巴骨少者只有一块，多者达六十余块，意味着贫富分化的过程也已经展开。

羊、牛、猪肩胛骨在齐家遗址中出土不少。大何庄的墓葬地区里还发现了“石圆圈”，在附近并有牛、羊骨架和卜骨，显然这是齐家居民为了他们所从事的某种原始宗教活动而建筑的。

齐家文化承袭马家窑及马厂文化的传统而发展出来，但由骨卜及陶器形制等共同的因素，也透露了这种文化与陕西龙山文化有一定的关系。

龙山时代的新石器文化，在各方面的发展多已经达到相当成熟的阶段，为文明在中国的诞生奠定了基础。龙山文化虽然在各个地区结束的时间先后并不一致，但大体上在传说的夏朝期间发生了重大的转折，逐渐迈向了文明的道路。

第三节　文明的跃升

中国的历史约自公元前2100年起又出现了一个新纪元，也就是夏代。

20世纪以来，在欧风美雨的侵袭下，学术科学化的要求与现代考古学的发现，结合了乾嘉以来的考据之学，对传统的先秦古史展开了前所未有的猛烈攻击。自20世纪20年代中代表了企图对中国古史作一广泛而系统的怀疑与清理工作的《古史辨》出版之后，中国上古时代的历史性便遭受到严格的考验，盘古、三皇、甚至经司马迁考信六艺、择其雅驯而后写入《史记》的五帝，即黄帝、颛顼、帝喾、尧、舜，以及禹等人物，甚至整个夏朝都有被逐斥于历史圈外的危机。

随着现代考古调查、发掘工作的展开，古史的范围日益扩大，我们对古史的认识也较前更为清晰，不过我们并不能完全依赖出土的文物来把握古史的动向，因为考古材料所能提供的历史画面仍然有其限度，依旧留有不少空白待补的间隙。

另一方面，古代历史的事件或人物的活动往往遭后人作“牛头马面”式的分解组合或“三头六臂”式的叠压附会，经后世传述者不断地以神化、象征、浓缩、损益等方式加工而扭曲，以至于变形到难以复原的程度。虽然传统文献中有关先殷史事的记录难免不尽可靠，而且又经常因扭曲变形而脱离了其真实历史的时空位置，但传统文献中残存的史实成分仍不能说全无价值。只有在现代考古科学提供的可靠资料建构的基础、搭成的间架上结合传说记录中的真实成分，我们才能建立起更坚固而赅备的古史殿堂。

现代的学者一般都认为夏代的存在，是历史的真实。因为许多时代较早的资料如《诗经》《尚书》都有关于夏代的记录。《尚书·多士篇》记载了商代亡国遗民叙述在“殷革夏命”之后，商代统治者对夏朝亡国遗臣的

夏都邑图。夏人主要活动在今河南西部和山西南部，此图列出的都邑即分布在这一地域内。其中的阳城，曾为夏禹所居，斟鄩则为太康所居，这些都邑都是根据古史推定的，其确切地点和聚落情况待考证。

处置方式，即商人已经清楚地表示，在商之前还有夏朝。西周初年，周人也经常提到夏，例如《尚书·召诰篇》说："我不可不监于有夏，亦不可不监于有殷。"《诗经·大雅·荡》也有脍炙人口的诗句："殷鉴不远，在夏后之世。""信而好古"的孔子也曾讲过："殷因于夏礼"，"夏礼吾能言之，杞不足征"，"周监于二代，郁郁乎文哉"。夏的存在，可以说是有相当根据的。

从考古上来看，约自公元前2000年起，在今晋南、豫西地区出现了"二里头类型"的文化，这个文化类型以河南偃师二里头为代表而得名，在河南陕县七里铺、洛宁、洛阳东乾沟、伊阳、伊川、偃师灰嘴、巩义市稍柴、登封、汝州煤山、郑州洛达庙、荥阳上街，河北邢台，山西稷山、河津、新绛、侯马等地都有发现。据古本《竹书纪年》《世本》《左传》《孟子》等书的记载，夏代的都城、主要活动的地点或重要事件发生的地点有阳城（今山西翼城

陶鼎，二里头文化，1973年河南偃师二里头出土。高20.5厘米，口径20厘米，重1.72千克。由褐色夹砂陶制成，腹部饰有方格纹，三足外侧有戳印的附加堆纹。方格纹是二里头文化的陶器纹饰之一，二里头文化的时代和分布区域与夏朝相当。

县）、平阳（今山西临汾市）、安邑（今山西夏县）、斟鄩（今河南巩义市）、原（今河南济源市）、老邱（今河南开封县陈留镇）、西河（今河南安阳市）、帝丘（今河南濮阳市）、斟观（今山东莘县）等地。二者分布的范围大致相合，都在晋南、冀南及伊、洛、河、济之间的地区。而二里头类型文化的时代，依照树木年轮修正的碳十四测年数据，约当公元前 2000 年至前 1600 年，而夏朝的时代大致在公元前 2100 年到前 1600 年间，两者也大体相重叠。加以这个类型遗址出土的许多陶、石、骨器又表现出上承河南龙山文化而下启殷商文化的过渡特征。因此有些学者认为二里头类型文化就是夏文化。

二里头文化显然是在山东龙山文化的影响之下，继承了河南龙山文化的传统而发展出来的。如二里头文化陶器中的三足盘及鬶等器形即胎源于山东龙山文化中的原始器形。至于澄滤器、觚、瓮、豆、斝等器形及陶器上最普遍的篮、绳、方格等纹饰，如果沿着它们发展演变的脉络往上追溯，则可以在河南龙山文化中发现它们的祖型。

二里头类型遗址出土大量的农业生产工具如石刀、石镰、石铲、骨铲、蚌镰、蚌铲、陶刀等以及大量的陶制酒器显示有了较进步的农业。家畜则有猪、牛、羊、马等。石、玉、骨、蚌、青铜的箭镞及枪头以及骨制鱼叉、骨、蚌、青铜鱼钩、陶网坠表明渔猎活动仍然在经济中占有一定的地位。陶纺轮、骨针及麻布残片指示了麻织物依旧是纺织的主要产品。

手工业的成就是二里头文化最突出的标志之一。青铜刀、锥、凿、锛的出现说明了手工业工具已较前有了明显的进步。陶器的制作，兼采轮制、模制、泥条盘筑、捏塑等各种方法。器形种类多，主要的就有二十余种。质地以夹砂及泥质的灰陶为主，也有少量的泥质白陶及泥质黑陶、磨光黑陶，大体上烧制的火候都相当高，陶质多较轻脆。石、骨、蚌器多为各种生产工具。

在晚期更出现了不少的青铜器和玉器。青铜器有凿、锥、刀、镞、鱼钩、

铜爵，二里头文化，饮酒器，1984年河南偃师二里头出土。带流长14.5厘米，高13.5厘米，重0.75千克。复合范铸造而成，中国历史上出现最早的青铜容器。器壁单薄，纹饰简单，有着明显的早期铜器的特点。

爵、锛，又有四件圆形铜器，其上多镶有绿松石，此外还有戈、戚等武器。玉器有圭、戈、刀、琮、镞、钺、铲形器、玉柄形饰、璜形玉、瓶塞形玉、玉板、方形玉等。

青铜器的制作在铜质的控制方面尚在较原始的阶段，对于因铜、锡含量比例的变化而造成青铜合金不同性质的效果似乎还不能掌握。经定量分析的测定，一件爵含铜约92%，锡约7%；一件锛含铜约98%，锡约1%。从这也可以看出当时的技术还未到达成熟的阶段。一般而言，制作都相当精致。铜爵的铸造，由爵身四周上明显的范线及把手内残余的陶范碎块，可以证明所采用的方法是合范法，反映在铸造工艺方面的成就已十分可观。

玉器的制造更反映了高度发展的技术水准。玉戈制作极工整，棱线精确、规矩。两件玉柄形饰上用单线或双线雕琢出花瓣与兽面纹，二者相间出现，

玉钺，二里头文化，礼器，1974年河南偃师二里头出土。长11.3厘米，刃宽7厘米。

末端用线刻及阳刻浮雕的手法琢成兽头的形象。器身通长17.1厘米、宽1.8厘米、厚1.5厘米至1.8厘米，说明当时的玉工已经掌握了熟练的雕琢技巧，能够在相当细小的玉材上进行复杂而细致的图案雕制工作。双线线条的琢工精密而转折流动之处颇多，显示玉工不但克服了雕琢技术上的困难，并且对玉质的把握已达圆熟的地步，同时也表明当时可能已经有了类似后世的琢玉工具——“铊子”那样的圆形旋转工具。而抛光的技术也极纯熟，造成器表光洁，不露雕琢痕迹的效果。至于铜器上的那些绿松石嵌片，形状、大小不一致，大如指甲，小的甚至只有小米粒的四分之一，但都是按照一定的规格及形状切割磨制而成的，其中许多是用来镶嵌人或动物的眼睛或眉毛的。这样细小的石材显然是不可能用手拿着来进行加工研磨的，可能那时已有跟后世一样的方法，将工件固定于棍棒的顶端，而后手持棍棒来做琢制的工作。

二里头文化的晚期已经可以看到更明显的农业、手工业分工的现象。高水准的玉器制作，如果没有一批长期从事切削琢磨的工作并累积丰富的技术经验的专业工匠是不可能的，透露出玉器制作当已从农业中脱离出来成为专业化的生产部门。二里头遗址晚期地层中，发现有数量相当多的石料堆积，一个灰坑中出土大量的碎骨片、带有锯过或削过痕迹的骨料及骨器的半成品，说明在当地已有了专制骨器或石器的作坊。同一地点的晚期地层中除了出土不少铜器之外，也发现了陶制坩埚的碎片、铜炼渣以及陶范，反映在二里头也有制造青铜器的场所。这些现象意味着晚期二里头文化在经济方面起了巨大的变化，有更多的人从农业生产工作的行列中游离出来转而成为从事专门化的手工业的生产者。

在二里头遗址的晚期地层中还发现了一处宫殿台基，平面大致呈正方形，面积约 1 万平方米。台基的最厚处超过 3 米，全部用夯土技术建成。宫殿台基中部偏北处有一座高起的长方形夯土台座，台座夯筑时，先在

二里头宫殿复原图

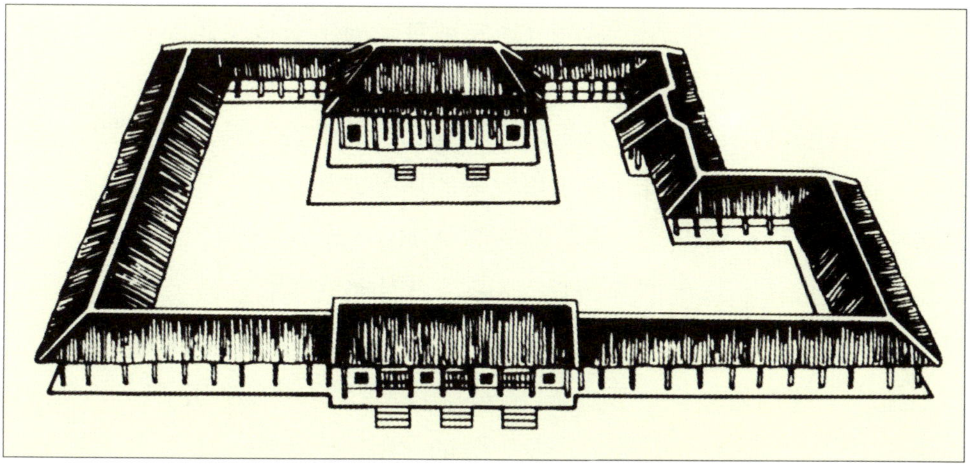

底部铺垫三层鹅卵石以求坚固，台座东西长 30 余米，南北宽 11 米有余，这是殿堂的基座。由宫殿及殿堂台座上留下的墙基痕迹及排列成行的建筑物支柱洞可以推测出当时在宫殿四面有一周完整的围墙及廊庑建筑，围墙以木柱为骨干，柱间系以芦苇，外涂泥土而成。这种筑墙技术显然是仰韶时代以来的传统。殿堂建筑则具有四坡出檐的屋顶，为了防止雨水冲蚀台基、损坏檐柱，在檐柱四周又立有一列挑檐柱而形成了两重屋檐的外观,这种形式的建筑也就是《周礼·考工记》所说的“四阿重屋”了。尤其值得注意的是依照殿堂遗址的柱洞间距，可以推测出当时殿堂的空间利用的情形,按柱洞的平面分布复原的空间区划,正与《周礼·考工记》上的“夏后氏世室”的平面区划相符合。殿堂大门开向南方，面对广大的庭院。整座宫殿由底部的夯土台基、四周相连的围墙及廊庑、北面四阿重屋式的殿堂、中南部的庭院等各部分组成,主从分明,布局紧凑有致。台基上的柱洞排列十分整齐，间距相等，高低也一致，显示营造设计已趋成熟而建筑时施工也相当精确。这座宫殿的规划，开创了我国宫殿营建的典型。

在这宫殿基地的周围，有许多夯土台基、屋基、窖穴、窑址、水井以及上述的骨、石、铜器作坊，此外还发现过一段由石板及鹅卵石砌成的道路，路面相当平整，说明晚期二里头遗址的古聚落早已突破了一般自然村落的规模而展现出一种在发展阶段上更高层次的形态，具备了初期城市的雏形。而城市中已存在着许多不事农作的居民，包括有作为宫殿主人的统治者或拥有各种铜器、玉器、海贝等贵重物品的贵族。《史记》说“舜耕历山、渔雷泽、陶河滨、作什器于寿丘”，显示当时部落酋长还没有脱离自给自足的生产劳作，到夏代以后部落联盟大酋长已变为世代相承的统治者，统治工作成了统治贵族们的专业，不再从事耕稼渔陶等劳作生产了。此外，龟甲及牛、羊、猪肩胛骨等卜甲及卜骨的发现指示还有从事占卜、宗教活

卜骨，二里头文化，占卜用具，河南偃师二里头出土。羊肩骨，用途是为卜问吉凶。

动的卜人以及各种专业制作的工匠等脱离了农业生产活动而仰赖他人供应粮食或其他生活资料的人。城市的出现代表了农业经济的高度发展以及新而更复杂的社会构造已经形成。

由经济发展而导致的贫富分化，因粮食产量提高而范围日趋扩大的产业分工以及逐渐频繁的战争、征服、政治权位的世代承袭等因素的共同作用之下，终于在这时产生了层级化的社会。

传说中自黄帝时代以来战争日益增多，《史记·五帝本纪》提到各部落彼此“相侵伐”，黄帝时征炎帝、伐蚩尤，尧诛鲧及共工、禹征有苗、启与有扈氏大战于甘等记载，都意味着武力逐渐成为部落间建立政权、维护统治、镇压敌人的主要工具。二里头晚期青铜武器的出现更助长了战争剧烈的程度。战争胜利者或征服者与败降俘虏之间，自然地形成了分隔双方地位高下的鸿沟。

夏代是历史上政治大转折的时代，禅让制度，即部落联盟大酋长的选举制蜕变成为局限在一姓一家内的继承制，意味着共主的统治力量已经加强到足以有效地制服联盟内的各个部落。但这种转变也不是很顺利地达成的，启继禹位便引起了维护传统制度的有扈氏部落的反对，启打败了有扈氏才把世袭制度确立下来。二里头宫殿基址上留下的夯击印痕既小且密，夯土分层筑成，既薄又硬，非常坚固，估计其所用的松土量应不小于两万立方米，从这也可以推测出当时的统治者已能够组织、动员、管理大量人力来进行工程的建设，具备了强大的政治能力。或许那时已经有了初具规模的政府，逐步地由部落联盟朝向国家制度演进。

二里头文化在艺术上的成就，也立下了我国美术史上的一座里程碑。玉器雕琢不但显示了优越的制作技术，也表现了高度的艺术水准。玉柄形饰的线条细腻、流畅而老练，整个造型展示出圆熟的意匠经营。其上的兽面纹与同时期的郑州二里岗陶器上刻画的所谓“饕餮”的兽面纹和夔龙纹等图案成了以后商周时代最常见的一些装饰艺术母题。同时也建立起一种以兽面纹等图案来表现威猛的气氛，产生肃重的心理效果的美术传统，把艺术活动牵引到了一条不着意于因诉诸感官的映照活动而注重事物真实形

商代铜器上的饕餮纹和夔龙纹。

二里头遗址出土陶器上的刻画符号。这些遗留在陶器上的符号，是制陶工匠为表示某种特殊含义而刻画的，已知的有20余种。虽然这些符号不是文字，却具有中国文字的笔画形状，当与文字的产生有一定的联系。

象的描绘的写实作风的道路上，开创了殷周装饰艺术的先河。

若干陶器口沿内壁上的符号刻画显示了仰韶时代以来的文字创造活动在这时期的续延。代表商代晚期文字的甲骨文已是相当定型、简化的文字。从符号设计的观点来看，字形构造的简化代表了在此之前还有一段创制繁缛字体以及化繁为简的省易过程。由发展及应用的角度来考察，甲骨文中的假借字及形声字已占现知全部甲骨文字数的三分之一以上，反映出在更早的时候，还有一个在文字发展上较原始的阶段。这个时期最可能就是二里头文化时代或夏代。

城市的形成和文字较进一步的发展，表明二里头文化时代或夏代在中国境内已经开始进入了文明的历程。

夏代政治的势力范围大致只局限于山西南部、河南西北以及冀南、鲁西一隅。它的霸权也并不能始终保持不坠，最强大的威胁来自东方夷族的挑战，启子太康时夷族酋长后羿夺取了夏的霸权，历经相、少康与夷族的战争，直到少康时才打败夷族，恢复旧位。其后在后芬、后泄、后发时都还能从夷族取得胜利。到后发子桀时为汤所败，逃到南巢，夏在中原的霸权也就结束了。

夏朝世袭表

禹——启——太康══仲康——相——少康——帝杼——帝槐——帝芒——帝泄——帝不降══帝扃——帝胤甲══帝孔甲（不降子）——帝皋——帝发——帝履癸（桀）

夏朝世袭表。根据《史记·夏本纪》记载，夏代是中国历史上的第一个王朝，延继时间约400余年，王位继承方式基本采用父死子继，附以兄终弟及的制度。表中单线相连者为父子，双线相连者为兄弟。

第二章

灿烂的殷商文明

第一节　商代的兴亡

商王室姓子，据《史记·殷本纪》记载商人的始祖契，“母曰简狄，有娀氏之女，为帝喾次妃，三人行浴，见玄鸟堕其卵，简狄取吞之，因孕生契”。春秋时代的宋人也在《诗经·商颂·玄鸟》这首诗中歌颂他们始祖诞生的神话道：“天命玄鸟，降而生商。”玄鸟就是燕子。始祖诞生神话涉及鸟的古代各族多分布在今东北、渤海湾沿岸、山东半岛、淮水下游一带，与前述的青莲岗文化、山东龙山文化有极密切的关系，或许就是这些文化的主人翁，也就是古代的东夷各族，而商就是其中的一支。

据《世本》的记载，契以蕃（今河北平山县）为根据地，《荀子·成相篇》说契子昭明时迁到砥石（今河北宁晋、隆尧县间），后来又迁到商邱（今河南商丘市），昭明子相土时设立东都，势力东展，延及海外，他的后世子孙还称颂说：“相土烈烈，海外有截。”到了汤的七世祖王亥时又渡河北上，所牧之牛羊为有易氏部落所掠夺，王亥也被杀死，至王亥子上甲微时

◉ 商汤，选自《乾隆年制历代帝王像真迹》。

才彻底地击溃有易氏。到汤的时代，以亳（今安徽亳州市北）为基地，在伊尹的帮助策划下，联络了失宠于夏桀的妹喜作为内应，准备攻夏。汤采取了先消灭夏的外围势力，将夏孤立，而最后再灭夏的战略，首先征服了西北方的葛（今河南宁陵县），再进一步吞并了支持夏的韦（今河南滑县）、顾（今河南范县）及昆吾（今河南濮阳市），夏的与国既除，势力孤单，但汤还不敢立刻攻夏，而先伐密须（今河南新密市），乘胜而后败桀，大概桀逃亡到南巢之后，汤就迁到今郑州二里岗商城，仍称作亳，得到天下的拥护，取代夏的霸权，建立了商朝。在汤以后曾有五次迁都，第十世王仲丁时迁都到嚣（音敖，可能在今河南郑州西北），十二世王河亶甲再迁于相（今河南内黄县），祖乙继河亶甲，迁于庇，到十七世王南庚又移至奄（今山东曲阜市），公元前 1300 年第十九世王盘庚又从奄迁到殷（今河南安阳小屯村），以后直到殷亡不再迁都。盘庚到殷亡共十二王，在末主纣时为周所灭。

第二节　经济生活

商代的经济又较前有明显的进步。

农业在商代，尤其是到了商后期比以往有更大的进展，农作物生产的水准呈现了较过去更显著的提高，为当时生活提供了更多剩余粮食的累积。卜辞中即有关于仓廪的记录，考古工作者在殷商遗址中发现有大量的窖穴，其中一部分就是用来储存粮食的仓库。在安阳有不少窖穴堆积着相当多轻而质松的灰绿色土，大概就是由陈腐的谷物形成的。在商代墓中普遍地出土各类型的酒器，不只是统治贵族墓中有，在一般小墓中也有觚、爵等器随葬，反映出饮酒已成为一种超越

铜爵，商代，温酒或饮酒器，1976 年河南安阳殷墟妇好墓出土。高 37.3 厘米，重 4.4 千克。

阶级差别的社会风气。周人灭商之后也严厉地指责商人酗酒之风，认为商纣“荒腆于酒”，而“庶群自酒，腥闻在上”，是导致殷商亡国的重要因素，并因而发表了戒酒的文告——酒诰。这更可以证明商代有产量相当可观的酿酒业。而在上古时代中国造酒所用的原料只有谷物一种，从这可以推知当时农业生产必定已达到非常高的水平，除了食用及储存之外，还有不少剩余可供普遍的饮酒风尚的需要。甲骨文中记述了用黍来造酒，也可以肯定这一点。

但农业上的进步似乎与农作技术的关系不大。商代的农业生产工具与过去的比较，并没什么改进。考古工作者曾经发掘出极少数几件青铜农具，例如安阳大司空村及洛阳下瑶村曾各出土一件青铜铲。青铜器在当时是极贵重的物品，一般农民自然不可能拥有、使用青铜的农具，而考古遗址中

铜铲（左），商代，农具，1976 年河南安阳殷墟妇好墓出土。长 17 厘米，刃宽 8.8 厘米。

铜镢（右），商后期，河南省郑州市二里岗出土。长 16.4 厘米，宽 6 厘米。

发现的数量最多的农具还是新石器时代就已使用的木、石、骨、蚌等质料的制品。当时还不知道开凿沟渠来引水灌溉农田，而农作物所需要的水最主要还是依靠自然的降雨，甲骨上卜问天雨的卜辞极多，大多数是占卜农事所需的降雨，如“帝令雨足年？”即卜问上帝是否会降下足够使谷物成熟的雨水。卜辞中又有许多卜禾、卜年（谷熟之意）的记载，表明商人对农业的收成还没有太大的把握。似乎当时还不知道施肥，也不晓得利用兽力来耕田发土。当时的谷类作物有禾（小米）、黍（黄米）、稷、麦、秜（稻的一种）、秬（黑黍）等，也不能断定当时这些作物是否是产量特别高的品种。因此由这些因素无法推测导致当时农业更进步的缘由。但值得注意的是当时已经有一部成熟而相当周密的历法，显然商人已经更有效地掌握了农事配合天时的知识，这是可以肯定与当时农业进展有相当关系的一点。

然而与商代农业进展关系最密切的大概是经济组织的因素。由卜辞的记载可以知道商王把农事看作“王事”，经常命令众人协力耕田、下令耕作某地或某方的藉田。各地所种植的农作物甚至也由王来决定。王有时亲自去从事农作，卜辞上有“王黍于南”“王立黍，受年”的记载，即王在商邑以南之地种黍、王种黍之意。卜辞上也提到王亲自去收获：“王往获藉。”王也常派使臣主持各处耕地、种植、收获、装仓等农作。说明了王在农业生产上所担任的角色是耕作劳动的发动者、主持者，青铜农具当是贵族或王在亲自主持农作仪式时的用具，当时可能已如后世一样，有王亲耕藉田以劝农作的仪式。王所征调参加藉耕的农民，据卜辞的记录可多达 3000 人。除了调动农民为王耕作之外，甲骨刻辞中也提到商王命令战争中俘获的羌族奴隶垦田。抗战前若干年间安阳小屯村出土窖藏的石镰总数多达 3600 件以上，一坑内藏百件以上的就有 5 处，其中一处有 344 把，一处更多达 1000 余把，显然这是商王室在供羌族奴隶使用之后再集中起来保管、贮藏的。这样庞大的农具数量也反映了商王所役使的羌族农业奴隶的人数相当可观。

◉ 商代“众人协田”牛骨刻辞，河南安阳出土。这块卜骨上面刻有：“（王）大令众人曰：劦田，其受年？十一月。”即商王命令“众人”进行协田活动的记载。协田，一般认为是指在土地上进行集体耕作。（上左）

◉ 大型牛骨刻辞，商武丁时期（约前13世纪），河南安阳出土。长30.8厘米，宽19厘米，这片大型甲骨记有关天气和敌人入侵等内容。甲骨文自1899年被发现之后，不断有发现，其中殷墟共发现甲骨15万片，发现单字5000多个，其中可认识的约有4000多个。（上右）

为了保证农业生产工作的切实进行，王有时亲自前往视察，并设有藉臣、小藉臣等官职来负责管理、监督的工作。王对农业是非常关心的，经常为各地农田求雨、求年也可以说明这点。即当时不但有相当大量的劳力投入农业工作，同时也由王给予最大的重视，由以王为首的政治系统来领导、组织、动员、劝勉、管理、监督农业活动的全部过程。显然这是一项过去所没有的因素，我们认为这一点也是导致商代农业进展的一项主要动力。

畜牧业在当时也显示了可观的成长，殷人尚鬼，所祭的鬼神繁多，祭礼种类复杂，祭期绵密不断，所用家畜极多，一次祭祀用牲可多达数百头，甚至千头。这表明了家畜饲养的数量必有相当的增加，同时由安阳多次发现殉葬的马车证实最迟在商晚期已经知道用马来拉车了。

渔猎对贵族而言其意义不在于经济生产，而是为了提供祭祀的牺牲，并可训练射击，是习武的手段，同时也是游乐的一种方式。但对一般农民而言，其经济意义也退缩到更为次要的边缘。

商代的手工业部门以青铜、制陶、骨角、石器、皮革、木器、石玉雕琢、纺织、造酒等为主。

青铜器铸造业在商代更加发展，铸造的器具有锥、针、削、锯、刀、钻、铲、锛、斧、钺、戈、矛、矢镞、头盔等武器及工具；有鼎、鬲、簋、甗、匕等食器及礼器；有斝、角、爵、觚、觯、卣、盉、尊、罍、方彝、壶、瓿、觥、鸟兽尊、勺等酒器；有盂、盘等水器；有铃、铙等乐器；各种车马器、檠弓器、人面具、镜、笄以及其他用器。

根据对商代青铜器所作的一些定量分析测定的结果，发现早期及晚期的青铜器在铜、锡含量的比例有所不同，早期青铜器的锡含量大多偏低，例如早期的一件铜尊为含铜 91.29%、锡 7.1%、铅 1.12%，晚期的司母戊大方鼎所含金属的百分比是铜 84.77%、锡 11.64%、铅 2.79%，表明在晚商时

环首刀，商代后期，辽宁抚顺望花村出土。这种大弧背、环首外缘饰乳突的刀，适于马上随身系挂，是北方式青铜器的代表器类。

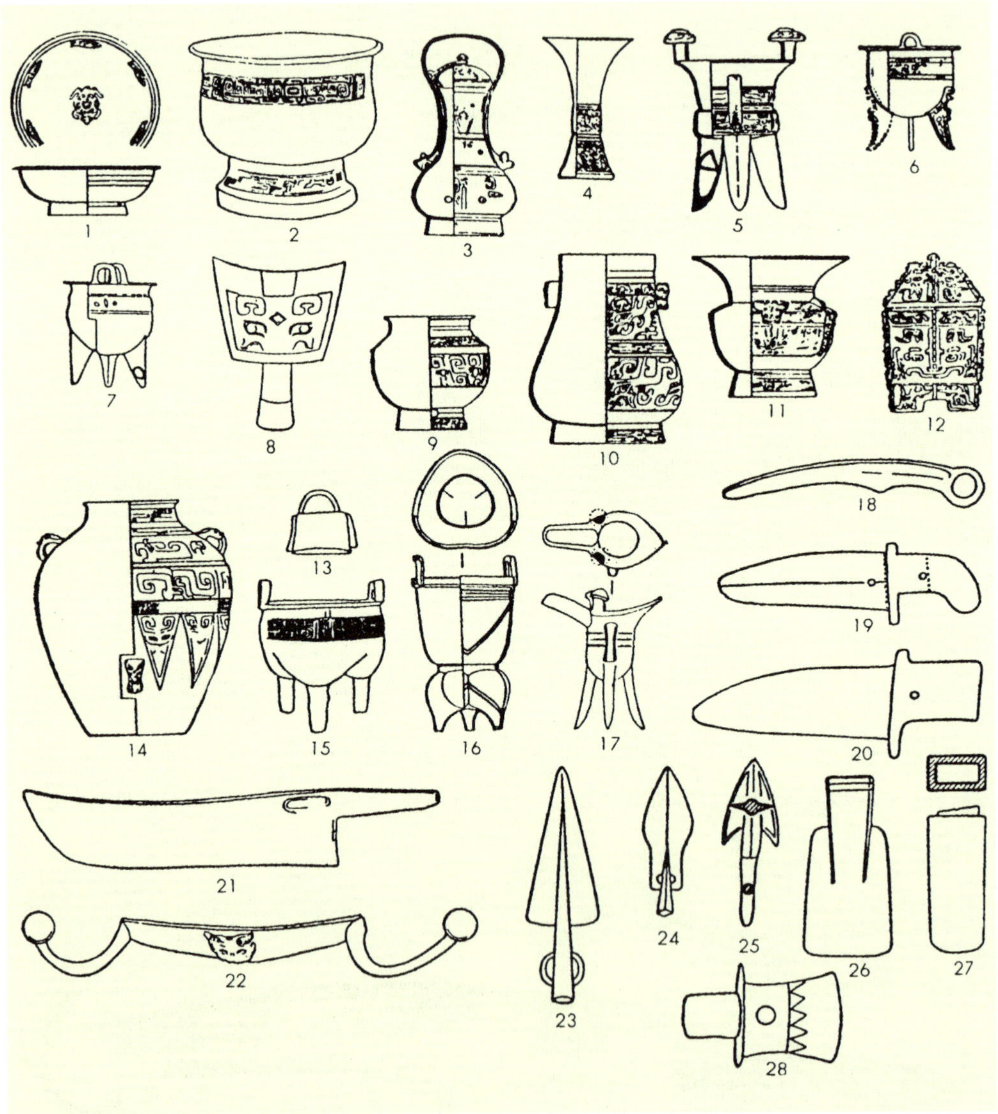

商代青铜器的主要器型：1. 盘；2. 簋；3. 卣；4. 觚；5. 斝；6.7. 鼎；8. 铙；9. 缶；10. 壶；11. 尊；12. 彝；13. 铃；14. 罍；15. 鬲鼎；16. 甗；17. 爵；18. 削；19.20. 戈；21. 刀；22. 檠弓器；23.24. 矛；25. 镞；26. 铲；27. 锛；28. 钺

● 青援铜内戈，商代后期，礼器，1976 年河南安阳殷墟妇好墓出土。（上左）
● 人面铜钺，商代，兵器，1965 年山东青州市苏埠屯出土。长 31.7 厘米，宽 35.8 厘米，重 4.9 千克。形体巨大，两面均透雕着张口怒目的人面形，直刃，双穿，两侧有扉。（上右）

对铜锡含量的比例的控制达到了更精确的水平，与后代《周礼·考工记》上所谓“钟鼎之剂”的“六分其金而锡居一”大体上相符合，同时晚商的铜匠也掌握了铸造武器所需要的铜锡成分的最适含量，使铸件具有最高的硬度及最大的韧性。在铜器的铸造工艺方面也显示有一段演进的历程，一般商代铜器无论其形体如何复杂，几乎都采用多块陶范及型结合、一次铸成的方法，但在晚期若干器具上可以看出那时已经发展出了二次铸造法或分铸法。一般而言晚商铸造工艺所达到的水准，即使是在现代技术的优越条件下也是不容易赶上的。

商代青铜铸造业不但显示了技术的进步，铸造业的规模也有相当的发展。考古工作者发现的商代铸铜作坊遗址早期的有河南郑州南关外、紫荆山等地，晚期的则有安阳孝民屯及在小屯村东南的苗圃北地，这些地点发现有大量的碎陶范、炼锅、木炭、红烧土、炼渣等遗物，在安阳还出土过孔雀石（铜矿）。其中苗圃北地遗址的规模极大，面积超过 1 万平方米，出土的碎陶范即多达 3800 余块，值得注意的是当地虽有坩埚、陶范等出土，却没有发现铜矿石，当是一处专门从事铸造的场地，反映冶铜和铸造在当时已经分工了。庞大的铸造场所表示铸造业的规模已十分可观。商代早期已开始铸造较大的铜器了，郑州杜岭出土的两件方鼎即分别重达 64 公斤、86 公斤有余；到了晚期能够制造更大型的器具，苗圃北地铸铜遗址出土过长达 1.2 米的方形大陶范足以说明这点。安阳出土的大型铜器如偶方彝长 90 厘米、高 60 厘米，六足三联甗高 43 厘米、长 103 厘米，两件司母辛大

鬲范，商代早期，铸铜陶范，1954 年河南郑州市关外出土。

铜矿标本孔雀石，湖北黄石市西南20余公里处的大冶湖畔出土。

方鼎各高80厘米、重117.5公斤，鹿鼎高60厘米、长51厘米、重60公斤，牛鼎高73厘米、长64厘米、重110公斤，而以司母戊大方鼎最大，也是目前古代世界最大的青铜器，高132厘米、长110厘米、宽78厘米，重875公斤。当时的炼铜坩埚有一种大口陶尊，可容25公斤的铜液，另一种俗称“将军盔”的坩埚可盛12.5公斤的铜液。司母戊大方鼎经X光透视检验，发现是一次浇灌铜液铸成的，如采用容积较大的炼锅则需35个以上，即40个左右，如使用将军盔，则在70个以上，可能需80个左右。从这可以推测出当时工作的场地相当大，如果每一坩埚用3或4人负责，则40个坩埚需要120人以上，再加上运输等工作的人数，则冶铜作坊工作人员的总数可达200人左右或更多，说明冶铜工作也同样有可观的发展。875公斤的铜液流完需要相当长的时间，浇注时必须接续不断，否则容易造成铜器

司母戊大方鼎，商代后期，炊食器，1939年河南安阳出土。高133厘米，口长110厘米，重832.84千克。鼎器形庞大浑厚，是中国目前已发现的最重的青铜器，其腹部铸有“司(后)母戊”，是商王祖庚或祖甲为祭祀其母所铸。鼎身和鼎足为整体铸成，鼎耳是在鼎身铸好后再装范浇铸的。司母戊大方鼎充分显示了商代青铜铸造业的生产规模和技术水平。

熔铜坩埚，商代后期，熔铜工具，河南安阳市出土。高32厘米，口径22.8厘米，一次能熔铜12.5千克。

品质上的缺点，因此在整个工作过程进行之前和进行当中必须要有相当精确的作业计划及配合，由此，又可推测当时除了工匠具备有长期训练累积的技术之外，还有统筹全局的策划、管理工作人员。

骨角器的制作也是重要的手工业，在早期的郑州及晚期的安阳大司空村、北辛庄等地都曾发现过制骨作坊的遗址，在安阳小屯村也发现过一处土坑中有堆积成层的鹿角存储，有些鹿角有锯过或磨光的痕迹，有些雕刻着花纹，当是一角器作坊。使用的工具有青铜的小刀、锯、钻以及磨石等。所使用的骨料有牛、猪、鹿和人骨，其中人骨也相当多，郑州紫荆山作坊的一个窖穴内发现的人骨即约占全部骨料的二分之一。制造的骨料产品有

骨笄，商代后期，装饰品，1976 年河南安阳殷墟妇好墓出土。图为骨笄笄头。

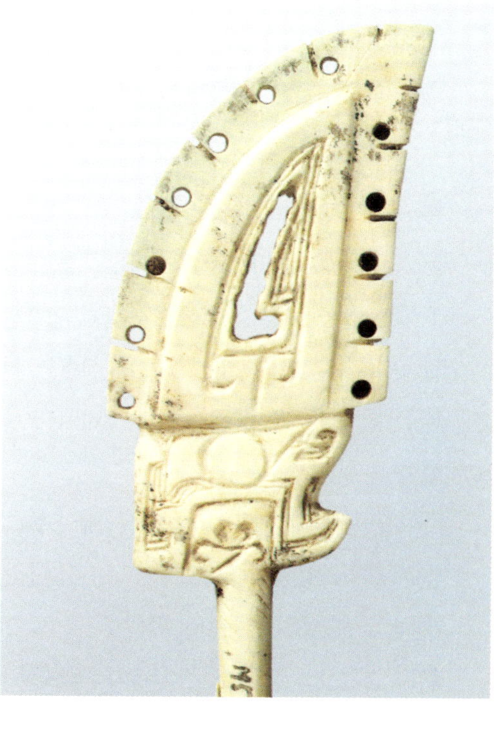

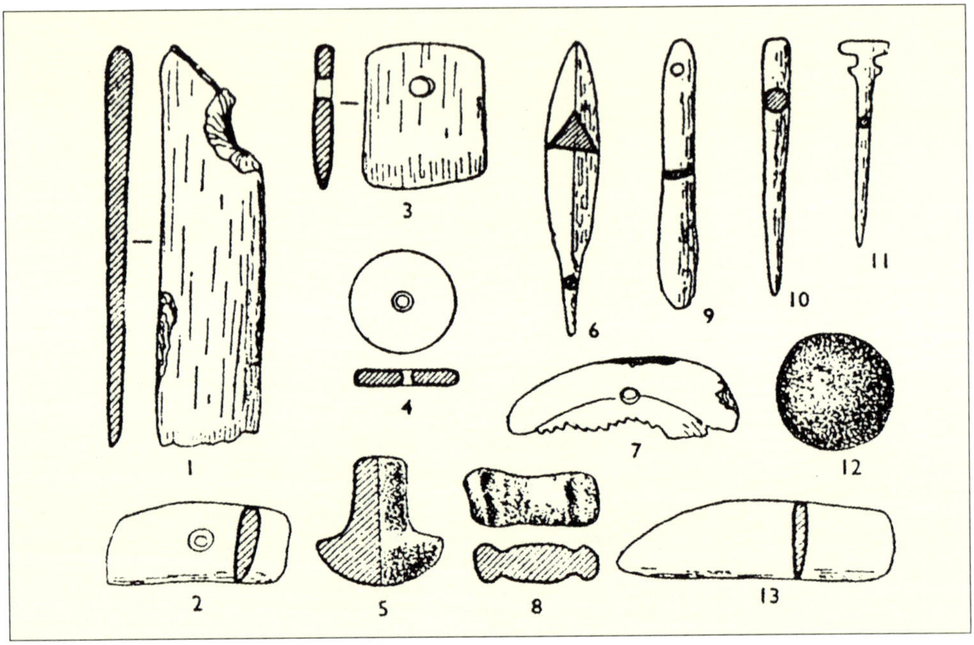

商代的石、骨、蚌、陶生产工具及其他器物。1. 石锛；2. 长方形石刀；3. 石斧；4. 陶纺轮；5. 陶杵；6. 骨镞；7. 蚌锯；8. 陶坠；9. 骨匕；10. 骨簪；11. 骨笄；12. 石弹丸；13. 石镰

笄、笄帽、锥、镞、铲、凿、匕、刀、针、筒等。郑州紫荆山遗址上述的窖穴中出土 1000 多块骨料、废料以及骨镞、骨笄的成品或半成品，显示这个作坊的主要产品是笄和镞，安阳北辛庄及大司空村的两处骨器作坊则以制造笄及笄帽为主，透露在商代有不少作坊的生产器类范围已有缩减的趋势，每个作坊只制造一种或两种产品，即在同一手工业部门之内已存在着更细密的分工。

石器的制作以刀、戈、斧、镞、镰、锥、锛、锤等武器及生产工具为主，也有进一步分工的现象，小屯村北方一处房屋基址内的填土中发现大量的锥状半成品，约 600 余件，又有 260 余块大致上呈长方形的磨石残块及少数玉、石料及玉、石制品，当是一处以石锥为主要产品的作坊，也表明了

◉ 原始瓷尊，商早期，1953 年河南郑州出土。高 11.5 厘米，口径 18.3 厘米，是中国目前发现最早的原始瓷器。此瓷器成分是高岭土，胎骨细腻，烧成温度为 1200 ℃左右，质地硬，无显著的吸水性，已具有瓷器的特征。

个别石器手工业作坊产品的单一化。

制陶业部门内也随着不同产品种类的烧制而产生了分化。在郑州的一处陶业遗址上共发现十四座陶窑，附近有十多座半地穴式的房屋，由数量极多的出土的成品及烧坏的废品来看，当地所烧造的器皿多为泥质的盆、甑一类的陶器。同时当地不但只烧盆、甑，而且还只生产泥质的陶器，不制造夹砂的产品，显示不但产品专门化，而且泥质器与夹砂器的烧制在当时已经分工。河北邢台贾村的四座晚商陶窑附近及窑内发现有尚未烘烧的鬲坯以及烧坏的陶鬲残片，显示这是一处专门生产陶鬲的窑场。商代陶器中的白陶，经鉴定系纯采用高岭土制成，陶质细密，反映对陶土的选择、陶洗工作已极精纯，火候相当恰当，制作甚精。同时更值得注意的是商人已发展出了原始瓷器，用瓷土制成，胎质细腻坚硬，火候可高达摄氏 1100 度至 1200 度之间，胎土大体上已烧结而瓷化，釉呈青色。中国作为世界瓷国，其开创的阶段就是从商代开始的。

青玉簋，商后期，盛食器，1976年河南安阳殷墟妇好墓出土。高12.5厘米，口径20.5厘米，壁厚1厘米～1.6厘米。

石玉雕琢或美术加工业在商代也极可观，主要的产品有大理石器及玉器两类。考古发现的商代玉器数量极多，所采用的玉，经过鉴定的多为软玉。制成的产品种类极多，大致上多属艺术品、装饰品或礼仪用品等类别。

漆器也已从木器制作中独立出来成为一项专门化的手工业部门，在早期的河北藁城台西村及晚期的安阳都曾发现过残存的漆器，台西村的朱红地黑花漆器残片透露当时已用薄板为胎，漆面乌黑光亮，很少杂质，显示当时在晒漆、兑色等处理上已取得了相当的成就，漆器花纹相当细致，表明髹漆技术已十分纯熟。当时还有镶嵌漆器，镶绿松石，技术也达到十分可观的地步。这说明了髹漆业已经发展到相当高的水准，当已从木工的附庸地位脱颖而出成为独立的专业。

漆器残片，商代，1973年河北藁城台西墓出土。中国制作漆器始于新石器时代，到了商代，漆器有了进一步发展。本次出土的漆器中，有的花纹上嵌有绿松石，贴有钻花金箔，已十分精美。

蚕丝织作在这时显然已有较重大的发展，由当时遗留下的织物印痕还可以看出商代已有斜纹织法，并能织出暗花绸了。甲骨文中已有桑、糸、丝、蚕等不少与丝织有关系的字，玉蚕在安阳大司空村及山东青州苏阜屯的贵族墓葬中都有发现，表明商代统治贵族已对丝织业相当注意，这可能是一项促进丝织业发展的因素。

值得注意的是在河北藁城台西村及北京平谷刘家河村的早商遗址中曾发现过铁刃的青铜武器及铁残渣遗存。铁器经鉴定，还不能确定是由陨铁还是由铁矿石冶炼制成的，但可以证实的是经由锻制法造成极薄的刃，再用青铜液浇铸成为一体。这是我国境内目前所发现的锻铁资料中时代最早的。

商代手工业显然在各方面都展示了可观的进展，青铜工具的使用更加普遍，在一定的程度上增进了生产工作的效率。个别手工业部门，如青铜器制造业经历了长期的成长过程，在技术发展上呈现了更高的水准。有更多的手工制作与农业分离成为专门化的手工业。许多生产部门内已经有因制造不同产品而导致的细密分化，这是继农业、手工业分离的大分工后，更高阶段的分工。《左传》上也有一些关于商代手工业分工的资料可以与这种考古现象相印证，《左传》上记载商末殷民中有索氏（绳工氏族）、长勺氏、尾勺氏（酒工氏族）、陶氏（陶匠氏族）、施氏（旗帜工匠氏族）、繁氏（马缨工氏族）、锜氏（锉工或釜工氏族）、樊氏（篱笆工氏族）、终葵氏（椎工氏族）等手工业部门的生产者。由于分工的发展、工具的改进、生产速率的增加等因素使产量大幅度地提高。这些手工业都分布在郑州、安阳等城市内，或在宫殿附近，或在城市周围，可能都是专门为统治贵族的各种需要而生产服务的官营手工业。例如上述郑州紫荆山骨器作坊的骨料中有不少人骨，一般学者们都认为当是属于贵族们的私产，即战俘奴隶的骨头，则此作坊极可能也隶属于统治贵族。1935 年安阳小屯村的一座贵妇人墓中就发现过有由数百枚骨笄组成的装饰品，商王武丁的妃子妇好墓中也出土了五百多件骨笄，可见贵族在这方面的需求量是很大的，则商代这些骨器作坊专为贵族而生产也就不是不可能的了。又如青铜器、玉器、大理石器等既为极贵重的物品，非一般庶人所能拥有，则其生产服务的对象自然是那些贵族了。卜辞上有商王命人“司我工”的记录，可见当时已有官吏担任管理各种手工业工匠的职务，各项手工业的生产活动已有了一定形态的组织。显然商代手工业的发展已更向前跨越了一大步。但在广大的农村中，手工制作依旧以农家副业的形式继续着，即这种自给自足式的生产在当时的经济中仍然占有较大的比重。

商人在某种程度上直接地或间接地与四周的民族或国家以各种形式，包括入贡在内，进行着物品的交换，考古工作者在商遗址中发现过许多外来的物品，有新疆、陕、甘一带的玉；有东海的鲸鱼肩胛骨和海贝；东海沿岸河口水域的鲻鱼；商人用来占卜的一种龟，现在只产于台湾、福建、

环纹货贝，马家窑文化，甘肃兰州市出土。

广东和广西；一块属于武丁时代的大龟，其现在产地则远在马来半岛；又有马来种的貘；寒带乌苏里的熊；北亚的貛；湖北产的绿松石等。在二里岗及小屯等商代城市遗址中发现的海贝数量相当多，小屯村妇好墓即发现多达六千余枚的海贝，一般庶人的小墓中也有一枚或十余枚多寡不等的海贝，安阳大司空村的商代墓葬中更发现过三枚青铜贝。贝在当时是贵重的物品，当做装饰品来用，但由于贝本身贵重的价值，又使它同时也成为交换时的媒介物，使它具备了货币的重要功能。甲骨文上有不少次提到贝若干“朋”，当时以十枚贝为一“朋”。安阳出土的一件晚商铜鼎上的铭文也有关于用商王所赐的贝朋来支付铸器费用的记载。甲骨文的“買”字、“貯”字、“得”字都含有“貝”字（如下图）。“得”字从彳（代表街道）、从贝、

買　貯　得　貝

从又（右手），即以在街道上而用右手持贝的图形来表示有所获得的概念，说明在城市中持贝交易的活动成了商人经济生活中受到注目的一个环节。但就一般而言，以物易物当仍是交易活动的主要形态。

第三节　国家与社会的构造

商王是最高的统治者，所统治的地盘由商国都的所在地来看，大致上包有今河南、山东、河北南部、淮水以北的安徽和江苏一带。王拥有相当大的权力，一般政务都由王处理。在经济上他是生产工作的组织者、发动和指挥者、监督者；在宗教上王则扮演着大司祭的角色，同时一切占卜所卜问的问题是凶是吉，都由王来裁决，王是上帝、鬼神与人沟通的桥梁，以人与鬼神之间的媒介关系而传达神意，假神权来进行统治。在甲骨文及《尚书·盘庚》《汤誓》等篇中商王都自称“余一人”，显示一种唯我独尊的气概，可以看出商王权位的尊崇。在商王能够维系其华北霸权的时候，王在各方面都展示出其强大的政治效能。在农业生产工作方面，商王一次征调的农民即可达三千人。在工程建设上，郑州二里岗早商时代的城市遗址，学者们认为可能即是成汤时代的国都——亳（郑亳）。这座城市的规模相当宏大，城墙周长约达 7 公里，城内面积约 300 万平方米，城基宽处约有 36 米，现存残墙最高处还可高达 9 米左右，据估计修建这座城市的城墙所需要的松土即将近 300 万方，挖土、运输、夯筑等工所需人力极大，如果使用 1 万人，每人每年 330 个工作天，则需要 18 年才能完成。安阳西北岗、武官村的 11 座商王大墓，单是其中一座大墓坑的挖掘工作就可花费约 7000 个工作天。这些浩大的工程建设明确地体现了商王所掌握的巨大政治力量。由卜辞上记载的商王征兵人数也可观测出王在军事方面的权势，王所召集

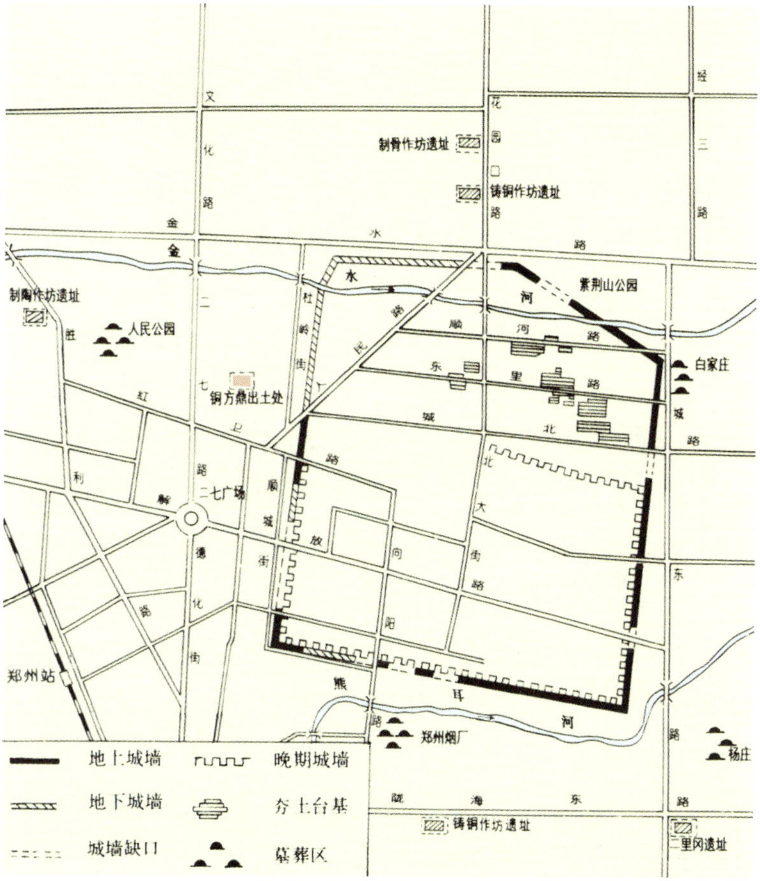

郑州商代遗址示意图。1952年在河南郑州发现的商代遗址面积达25平方公里，城垣周长6960米，城东北部发现有大型宫殿基址。

的战士，少则千人、三千人或五千人，多的可达三万人。王位的继承以父死子继和兄终弟及两原则并用，或传兄之子，或传弟之子。从中丁到阳甲九世之间因王位的争夺而造成王室内部的动荡不安，自武乙以下的最后的四世商王都是以子继父的，在商末或许已发展出了嫡庶之分，据《吕氏春秋》的记载，微子启虽长，但为庶子，不得立，而纣虽幼却以嫡子继位。兄终弟及制的废除和嫡庶之别的出现意味着王权有日益增高的动向，商代最后的两世王称帝，即帝乙及帝辛，与当时宗教信仰中宇宙最高的主宰神同号，也表明了同样的趋势。

商王的权位虽然相当尊崇，但当时的政治体制还对商王的权威构成相当强大的制衡力量，即自新石器时代以来的氏族制的传统在商代仍然继续起着作用，王族与若干世代任官的氏族的地位还没有悬殊的差别，据《尚书·盘庚篇》所载彼此尚劳逸相共，相与“共政”。在平时王须把占卜的结果告知各氏族长，有重大的事故发生时还要考虑这些氏族的意见，否则他的命令可能会相当难达成的。《尚书·盘庚篇》提到盘庚迁都到殷的前后，由于这些氏族不愿意迁移而群起反对，盘庚不得不召集他们到王庭，亲自劝告、威胁，迁到殷之后又布陈“心腹肾肠”地予以慰勉，希望他们不要联合起来散布攻击王的言论。可见王不但还没有发展出将氏族制传统绝对压伏的专制权力，同时还凭借氏族制的传统来治理天下。

商代国家机构已经形成，中央政府的组织已具有相当的规模，主要的官职见于卜辞、金文及《尚书·酒诰》等记录的有尹、右族尹、戣尹、作册、作册友史、史、太史友、内史友、卿史、御史、御吏、大吏、宰、卜、王臣、小臣、小藉臣、里君、亚、服、马、射、戍、犬等。这些官职一般通称作“臣”或“多臣”，甲骨文“臣”（如右图）作一竖立的眼睛状，是一会意字，即为人耳目，伺候、服务于人的人。尹似乎也是一个使用范围较广的官名，卜辞上常称“多尹”，《尚书·酒诰篇》则称“庶尹”，不但担任征伐、祭祀、农业、土木工程营造、使节的臣称作“尹”，一些统率军队的武官也称“尹”，即上列的“右族尹”“戣尹”等。春秋战国时代楚国的官名多用“尹”字，可能即承自商代的传统。作册、作册友史、史、太史友、内史友、卿史等当是掌管册命、档案、文书、记录等工作的官吏。王臣可与王共同处理占卜的繇辞，当是王身边参与机要的官吏。小藉臣是管理藉田、负责经济事务的官。亚、服、马、射、戍等都是武官，亚或多亚是高级的武职，统率王的近卫军及众人担任保卫王的重职，或外

出征讨。马或多马是率领马车部队的武职。射或多射是弓箭队伍的将率。犬或多犬本掌管畋猎，但也参与战事。

由上述尹所担任的工作包括征伐、农事、祭祀、土木工程营造、出使等事项来看，商代的官职还没有明确的分化，职权范围缺乏固定的界线，没有普遍专业化的迹象。执掌官职的人都来自一些世代任官的氏族，这些世代任官的氏族也称作“百姓”，任职者即从这些氏族成员中选拔出来而授官的。到商末，宗法制度逐渐形成，有了嫡庶之分，官职的继承制度可能也跟着演变成了由嫡长子继统的世袭制。

商代已有正规的常备军，当时的军队有步兵、马车部队、弓箭部队等兵种。一片武丁时代的卜骨上提到“王作三师：左、右、中”。师似乎是当时军队编制的上级或最高级单位，一师的人数有多少，目前还不知道。但军队的下层编制由安阳小屯墓葬群中的殉葬兵团遗迹还可以推测出来。大概下层的编制每队是 125 人，即最基本的单位是 5 人组成一伍，每伍另置一人为长，这是第一级编组；其上又由 5 伍组成，包括伍长在内，共 30 人，又另设一统帅，这是第二级组编；其上再以 4 个第二级编组集合而成，再另置一人率领，这是第三级编组。弓箭部队和马车部队也有左、右、中之分，一射所统率的弓手为 300 人，左、右、中各 100 人。马车部队依考古墓葬发现是以 5 辆战车为一个基本单位，每辆车驾 2 匹或 4 匹马，车上的战士 3 人，驾御者执策居中，射手居右，装备有一套弓矢，左侧战士则执戈砍击，3 人都佩带短刀和砺石。此外还有由“戣尹”统率执特种武器——三锋戟，即戣的特种部队。

当时的军队常由氏族或血缘关系编成，称作“族”，甲骨文的“族”（如右图）字由表示旗帜和箭的二部分构成，旗帜用作标志，用来指挥，箭用以杀敌自卫。卜辞上有“王族”“小王族”“多子族”“三族”“五族”等，就是由与王、王子及其子孙有血缘关系的亲属

组成的军队或某三个或五个氏族构成的军团。

上述中央政府的各官职在《尚书·酒诰篇》中称作“内服”，即在王朝内服役的意思，商王及内服的臣僚以所居的都邑为政治中心，统治四方。《酒诰篇》记述商代另有“外服”，即在王朝外服役的“侯、甸、男、卫、邦伯”等，卜辞上也有侯、多田、多卫、多伯等称谓。多伯在邦境内。“田”即“甸”，多田与多侯多分布在商邦畿的边界地带，“侯”的意义是戍守边界的斥候，渐成了在边地的统治者。卫是担任边地防卫的职务的军事贵族。多田则是负责在边疆地区或新获得的土地上执行农业开拓工作的统治者。侯、伯等地方的统治者也以其氏族所居住的都邑为统治中心，管辖都邑的四鄙，即都邑以外四方小邑落组成的地区。侯、伯对商王要贡纳其农作物、牛、马等家畜和占卜用的龟甲、手工艺品等，在商王命下为王征讨王的敌国或执行任何王所交待的“王事”，王常以军事力量征讨外来的入侵者，以保护这些侯、伯。

由权力结构的观点来看，商王还需要透过氏族组织来进行间接的统治，意味着权力还是分散的。权力的分散与土地、人口的分割等现象指示商代的政治体制是接近封建制的。

在商邦境外的四周有许多国家或部落，称作“多方”，多方的统治者在卜辞上常称作“某方伯”，也就是某邦伯。例如在湖北黄陂盘龙城发现的商时代的城垣、宫殿、贵族墓葬等遗址即显示当地当是一个重要方国的政治、军事中心所在地。商与各方国之间的关系并不一定，多方或是臣服于商的半独立国家，或常与商敌对、交战。卜辞中商的敌国多在商西北方，即今山西南部一带。羌方即是武丁以来商常征伐的一个敌国，武丁时代的一次伐羌战争就征集了 1.3 万人参战，这样的规模在卜辞中是少见的。在淮水流域的人方是商末征讨的对象，商纣时代对人方的战争还动用了大象来作战，也是极大规模的攻击行动。商的版图虽然并不太大，但其势力范围却相当可观，最盛时北可达今长城附近，南及长江中游，西至渭河盆地东部，是当时华北的“大邦”，也是华北国际社会的霸主。

在当时中国境内也颇有一些在文化上具有与殷商水准相接近的方国或部落。早在夏代或二里头文化的时代，在今内蒙古赤峰夏家店及药王庙、宁城、敖汉旗大甸子，辽宁阜新、朝阳、北票丰下、凌源，河北承德、唐山大城山及小官庄，北京昌平雪山村、房山刘李店等地分布着夏家店文化，其树轮修正的碳十四年代可以早到公元前 1900 年前后。这个文化的主人翁已经能制造青铜器，其陶器风格与二里头文化的相似，但有浓厚的龙山文化的色彩。夏家店文化与商文化仍在内蒙古和辽宁南部、河北北部一带相交接。在山西太原、保德、忻县、石楼、陕西绥德也有殷商式的青铜器发现，有些铜器上还有铭文,如“并”字。这些地区正是与殷商经常敌对的一些“方国”的所在地。山西石楼、河北青龙及藁城都出土过一些羊或鹿等兽头形柄的弯刀、短剑或匕首，与“河套”式的青铜器相近似，表明商与我国北疆草原地区的民族也有交往。在安徽寿县、明光、含山、阜南、肥西、江苏徐州等也有殷商式的青铜器，但也带有地方性的色彩，或许即人方或淮夷的遗迹。在长江下游的湖熟文化，以南京北阴阳营、锁金村、安怀村及镇江葛村等遗址为代表，其时代据校正后的碳十四数值，约在公元前 1900 年到前 1200 年间的范围内，其铜器基本上与商的相同，若干陶器如鬲及盆的形制与郑州早期的遗物相似，显示当地也与商有一定程度的联系。江西樟树吴城、都昌、永修都出土过若干与河南辉县、温县、安阳、河北藁城、山西石楼等地发现的一些商代青铜器相近似的遗物，在樟树吴城遗址还发现制铜器的石模、玉器、原始瓷器，说明铜器是当地自制的，但与中原的商有文化上的交互影响，同时也透露了他们在工艺技术上有与商近似的成就。湖熟文化及江西北部各地点的遗迹或许即是越族人遗留下来的。湖北黄陂盘龙城的宫殿营造手法、城垣的建筑技术与中原二里头的宫殿建筑所

◉ 铜鼎，夏家店下层文化（前 2000 ～前 1500），炊器，内蒙古自治区赤峰市翁牛特旗出土。铜鼎造型古朴，器身饰有一圈单层龙纹，器壁较薄，具有商代早期铜器的特点。

表现的特色几乎完全一样，当地埋葬的习俗以及制铜、琢玉、制陶所表现的工艺和风格也与中原郑州二里岗商早期的特点没有什么不同，揭露了当地与商的密切关系。安阳小屯村出土的几件玉戈，其上的铭文说明是由卢方（当在今湖北襄阳、南漳县一带）进贡的物品，其中一件相当薄的墨玉戈，两边器口极为锋利。能制造出这样既长且薄的弧形刃线而刃线却极圆熟流畅，没有任何缺制之处，表明卢方的玉器工匠所成就的琢玉工艺水准并不在商王统治下的玉工的造诣之下。

从纵切面来看，许多迹象都显示商的社会是一个高度发展的阶级社会。商的社会大致上可以分为两个阶层，在上的是王室、诸侯、伯、甸、卫、百官贵族等统治阶层，在下的是从事农耕的小人以及奴隶。

豪华的生活标志出了贵族统治阶级的社会地位。他们居住在地面上的建筑里，这些建筑多用夯土技术筑成高台，再于台上建造屋宇，房屋支柱下垫有石础，甚至铜础。屋内装饰着精美的图案，陈设有大理石或玉的人或动物雕像，地上铺垫着茵席。他们使用制作精致、纹饰繁缛的青铜器、大理石器、玉器、象牙器、漆器、白陶器、原始瓷器和印有各种花纹的硬陶器，穿着丝绸、刺绣的衣服，佩带各种的玉饰或镶嵌工艺饰物、金器。贵族妇女梳着高耸的发髻，束以骨制圆箍，插入玉笄或骨笄，王妃头上或戴着由玉笄及数百枚用绿松石镶嵌的骨笄以孔雀开屏式地排列成的饰物，身上则饰以虎、兔、象、鱼、鸟、蛙、蝉、玦、璧、璜、瑗等各种形状的玉佩。出则乘马车，内外都有奴婢供唤使、服侍。不必从事生产而有渔猎等游乐的活动。他们死后还用大批的武士、奴隶、贵重器物陪葬，将生前的一切享受搬到死后的世界里去。墓葬的规模、殉人的多少，随葬器物的质量和数量的差别显示贵族间还有阶层的分化。在郑州、安阳、辉县、洛阳、藁城等各地的贵族小型墓葬多作长方形竖穴，使用的葬具，有些只有棺，墓型较大的还有椁，棺上常有各色彩绘。一些较大的墓更有殉人，少者一二人，较多的有六七人，或多到十余人，其随葬的器物除多寡不等的各种陶器外，还有卜骨、金、玉、石、骨器、铜器等。由随葬铜器的不同也可以看出墓主地位的高下，当时随葬多的，包括武器、工具在内，可达数十或十余件。以青铜礼器而言，商代早期似乎已经有了初步的等级制度，随葬的礼器种类、数量都有多寡不等的限制，多的有一件以上的鼎、罍、觚、斝、爵等器；其次为各一件；再次只有觚、斝、爵等酒器各一件；或只有一件爵。后两类都发现于较窄小的墓中。不过这种等级区分还不很固定、严密。

安阳、青州苏埠屯的商王或邦伯的大墓更突出了他们地位的崇高。这

阴阳玉人，商后期，装饰品，1976年河南安阳殷墟妇好墓出土。玉人为淡灰色，裸体，作站立状，一面为男性，一面为女性，为浮雕式的人像。

些大墓构造复杂，规模庞大，面积小的有40余平方米，大的可达460平方米，都有墓道，或二条或四条，正面的墓道常是斜坡，余为台阶。墓室呈正方、长方形或“亚”字形，亚字形的墓最大。均有棺、椁，棺上施有彩绘。所殉各种金、铜、玉、石、骨、牙、漆、陶器等品质既佳，数量又极多，考古发掘的王墓都是盗劫的残余，其随葬物的种类及数量虽不能详知，但由安阳小屯村发现的妇好墓来看是极可观的。妇好是武丁的元妃，她的墓未经过盗掘，墓面积是22平方米有余，只是一中型墓，但一墓所出的青铜礼器即有200多件，其中许多是成对、成套的，玉石器更超过了500件，其中精品极多，骨器也多达500多件，全墓随葬品1400余件。由此可推测王墓随葬器物当更多、更精，殉葬的人数更多，殉一王的人即可多达500人至1000人。殉死的人包括有王的亲属、乐人、庖人、侍从、奴婢、卫士及人数庞大的兵团。此外还殉有犬、象、鹿、猴、扭角羚羊、不知名的鸟类等动物以及完整的马、车及驾御者。

工匠的生活虽难比贵族，但却可能胜于农民，他们几乎全部为贵族而生产，受贵族的管理。工匠一般居住在城市内或城市近郊，其中制造青铜器的工匠所享受的待遇最佳，在郑州、安阳等大都邑所发现的青铜工匠的住屋是与贵族相同的地面上的建筑。

小人占商代社会人口的大多数，多是从事农耕的自由农民，是商代农业生产劳力的主体，他们多半是社会层级化过程中因地位沉降而成为社会下层的氏族成员。在卜辞上称他们作“众”或“众人”，平时务农耕作，战时出征。他们多居住在大都邑的周边或距都邑较远的鄙野小村落——邑中，住的是半地穴式的房屋，使用粗简的器具。他们唯一能够享受到贵族们所享受的东西是酒。他们死后或有几件粗制的小陶器随葬，或空无一物地睡在狭小的墓坑里。

在整个社会的最底层是奴隶。奴隶的主要来源是战争的俘虏，卜辞中即常提到商及其所辖的侯、伯与羌方的战争，经常有俘获羌人的记载。他们不被当做人来看待。奴隶被用来从事种种工作，包括服侍贵族们，照料其起居饮食及居室之清洁等劳役，卜辞中还记述商人用羌族奴隶来从事农耕、打猎、捕捉野兽等工作。在商王举行祭祀的时候，被俘的羌人奴隶，包括他们的“方伯”在内经常与牛、羊一齐或单独地被用来作牺牲，一次少则数人，多则十余或数十人，卜辞上也出现过几回一次就用羌三百人来祭祖先的记载。在修建宫殿、宗朝或陵墓时他们也被用来作奠基祭仪的牺牲或用来殉葬。他们死后，部分人的骨骼还被当做制造骨器的原料。

从横切面来看，商社会构成的基本单位是凭借血缘关系构成的组织。大体上在当时下层社会的小人或奴隶是没有姓的，他们由一夫一妻及子女组成家族。而工匠及上层社会的贵族则不然，他们的血缘组织人数多，结构也较复杂。即在一姓的血族之下，分成若干宗支，每一宗支又包括许多分支。在各宗支当中，权利、地位最高的一支是“宗氏”，其余各支是“分族”；而在每一宗支内的各分支当中也有“宗氏”与“分族”的分别。在商末可能逐渐地形成了由嫡长子一系来继承“宗氏”的“宗法制度”。由甲骨卜辞来看，贵族阶级的血缘组织在政治上是最重要的活动单位，各宗支，包括其各分支成员及其统治下的小人、奴隶称作“氏”。各氏均有自己的都邑及若干鄙邑，各氏所在的邑的名称与其氏的名称相同。军队也是以血缘组织为骨干而编成的。商代的“氏”族极多，不但在卜辞中常见，在商代铜器上也常有某“氏”族的族徽。

“邑”在商代是聚落的共称，不论是边鄙地区的小农村，还是王或方伯居住的都城都称作“邑”。在卜辞里大的聚落称作“大邑”,例如“大邑商”。考古发现的商代城市如二里岗、小屯都是政治、经济、宗教活动的中心。二里岗的城市有城墙，小屯则未发现，两地都有许多夯土台基，是统治贵族居住、活动的宫殿、宗庙遗址。其中二里岗的夯土宫殿台基都在城内东北部一带。这两个城市都有壕沟，小屯还出土过陶水管，当是城市中排水的设施。由甲骨文中表示十字路口的“行”（如右图）来看，城市当有街道。各种手工业如青铜、玉、石、骨、角器的作坊、陶窑及农民的住屋多分布在城市的边缘地带。

第四节　商代的文化

商人非常重视宗教生活，他们相信鬼神或超自然存在对人世有强大的支配力量。在商人的宗教信仰中，帝或上帝是宇宙的最高主宰，具有最大的权威。帝可以令雨、降若（顺）、受又（授祐）、受年（授年），可以令风、降祸、降旱、降不若，主宰了天时、人事，左右了人类赖以为生的农业。帝不但对人王可以降福、降祸，对城邑也同样可以降祸。上帝所在之处的帝廷中有一群上帝的臣、正，大致上也就是日、云、风、雨、雪诸师，其中的风即凤（在甲骨文中两者是一字），是上帝派往各处去的使者。商的先王死后升天，宾于帝所，在上帝的左右。

天帝之外，自然界的大地、山、川诸神是商人崇拜的另一类重要对象。商人祭山以求雨，所祭的有十山、五山等，又祭“河”（卜辞中“河”专指黄河）、洹等河川。其中的“河”是上帝之外唯一可以“令雨”的神。土地即社，也是极重要的神，此外还有东、南、西、北等四方神。

祖先崇拜在商代仍然极为重要，商王所崇拜的对象是先王、先妣、多祖、多妣、多父、多母、多兄等人鬼。商的先公、先王死后升天，在帝左右，成为上帝及其在世子孙之间交通的桥梁。商人不可直接向上帝求雨，而是透过先公、先王以及其他神祇来向上帝转达的。祭祀祖先的方式非常多而且相当复杂，有独祭一人的，也有合祭若干人的，也有只祭先王及直系先王的配偶的。例如商末时的“周祭”是只祭直系的先王及配偶的，依先王及先妣所用以为名的天干（商王以天干为名，如成汤为大乙，纣为受辛）、按世次、长幼、即位、死亡的先后顺序加以排列，用彡、羽、劦等三种主要的祭法轮流祭遍，祭遍一周，称作“一祀”。祭祖所在地的宗庙，在建筑过程中奠基、设柱础、安门、落成时都要举行祭祀的仪式，以动物或人为牺牲。对埋葬在墓中的先王则有更隆重的殉葬。

祭祀天神、地祇或人鬼所用的牺牲包括牛、羊、猪、狗、马等动物及人，数量非常可观。求雨的祭仪常用乐舞。

占卜是商人用来沟通人间与超自然这个世界的手段。对于未来的天时和人事、对于是否应行某事，都常用占卜来求得答案。商人用龟甲及兽类（马、牛、羊、猪、鹿都有，其中以牛为最多）的肩胛骨来进行占卜。甲骨经选取之后，加以削锯整治，然后再经过刮磨的加工手续即可备用。准备占卜时用青铜的钻子来进行钻凿，在甲骨的背面凿出椭长形的凹槽，又在凹槽旁钻出圆形的凹穴，再加以烫灼，于是甲、骨的正面出现了“卜”字形的裂纹，即兆文，占卜者根据兆文来断定所卜事的成否、凶吉。有关卜问的人、事即刻在卜兆之旁。占卜是商代宗教中相当重要的一个环节，

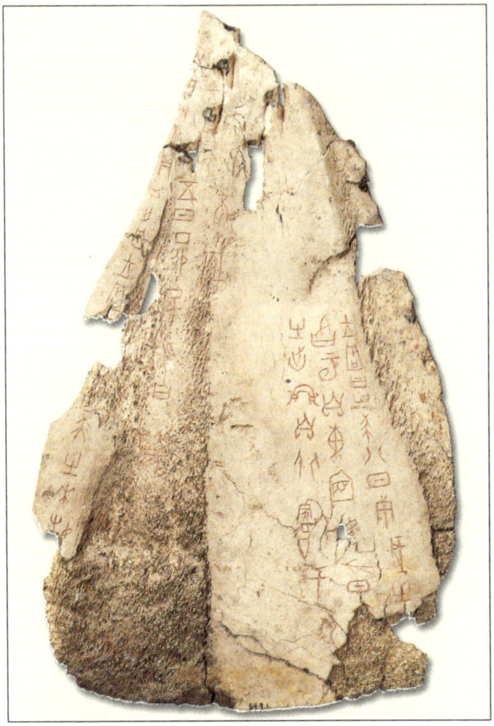

"祭祀狩猎"涂朱牛骨刻辞，商代，河南安阳市殷墟出土。这是一块牛胛骨版记事刻辞，骨版刻有商王武丁与仲丁，及子寅用羌人十，举行宜祭等有关祭祀的事情。

现存于世的有字甲骨约十万余片（其中碎片极多），除极少数外都是占卜的记录。

商人的宗教与农业有相当密切的关系，所祭的"社"就是土地，祭社、祭四方多是为了祈求降雨和丰年。上帝、河是令雨的神，祖先、诸神是转达人间求雨期望的神灵。卜辞中求雨的记录相当多，这都显示了宗教在农业上的重要意义。

在氏族制政治传统的作用还相当强有力的情况下，商的政治思想带有明确的"原始民主"的色彩。可靠的周初文献——《尚书·酒诰篇》中记载着周成王的话："古人有言曰：'人无（即勿）于水监（即"鉴"，察看之意），当于民监。'"他所说的古人，当即是商汤（《史记》引《商书·汤征》语：汤曰："予有言：'人视水见形，视民知治不（即否）。'"），即统治者不要从鉴水中的影像来考察自己是怎样的一个君主，而要由人民的反映来考察自己是怎样的一个君主。也就是商人已有了为政应重视民意或政治之目的是为民而治的思想。

另一方面理性的人文思想在商代也已萌芽，孟子引《商书·太甲》："天作孽，犹可违；自作孽，不可活。"表明了在相当浓郁的宗教气氛中人对

商代“古贞般有祸”全形卜甲

自身行为自负责任、自作主宰而不关超自然存在的观念已经出现。

由卜辞的记载可以知推商人已十分注重天文的观测活动，卜辞上提到过“火”及“鸟星”，“火”相当于房宿与心宿，是当时东方的星宿，“鸟星”则是南方的星宿。在传说中“火”是“商星”，可能在极早的时代商人的先祖已观测“火”的运行以作为断定节候的依据。大概在商代已将黄道附近的星宿划分成苍龙、白虎、朱雀、玄武等四象，并且已利用这些星宿在天球上的位置作为指标来观测太阳的位置。商代的天文观测工作已经配合中央与地方的政治体系而展开，形成了全国性的测候系统，开创了我国对自然现象观测工作制度的规模，在卜辞上的月食记录中，就有殷都地区观测不到而由侯、伯报告而记录的例子。

随着农业生产活动的需要，商人也发展出一套历法，商代的历法是一

商代刻干支表牛骨，河南安阳殷墟出土。商代的干支是用于记日的，干支记日法是把天干和地支相配合，用以记日，六十日一循环。干支法起源于夏代，商周沿袭，一直到近代，是中国古代所创造的，也是一种世界上使用最早的记日法。

种阴阳合历。一年的长度可能是三百六十五又四分之一日，一年十二个月，月有大、小之分，大月三十日，小月二十九日。已知道置闰月，闰月置于年底，称作十三月。用天干与地支来记日，十日为一旬。一天之内也有“大食”“小食”等若干时辰的分划。

最迟在商代后半期，中国已经发展出了一套凭借九个自然数字、采用位值原理来记数字的方法，这种方法十分便捷，与今日全世界所使用的位值记数原理没有什么差异。而与商朝人同时代的埃及人、巴比伦人的记数法，还采用极不方便的累积法，借着减法和乘法来帮助数字的表达(例如用“二十减一”来表示十九，用“十乘一百”来表示一千等)，就目前所知，至迟在商朝时中国人在这方面的成就已是世界上最早的。

商代人虽然认为疾病产生的原因是鬼神的作祟，需要借着祭祀鬼神、奉献牺牲来贿赂鬼神而治愈疾病，即在当时商人是相当迷信的，而且对疾病的治疗所采用的是祷祝、巫术的方式，但商人并没有完全放弃医药的治疗，而且不断地在做新的试验，《尚书·说命篇》记载商人有“若药不瞑眩，厥疾不瘳”的话，可以推测他们在这方面的作为。经过长期的“尝试与错误”的试验过程，到商代已累积了一些可靠的医药经验。在河北藁城台西村商代遗址中曾发现一些剥去硬壳、保存完好的植物果仁，经过鉴定是桃

陶埙，商，吹奏乐器，河南辉县琉璃阁 150 号墓出土。这三件陶埙，一大二小，大的高 7.3 厘米，均为黑陶，平底，大腹，顶部有吹口，腹上有 5 个音孔，吹奏时依按孔不同可发出不同音阶。

仁、杏仁和薁李仁，可能是当时的药方，值得注意的是元朝的医书《世医得效方》中有一润肠通便、治疗便秘的方剂叫“五仁丸”，这药方的主要成分就是桃仁、杏仁、薁李仁三种，再加上松子仁、柏子仁而成。从这可以了解商代人可能已有效地使用一些植物药材来治疗疾病了。

商人的舞蹈、音乐活动与宗教有相当紧密的关系。卜辞的“舞”（如右图）字表示人的两袖舞动之形，《说文》也提到：“巫……象两人袖舞形。”《墨子·非乐篇》引《汤之官刑》说：“恒舞于宫，是谓巫风。”都可证实这点。当时的乐器有雕虎文的大理石磬或素磬，有鼓，有骨、石或陶制的埙，又有铜铙。由甲骨文的“乐”及“龠”（如右图）可以推测当时还有弦乐

舞

乐

龠

◉ 编铙，商后期，打击乐器，1976年河南安阳市殷墟妇好墓出土。同出编铙一套5件，形制、纹饰基本相同，唯大小依次递减，可奏出不同音阶。

器及管乐器。小屯村出土过一组编铙，共五件，显示当时已经具备了五音；安阳大司空村出土的一组铜铙共有三件，大小依次递减，经测音研究证实商代已掌握了十二律中的九律，并且还有五度谐和的观念。

就目前所知的材料来看，在商代的艺术领域中最普遍的活动是装饰艺术。在小屯村的一座商代建筑遗址中出土一块残存的墙皮，上面即有用红、黑二色绘成的装饰图案，这是一幅装饰建筑物的壁画。图案装饰艺术的活动广泛地出现于商代的各种器物上，凡当时的漆、木、骨、象牙、石、玉、陶、青铜、原始瓷器上都可以看到。装饰纹样的种类极多，主要的有各种的几何纹，如人字纹、曲折纹、云雷纹、目云纹、勾连云纹、涡旋纹、囧文、圆圈纹、车轮纹、方格纹、十字纹、连环纹等；有各种的动物纹，如人面纹、兽面纹（尤其是一般所谓的饕餮纹）、夔龙纹、虎纹、象纹、羊头纹、牛头纹、鹿头纹、鸟纹、蝉纹等。以动物纹为核心的装饰纹样的组合是商代装饰艺术所表现的主要风格，其中以一般所谓“饕餮”的兽面纹最为突出，这个以兽面纹为代表的装饰艺术传统显然是继承自二里头文化发展而来的。这

乍父辛卣，商后期，酒器。器饰有商代铜器上较为常见的饕餮纹、云雷纹和联珠纹。左上角为乍父辛卣器身上的纹饰局部放大图。

些纹饰或刻于木、骨、牙、石、玉上，或印、刻于陶坯、铸青铜用的陶范上，有阴线也有阳线；有单线，也有双钩。商代的艺人有时常用这种阴刻或阳刻的线雕与浅浮雕相配合来表现动物的形象。

在造型艺术方面，商代的成就也极为可观。河南三门峡、二里岗、安阳等地出土过不少陶塑作品，有人像、羊、虎、鱼、龟等，形象十分生动。玉及石（尤其是大理石）的雕刻更为夺目。商代的玉器除了有刀、斧、戈、矛、戚、琮、管、珠、璜、玦、璧、簋、笄、梳等器形外，有大量的动物雕像，包括鱼、蝉、蚕、螳螂、螺、蛙、龟、鳖、龙、凤、鸱、鹰、鹤、鸮、鸽、鹦鹉、鹞、兔、蝠、虎、牛、马、羊、象、熊、猴、兽面等。大理石的制品则在磬、埙、戚、碗、罍、豆、簋等外，也有枭、虎、卧牛、夔龙、鱼、龟、蛙、鸭、跪坐人像、蹲坐人像、虎首跪坐人身像、双首兽像、鸟嘴兽、

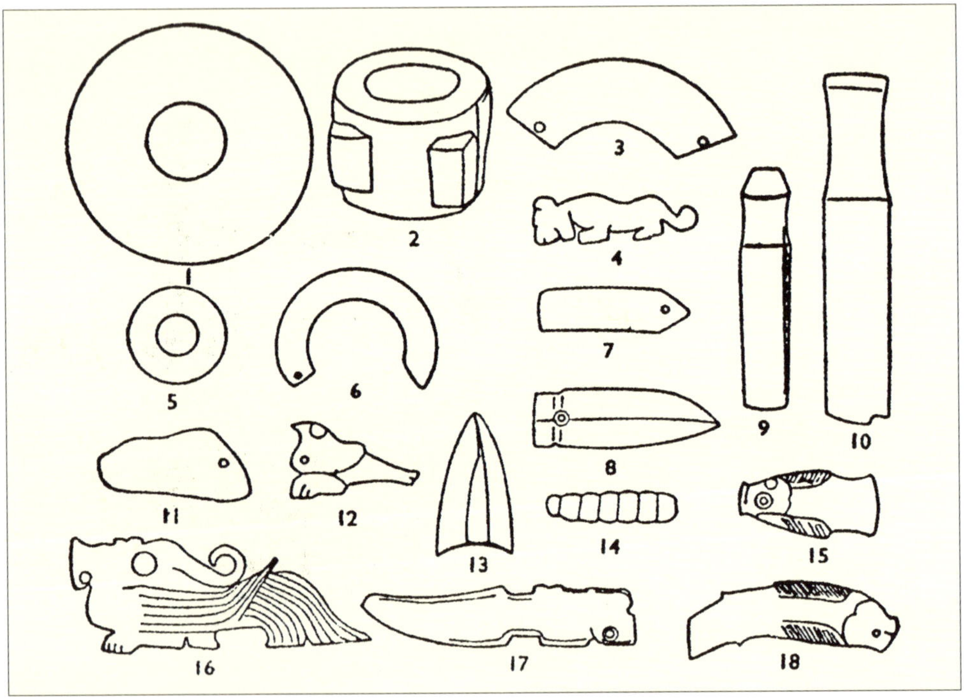

商代的玉器：1. 璧；2. 琮形器；3. 璜；4. 虎；5. 璧；6. 玦；7. 圭；8. 戈；9. 柄形器；10. 柄形器；11. 磬；12. 鸟；13. 镞；14. 蠶；15. 鱼；16. 鸟；17. 镌；18. 鱼

兽头、牛头等动物雕像。虽然这些玉或石的动物雕像中许多是两面平雕的，但也有不少圆雕的作品，包括一些造型比较复杂的在内。圆雕作品的大量出现，意味着玉石工艺匠人对玉、石材的性质累积了更丰富的经验，在造型能力的进展上也取得了更大的成就，同时在雕琢技术及工具上也有较前更进一步的发展。由一些玉器上未除去的切割痕迹及镂孔透雕玉器的增多可以推测商代已经使用青铜丝锯工具来进行镂空透眼的工作。这些商代产品中不但有不少造型复杂、形象生动、雕琢精致的制作，同时特别值得重视的是当时的玉、石匠人已经有意识地注意到玉、石材料的天然色泽而在造型雕琢的过程中巧妙地加以利用，使动物的造型与玉、石材的天然颜色

跪坐玉人，商后期，装饰品，1976年河南安阳市殷墟妇好墓出土。玉人高7厘米，呈黄褐色，圆雕，跪坐，腰左侧插一宽柄器。

天衣无缝般地结合而造成形象更逼真、自然而生动的效果，这种作品开创了我国玉、石雕琢工艺史上所谓的“巧作”或“俏色”作品的先河。小屯出土的一件墨玉鳖、一件石鳖以及一件石鸭就是这种“俏色”作品的代表。墨玉鳖的背壳呈黑色而头颈及腹部则是白色，两只黑眼珠圆睁，眼珠与眼睑极为分明。石鳖腹部为肉红色，而背甲，双眼以及足上的尖爪都呈深褐色。石鸭的头、颈及尾呈白色，而双眼、两翼和两足外侧则呈褐色。这样不放过材料上的一丝一毫的自然特点而加以尽善尽美的运用，以与形象作无懈可击的配合的设计，说明了当时玉、石艺人已成就了高度的艺术水准、近乎完美无瑕的意匠。

商代的一些艺术精品经常体现出造型与装饰二者的结合。如大理石的枭、虎首跪坐人身像等。向来是鉴赏者目光集聚焦点的青铜艺术作品更是

象尊，商时期，盛酒器，湖南醴陵出土。高 22.8 厘米，宽 26.5 厘米。此尊铸成象形，铸器者巧妙地将其长鼻用作流口，象身饰满饕餮、虎、夔龙、凤鸟等种种纹饰，整个器物装饰得法，疏密有致，是商时期青铜器中的精品。

如此。一般而言，我们可将商代的青铜器划分为早晚两个时期来考察。自成汤建国到公元前 1300 年盘庚迁殷之前是早期，自公元前 1300 年到前 1027 年是晚期。大体上早期的铜器在造型方面就目前所知时代可靠的制品中几乎没有“象物”的造型，在晚期“象物”的造型才大量出现，如鸮尊、犀尊、象尊、双羊尊、牛尊、兕觥、虎食人卣、“人面具”等。其中若干作品如犀尊、牛尊等造型自然逼真，表现出明显的写实作风。在铜器的装饰方面，早期纹样的构造及组合多较简单，纹样一般都是单层的，只有主题纹饰，而没有“地纹”。纹或为阴线，或为阳线，除了动物的眼珠外几乎没有浮雕式的突起的部分。纹样通常也不满布器身，而往往形成一纹饰

◉ 四羊方尊，商时期，湖南宁乡市出土。出土此器物的湖南宁乡市在商代是三苗活动区，在此地发现造型与中原近似的铜尊，表明商文化的影响已远及长江以南的地区。（上左）
◉ 商四羊方尊局部放大图（上右）

带绕器一周，而留下较大面积的空白。到了晚期有了较大的转变，纹样的构造趋于复杂。例如一些只着重眼睛而眉毛及角不明显或根本缺如的早期兽面纹已极少见，而巨角峥嵘的兽面纹则渐增多。花纹也由单层变成以复层为主，即不但有主题的图案，还有衬托主题图案的“地纹”，主题图案通常是突起的浅浮雕，地纹通常是细致的雷纹；更进一步的发展是主题纹饰突破了浮雕的格局而局部的立体化，甚至有脱离器表、由器身上的装饰的附庸地位转成近乎独立存在的自主地位的趋势。花纹也多半填满器表，几乎不留任何没有装饰的空间。铜器把手的上端或提梁的两端也常铸成立体的兽头，铸造时出现铸缝的部位也被有意地夸张而铸成突起的嵴棱，成为装饰纹样的一部分，也同时成为纹样间的分界线。整个风格显得精致而繁缛。晚商铜器中四羊尊就是一件最足以代表当时青铜器在造型、装饰艺术方面所达到的水准的杰作。尊的颈部饰有与尊身中轴线相同方向的蕉叶纹与尊足部的羊腿相互呼应，以增加尊身修长的印象，在尊身中央肩部有四条高肉浮雕的龙，龙头为立体的圆雕。尊腹巧妙地做成了四头卷角绵羊的颈部与身躯，羊身与羊腿呈浅浮雕，而自羊颈部开始逐渐隆起形成圆雕

商代文字所见武器和使用情况表

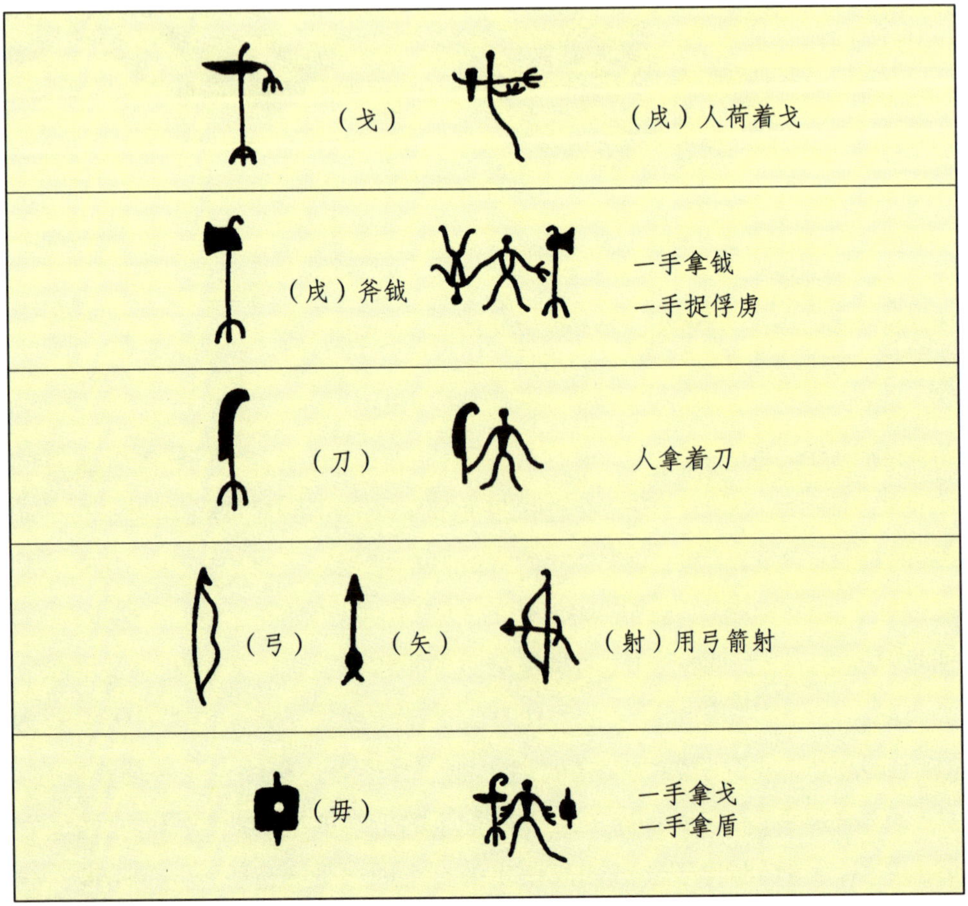

的羊头。器身各处满布细密的雷纹，运用了线雕、浮雕、圆雕等多种手法，结合了平面的图案装饰与立体的形象塑造，使两者浑成一体。四羊跃然欲动，有一触即发、自器身奔脱的趋势。

商代早期的文字在二里岗、藁城台西村都有发现。二里岗出土的一片牛肱骨上刻有“ㄓ”字，二里岗与台西村都出土不少刻有文字的陶片。二里岗的陶文多半是数字。台西村则有止、刀、臣、鱼、干（即盾）、矢等字，字形为画写明确的象形字，显然是晚商时期甲骨文的先行阶段。现存甲、骨、陶、石、铜器上的商晚期文字约共有三千余不同的字，能确切认出的字约只占三分之一。晚商时代文字的发展在整个汉字成长的历史上占有非常重要的地位，即当时已出现了稳定的文字发展路线，为后世文字继续的成长制定了方向，即一方面在字形上简化、定型化，一方面形成以形声原则为主的造新字的方式。

第三章

封建体制的鼎盛时代

第一节　周人灭商与周初封建

周人原来居住在豳（今陕西彬县），与戎、狄各族杂处。他们对农业特别注意，周人的始祖弃为后稷，死后被尊为农神，多少可以反映他们对农业的重视。据殷虚卜辞的记载，周人在商王武丁的时代就与商人对立，是商人征伐的对象。在晚商武乙在位期间，周人在古公亶父的领导下迁移到周原一带（今陕西岐山县），建立起基地，同时周人也开始对商展开了军事攻击行动。另一方面，双方也设法缓和彼此间的紧张关系，古公亶父之子季历娶了殷商的挚仲氏之女太任为妃。基于对商关系的考虑，季历与挚仲氏的联姻可能是古公亶父所以选择季历为继承人的一项重要因素。季历继位后，周的势力日益强大，但仍然不敢与商正式决裂，殷王武乙三十四年时，季历并至殷朝见武乙。次年季历攻西落鬼戎（约在今泾、渭下游一带），俘虏了二十个翟王。周人势力的向东扩张引起了商的不安，商王武乙于是狩猎于河、渭之间，显耀兵威，企图吓阻周人向东前进。不幸武乙为暴雷震死。武乙子文武丁在位时，季历把周的势力更引向东北方，发动了对燕京之戎（约在汾水上游一带）的战争，虽然一度受到严重的挫折，但周并未因此而心灰，不久季历又攻克余无之戎（今山西屯留县），周的势力不断地膨胀使商人对西方的关切日益增高，于是文武丁命季历为牧师，以安抚、笼络周人，季历并不因此就放弃既定的扩张政策，又征始呼、翳徒之戎，周的力量显然已经对商都构成了相当严重的威胁，双方的冲突终究不可避免，季历终为文武丁所杀。季历死后，子姬昌继位，周更强大，在商王帝乙时曾经伐过商，但显然周的实力距离强大到足以灭商还远，因此姬昌所采取的政策是先集中力量逐步消灭商的外围方国，并争取友邦的支持以孤立商，因而周仍在表面上对商顺服，而更积极地扩大实力。首先周臣服了今晋南的两个小国虞和芮，不久又吞并了密须（约在今陕西泾阳县一带），接着消灭了黎（今山西黎城县）、邗（今河南沁阳市），进一步巩固了周人在晋南的势力，随后又攻下了商在渭水流域的大与国崇（今陕西户县东），在崇地建立了丰邑，作为首都。姬昌在位的晚期更展开了积极的外交活动，与许多方国或部落结成了反殷的联合阵线，当时商王纣因赞助各方国内部的叛徒、逃犯，“维四方之多罪逋

周的始祖后稷，选自《历代名臣像解》。

"文王访贤"金带饰，元，江苏苏州吕师孟墓出土。图写周文王礼访姜太公像，图中姜太公正安坐在蒲团上垂钓，周文王坐于车上，派侍卫向姜太公招呼。

逃是崇、是长、是信、是使"，以对付各方国，使各方国感到严重的威胁，姬昌或许就是利用这种情势争取到了大量畏惧商、反对商和背叛商的方国或部落的支持来孤立商、反商的。姬昌所制定的对逃亡者举行大搜索的法律就是针对商纣的作为来抵制商纣的行动的。羌方就是周人最亲密的友邦，不但因为羌人是商世世代代极力征伐、奴役的死敌，同时也因为羌（即姜）人与周人有世代联姻的关系，譬如姬昌之子姬发所娶的就是太姜。反商联合阵线的形成使周的势力更强大，后人夸张当时的周是"三分天下有其二"，虽不尽可靠，但可以看出局势日益对周有利，为周灭商的胜利奠定了基础。姬昌的子孙因而称颂他"肇国在西土"。他的儿子姬发继位，号称武王。姬发在位期间终于完成了对商决战的部署。商纣统治时期虽然商人对外的战争屡次克敌胜利，但是长期的战争（尤其是对淮水流域人方——即夷方——的战争更是大规模的战争）严重地耗损了商的国力，这构成了周人灭商的有利条件。另一方面，在公元前 1027 年周国内发生了饥荒，面临了这个必须解决的内部问题，衡量了商、周国力的消长以及天下的形势，姬发掌握住这次机会，率领了周与庸（今湖北竹山县）、蜀、羌、髳、微（今湖北郧县）、卢（今湖北南漳县）、彭、濮等国家或部落组成的联军在牧野（今河南卫辉市）一举击溃了商军，攻陷了殷都，商纣自焚而死。武王于是命太公望、吕他、荒新、侯来、百弇、陈本等进一步扫荡了殷畿内殷人的残存据点，控制了殷王畿地区。

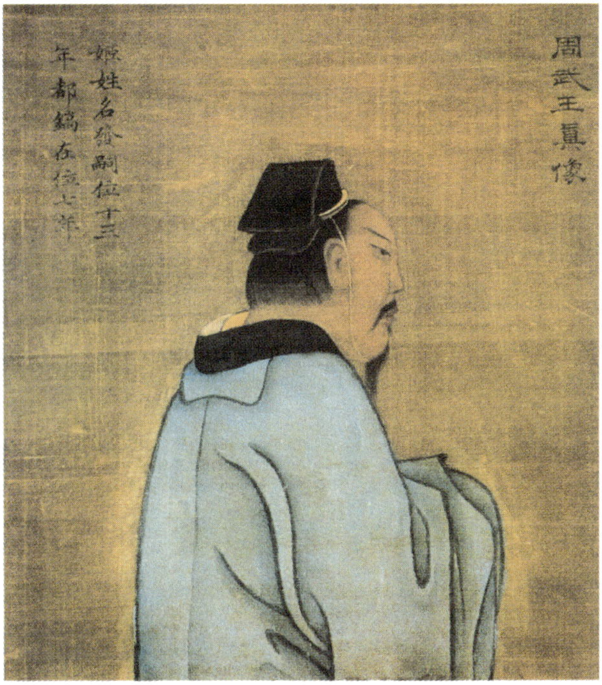

周武王，选自《乾隆年制历代帝王像真迹》。

牧野一战周人虽然取得了决定性的胜利，打倒了商朝，但当时周的势力还十分有限，想要立刻乘着战胜的余威一举彻底歼灭商的力量是不可能的，而这时周人兵力所及的殷商地盘大致上也是局限于今河南一地，对其余的广大殷商疆土，周人还无力插足。商毕竟是统治华北数百年的大国，首都的陷落并不表示殷商的整个毁灭，商的残余势力仍然相当庞大，长久统治下所累积的声威也还有一定的影响力，商人依旧可以凭借这些条件死

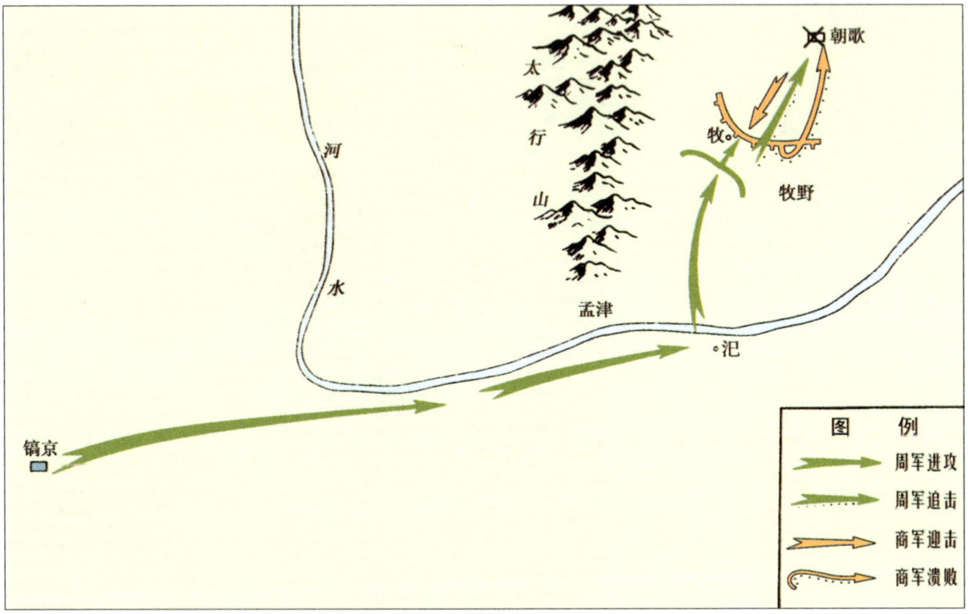

商周牧野之战作战经过示意图。前 1027 年正月，周武王乘商朝统治集团已众叛亲离，亲率兵车 300 乘，虎贲 3000 人，甲士 45000 人，联合了各方国部落的军队，大兴伐纣。二十八日由孟津东进，从汜渡过黄河，取道北上；二月四日，进据牧野。纣王武装奴隶与战俘迎战，但这些刚武装起来的奴隶与战俘临阵倒戈，朝廷军队兵败如山倒，纣王退回朝歌，在鹿台自焚，殷商灭亡。本书所选战争地图，除特别说明外，皆选自《中国古代战争战例选编》（中华书局 1984 年版）。

灰复燃地对周发动反攻。这样的形势对初得胜利的周人是十分不利的。面对着这个危机，周人始终都怀着深沉的忧虑，保持着高度的警戒，以极谨慎的态度来处理，直到周全面地击溃商人在东方的残存势力之后，他们以征服者、胜利者的身份面对商的遗民时还自称“小国”，极力抚慰商人，可见在牧野初胜不久那段时间内局势的严重性了。

周武王一面安抚商人，仍封商纣子武庚于殷，但命三弟管叔鲜、蔡叔度、霍叔处于殷地监视殷人，号称“三监”。另一方面又分封诸弟、功臣以巩固周人在新征服地区的势力、镇压商的遗民。封师尚父，即太公望于吕（今河南南阳市西）；封周公于鲁（今河南鲁山县）；封召公于匽（今河

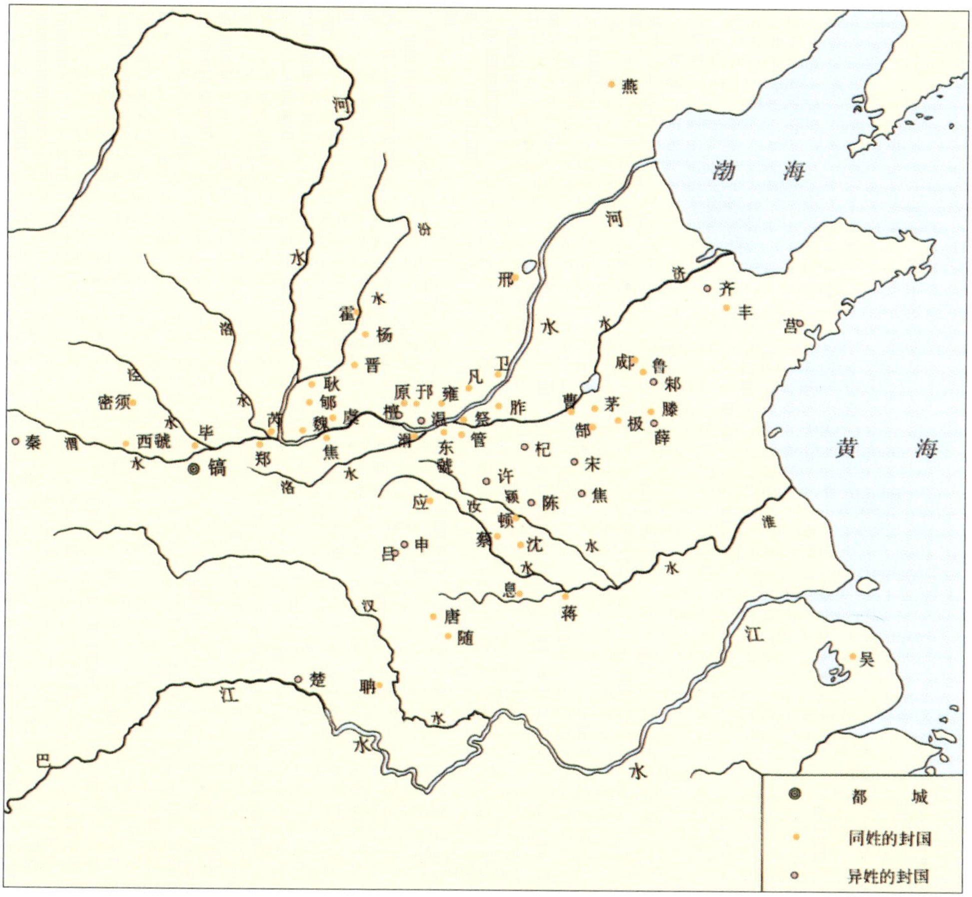

西周分封诸侯图。西周初期，为了统治新征服的地区，拱卫周王室，周天子把自己的子弟、亲族、功臣等分别授予一定范围的土地和人民，建立大小不等的封国，受封者便是这些封国的诸侯。据载，周初分封了 71 国，其中较大的封国有鲁、齐、燕、晋、卫等。

南鄙城县）；封管叔于管（今河南郑州市）；封蔡叔于蔡（今河南上蔡县）。其用意即将周人在东方的控制工作作一部署，所封诸侯除了各自镇压封地内殷商遗民之外，吕、鲁、匽三大国也同时是周人防御殷商东方残余势力及其在更远的东方盟国的第一线前哨武力，以保卫牧野胜利的战果。由于洛邑（今河南洛阳市）是控制周人老根据地渭河盆地东出路线的重要地点，

召公，选自《历代名臣像解》。召公姬姓名奭，为周太保，分治陕以西，甚得民和。成王崩后，受顾命辅佐康王，曾亲躬巡南国听断。卒于棠树之下，时人思之而作《甘棠》以纪念他。

位置又近于天下之中，周武王有意把洛邑建设成周人控制东方地区的政治、军事中心，作为支援三监、吕、鲁、匽的大本营。

在商人企图复国反攻所构成的威胁下，武王十分焦虑，他对殷商大族的三百六十名领袖的意图极为担忧，甚至于通宵难以成眠，周公也经常忙得没有空进食。终于在克殷后不久武王去世、成王即位之初就爆发了武庚及管叔、蔡叔等所领导的叛变。由于成王才能尚未成熟，也没有处理实际政治、军事问题的经验，不足以立刻担负起应付危机的工作，因此由周公掌权摄政，这引起了召公、管叔、蔡叔对周公的猜疑。周的领导核心出现了裂痕是商人复兴的有利机会，武庚于是联合管、蔡和过去商人在东方的属邦奄、蒲姑、徐以及熊姓、盈姓等十余国，发动反周复国的战争。周公先取得了召公的信谅，稳定了内部，然后率军东征，经历了相当艰苦的战斗才获得了彻底的胜利，杀武庚、管叔，放逐了蔡叔，消灭了奄、蒲姑等国。周的势力于是进一步地稳定下来，疆域也扩大到更遥远的东方和东北方。

在周公的主持之下，周人采取了一系列的手段来安抚、镇压东方的各国遗民、巩固周人的统治。周公将殷贵族遗民强制迁徙到洛邑，又依照武王的意思建设洛邑为周人统治东方的政治、军事中心，称作成周，以直接监视这些殷商大族。《尚书·多士篇》的记载就是周公对这些被迁到洛邑的商贵族遗民的诰诫，周公一面表示周灭殷、取而代之是根据上帝的命令，是合理的，而商的灭亡是罪有应得，是应该的；另一方面又对他们开示恩惠，保全他们的性命、土地、财富，同时警告他们不得继续反抗。周公又施展怀柔的手段来安抚商的遗民，拉拢一部分人出来为周服务，在周京师担任帮助周人举行各种典礼仪式的工作。但周人所采取的最重要的措施还是封建。

周公，选自《历代名臣像解》。

周公东征后，商的残余势力和商在东方的旧属邦都被摧毁，造成周的疆土在极短的时间内有了急速的膨胀。对广大的疆域以及其上新被征服而对周敌意尚未全消的各异邦人必须设法安排一套有效的方式来统治，周人于是实施了大规模的封建。把纣的庶兄微子启封于宋以继续安抚商人，同时大封姬姓子弟及姻亲为诸侯，据《荀子·儒效篇》的记载共有 71 人，其中姬姓的就有 53 人。周初封建的姬姓诸侯中，文王之子有管、蔡、郕、霍、鲁、卫、毛、聃、郜、雍、曹、滕、毕、原、酆、郇等；武王之子则有邘、唐（后改称晋）、应、韩等国；周公诸子则为凡、蒋、邢、茅、胙、祭等。周人

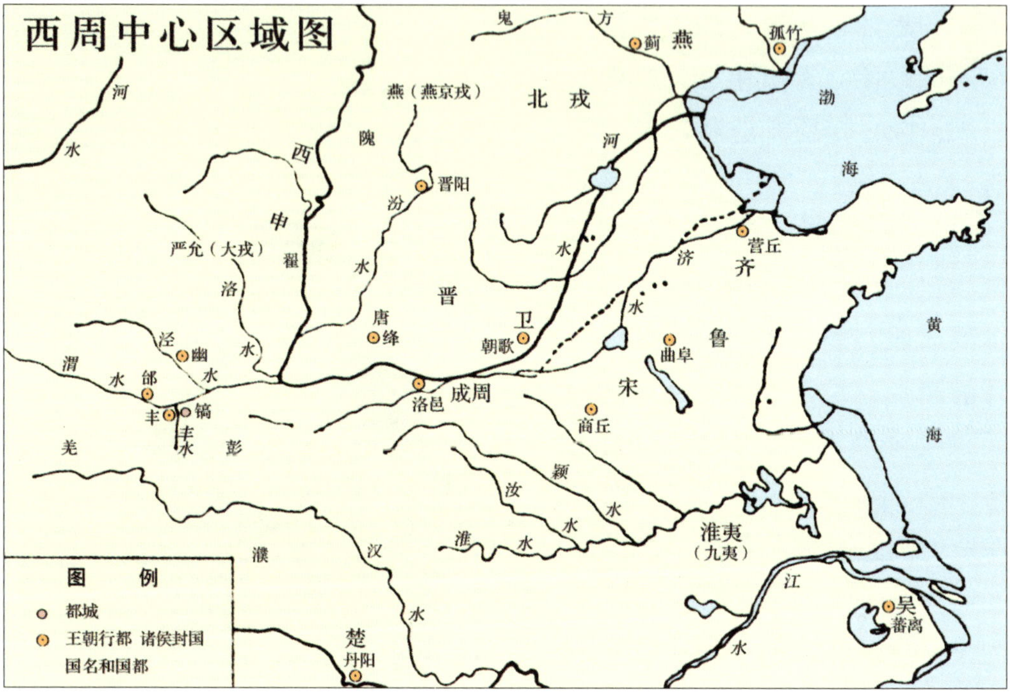

西周区域图，选自白寿彝主编《中国通史》。

所施行的封建实际的性质就是武装的殖民运动，分别在战略、经济以及交通上重要的地区或路线上移植武装力量，星罗棋布地建立起军事据点来作为统治、镇压各地原住民的政治、军事基地，利用这些据点彼此支援、掩护而达成控制东方、“藩屏周室”的目的。在这林立的众多封国当中，几个最重要的大国是匽（即燕）、齐、鲁、卫及唐。成王以周公长子为鲁侯，移封到过去奄、徐的故地，以曲阜为都；又将吕尚改封到蒲姑的旧地，为齐侯，而以营邱（今山东昌乐县）为都；把匽移封到更遥远的东北方，命召公的儿子为侯，国都仍称为匽（今北京附近）；封弟叔虞于夏墟，为唐侯（后改称晋），都唐（今山西临汾市）；又封周公弟康叔于殷墟，为卫侯。这五大据点的封君都与周天子有最密切的亲戚关系，分别负责镇压各地的殷商、奄、徐、蒲姑、戎狄之民。在这五国当中齐、鲁、匽三国仍旧像武王时代所担负的角色那样与唐构成周东方、东北方、北方第一线外围的重镇，而卫尤其重要，一方面卫所统治的疆土正是殷人势力的大本营所在地的殷墟，另一方面卫的位置也正在其他各据点的中央，周人在卫地驻扎了重兵，即“殷八师”，作为镇压商人、东夷以及支援其他各据点的军事力量。同时周人在东部洛邑（即成周）也安置了庞大的兵团,即“成周八师”，作为征讨淮水、汉水流域的南夷的武力。卫与成周是周人镇守东方的两大军事重镇。

第二节　封建体制下的政治、社会与经济

周人的封建或武装殖民运动并不因“成王靖四方”而终止，实际上是一直继续到西周末的。

周天子把以宗周及成周两都分别为东西焦点、约方千里的地盘划分为王畿，将王畿以外的地区批发式地分封给了各同、异姓诸侯。在分封仪式中，天子一方面“授土”，包括山川、土田、邑落；一方面“授民”，包括所受土地上的原住居民及天子所另外分配的臣民；同时依其名位而赏赐一定的车服器物，以规定其权利、义务。诸侯在所获得的封土内可以各自为政，他们在本国内也同样地分封自己属下的卿大夫，授予采邑；卿大夫再分封其下的士,分给食田。这样把统治土地、臣民的权力一级一级地分下去，建立起一级一级的从属关系，即《左传》上所记载的“王臣公，公臣大夫，大夫臣士”。在各等级间有一定的权利和义务关系。诸侯国之间，彼此对外都是独立的政治单位，而卿大夫虽有都邑，却不得对外自主。

周的中央统治机构大致上可分为掌管行政事务的“卿事寮”与担任仪式、

祭典工作的“太史寮”二部门，同时另外有负责军事的部门。行政部门最重要的官职是所谓“三有司”或“三事大夫”，即司土（徒）、司马、司工，司土掌管农业、山林、畜牧等业务，有时专门掌理王的“藉田”事务，有时其所担任的业务只限定在某些特定地区内。司马掌军事。司工掌督百工。此外有司士管理军法，司寇负责掌一般非军事之司法工作。属于祭祀仪式系统的官职有太史、内史、令尹、作册、司卜等官职。“师”是职位较司马稍低的军官，军队的统帅。此外还有总管王家事务的宰。

天子的常备军有驻扎在宗周的“西六师”与驻守于成周的“成周八师”。由天子命将统帅、指挥作战。负责拱卫天子的亲军则有小子、师氏、虎臣等部队。

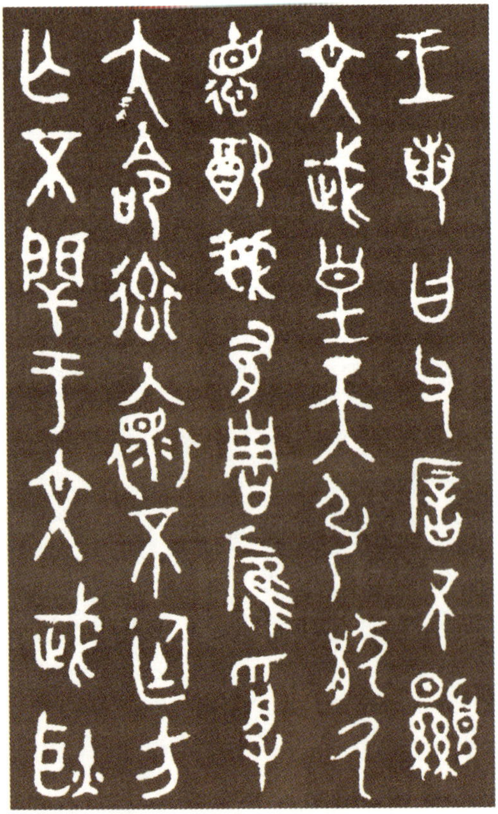
周“毛公鼎”上的铭文

一般而言，当时的官制还没有发展成严密的系统，也还没有一个固定的总理百官的官职，但有时由周天子任命一员大臣总督百官，例如令彝铭上记载周公旦的儿子明保受命“尹三事、四方，受卿事寮”，毛公鼎铭中的毛公也总理卿事寮、太史寮事务，三有司、小子、师氏、虎臣等亲军以及王家私务都归毛公掌管。一些在王身边服务的侧近官职，名位虽卑微，但因接近天子的缘故，也能够掌握大权，例如据大克鼎铭，为王掌饮膳的膳夫克可以担任出纳王命的重职。值得注意的是当时已有将王室事务与政府事务划分为二的概念，毛公鼎铭中提到“我邦、我家”“朕亵事”，可以说明这一点。

当时官制中最突出的现象是世官（或世卿）制度，职位多由任官的贵族子孙世世代代的传下去。但是这种官职的世袭并不是由本族父子来私相授受，而经常是通过周天子举行再敕命的典礼，予以承认而传递下去的，例如舀鼎铭中即叙述天子的再敕令：“舀！令汝更乃祖考，司卜事。”当新的天子即位时，也常常“帅型（顺沿、效法之意）先王令”来允许某官职的留任以延续双方的原始权利义务关系，如谏簋铭记载着周天子嗣先王之命，命谏掌管王囿。这种现象不但见于周的王庭，也见于诸侯的公室。

当时氏族制的传统还相当强大，表现在政治上的是有“国人”的参政，预闻国家重大的政治事务。周人征服东方，进行武装殖民，封建诸侯们于各地建立城郭，统治当地的原住民，他们所居住据以统治的城邑当时就称作“国”，国内的居民除公、卿、大夫之外叫做“国人”。“国人”的构成分子，主要的一部分是周人，他们与封君之间或有疏远的血缘关系，因而他们也常被称作“君子”；另一部分是为周人所征服、臣属于周而助周人统治、替周人服务的殷商或夷狄世家大族、工匠。例如成王时代封建诸侯时，就曾分配给鲁侯伯禽“殷民六族”，卫康叔“殷民七族”，唐叔“怀姓九宗”。据北京房山琉璃河出土的西周初期铜器复鼎、复尊等的铭文来看，匽侯也有一些殷商贵族如复、攸等人为他服务、助理统治。在“国”邑远郊之外的被统治的原住民则被称作“野人”或“鄙人”，也叫“萌”或“氓”，如前所述齐、鲁、卫、唐等国封疆之内的被统治者原属蒲姑、奄、徐、殷、戎狄之民，《诗经》上也提到韩国所统治的人民是追、貊、百蛮，申国所统治的原是谢人。这种“国人”与“野人”一为统治者，一为被统治者的对立现象一直延续到春秋时代封建体制瓦解后才渐消失。“国人”包括了周人和非周人在内，分别属于三种人，即士（战士）、工、商。其中士的人数最多，是统治集团的最底层。“国人”在“国”邑内聚族而居，大致上依合族群居而划分的行政单位称作“里”，因此“国人”也叫“里人”，里的首长称作“里君”，在封建后期或称作“司里”。国人中卿大夫有食邑，士有食田，而工商则“食官”。文献上涉及国人政治活动的记录中所说的国人就是指的士，士是国人的主体，他们是统治“野人”的武力泉源，服兵役作战是他们的重要义务。士有参政的权力，他们可以参议国都的迁徙，干预外交的战、和，决定君主的废立。据一件西周铜器的铭文记载，“邦人”，即国人群起而动时的力量甚至可以驱逐其君，周厉王就是在宗周城内国人的强大压力下被驱逐出去而丧失王座的，到封建崩解的春秋时代国人在国家事务上就更活跃了。国人中的工匠也有一定的参与政治的权利，即他们在必要时可以表示意见，劝谏君主。

封建体制内的社会构造是与政治、经济紧密结合的。“国”邑远郊以外的地区称作“野”，“国”与“野”的对立不只是政治的，也是社会的，野是农业乡村，而“国”是城市。野人或鄙人在被周征服之前，并不是没有值得重视的文化成就的，这一点直到孔子时还晓得，孔子曾说，“先进于礼乐，野人也；后进于礼乐，君子也”，就是指的这一点。可是经过国人的长久统治，在与“国”的对立、隔离下，野人在文化上已为国人所贬抑、歧视，“野”与“鄙”到后来终于被当做责骂的用语，或成了带有贬抑意味的语词，或用作表示谦卑的语词，如孔子责备他的学生子路说：“野哉！由也！”又说：“吾少也贱，故多能鄙事，君子多乎哉？不多也。”甚至直到今天我们还常用“鄙人”来作自称的谦词。

从纵剖面来看，当时社会构造的景象宛如一座尖锥形的宝塔耸立在大地上，大地就是称作野的地区，而宝塔就是“国”。在周世界里，林立的各“国”内，地位最高的当然是周天子，其次就是各国的诸侯了，再下来是卿大夫，

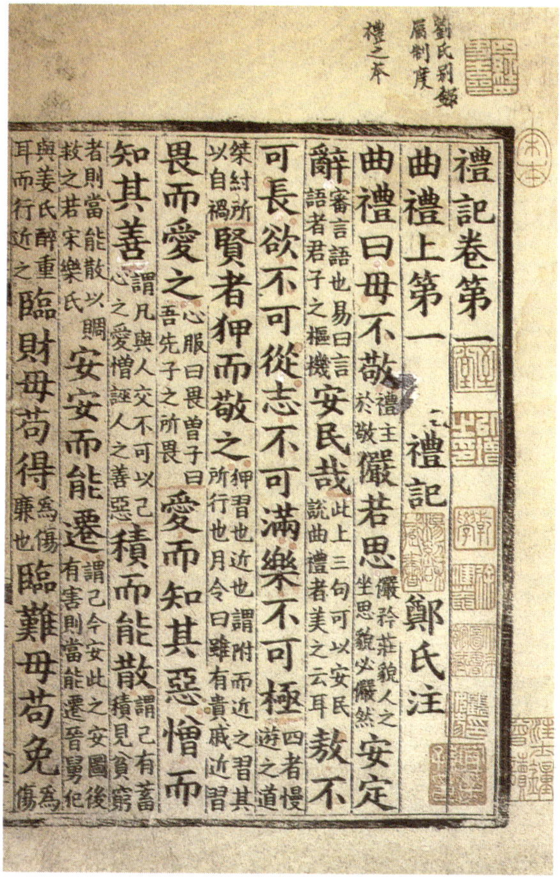
劉氏别録屬制度
禮之本

禮記卷第一
曲禮上第一　禮記　鄭氏注
曲禮曰毋不敬禮主於敬儼若思儼矜莊貌人之坐思貌必儼然安定
辭審言語也易曰言語者君子之樞機安民哉此上三句可以安民說曲禮者美之云耳敖不
可長欲不可從志不可滿樂不可極四者慢遊之道
桀紂所以自禍賢者狎而敬之狎習也近也謂附而近之習其所行也月令曰雖有貴戚近習
畏而愛之心服曰畏曾子曰吾先子之所畏愛而知其惡憎而
知其善謂凡與人交不可以己心之愛憎誣人之善惡積而能散謂己有蓄積見貧窮
者則當能散以賙救之若宋樂氏安安而能遷謂己今安此之安圖後有害則當能遷晉舅犯
與姜氏醉重耳而行近之臨財毋苟得爲傷廉也臨難毋苟免爲傷

◉《礼记》书影，宋绍兴年间刻本。汉代把孔子定的典籍称为“经”，把弟子对“经”的解说称为“记”,《礼记》因此得名，即对“礼”的解释。《礼记》主要是记载和论述先秦的礼制、礼意，解释仪礼，记录孔子和弟子等的问答，记述修身做人的准则。著作内容十分广博，门类杂多，几乎包罗万象，集中体现了先秦儒家的政治、哲学和伦理思想，是研究先秦社会的重要资料。

接着是士（指命士），这是统治贵族。士（指战士）是统治阶级的最下层，人最多，他们平时通常要亲自耕田,《礼记》上的一些记载还可以看出这点。《少仪》:“问士之子长幼,长则曰能耕矣,幼则曰能负薪、未能负薪。”《曲礼》:“地广大，荒而不治，此亦士之辱也。”但“士之有田而不耕者”也是有的，他们多是受君主敕命有爵位而臣属于公、卿大夫的贵族，战士当中只有部分有机会受命而“身在陈列”,担任公、卿大夫的臣僚,他们多是宗法制度(见后）下的宗子或因才能出众而被挑选出来的；其余的士就不是贵族了，他们也被称作“民”或“庶人”。士既是亲自耕田生产的农民，而又有当兵的义务，战争对他们而言实在是相当沉重的负担，《诗经·东山》中有一段诗句描写一名士在远征归来的途中想像到因自己淹留在外而家园冷落荒凉的景色，可说明这点。

由天子、公、卿大夫、士到庶人之间有极严格的等级区分，表现在生活的各方面。《国语》一书提到当时在祭祀及饮食上的差别是：“天子举（盛馔）以大牢，祀以会（聚集三大牢及四方之奠）；诸侯举以特牛，祀以大牢；卿举以小牢，祀以特牛；大夫举以特牲，祀以小牢；士食鱼炙，祀以特牲；庶人食菜，祀以鱼。”文献上及考古上也都显示当时有依等级高下而随葬礼器多寡不等的埋葬制度。

当时只有国中的贵族和国人中的士有受教育的权利，教育的内容有礼、乐、射、御、书、数、孝悌之道等。

此外有工、商，他们是为贵族服务、生产的。比工、商的地位更低的还有皂、舆、隶、僚、仆、台、圉、牧等跟工商一样吃官饭的奴隶，也就是《国语》一书所谓的“皂隶食职”。据《国语》的记载，当时也有一些奴隶是用于农业生产的，称作“隶农”，他们的人数相当少，不是农业生产的主力。奴隶也常通称作“臣”“妾”。奴隶的来源主要还是战俘，他们的死生完全掌握在主人手中，主人可以随意杀死自己的奴隶而不受任何限制，例如东周时晋献公曾经为了试验肉里是否有毒，先给狗吃，狗死了，又再给一名小臣吃，这名小臣因而毒死，即奴隶的性命并不比狗的高到哪里去，他们也常被当做物品一样地用来赏赐。

在广大的“野”地里，散布着许多邑落，这便是“野人”居住的地方。在周征服之初，封建诸侯受民、受土的时候野人被划归封建领主。他们的主要义务是从事农业生产，从事各种劳役，而不当兵作战。野人的地位远低于国人，他们虽然不是奴隶，生命也受到保障，不可以随意剥夺的，但他们的自由却受到极大的限制，不得随意迁徙，甚至在《诗经·豳风·七月》里还能看到封建领主可以任意霸占他们的女儿。

这些不同的阶级原则上都是世世代代相袭不变的。

从横切面来看，统治阶级中存在着依血缘关系组织亲属的宗法制度。在宗法制度下，以嫡长子，即宗子为继承人，这样一路继承下来的一系叫“大宗”，由嫡长子的诸弟分别以他们的宗子传下去的各系叫“小宗”。因此“大宗”与“小宗”是相对的，但是由一姓的始祖的宗子一脉相传下来的这一大宗却是绝对的，是所谓“百世不迁”的大宗。而一般小宗则只限于五世，是五世则迁的，即共一个高祖父的族人就算亲属，要以高祖父的四传嫡长子为宗兄；而血缘关系在此之外，即更疏远的就不算亲属了，他们所尊敬的宗兄也就不是同一个人了。不论是大宗还是小宗，宗主对宗人的权利是相当大的，凭其制裁权可以杀戮或放逐宗人，在战时宗主则是全宗人的统率；而对宗主尊敬、服从是宗人的义务。

西周宗法制度示意表

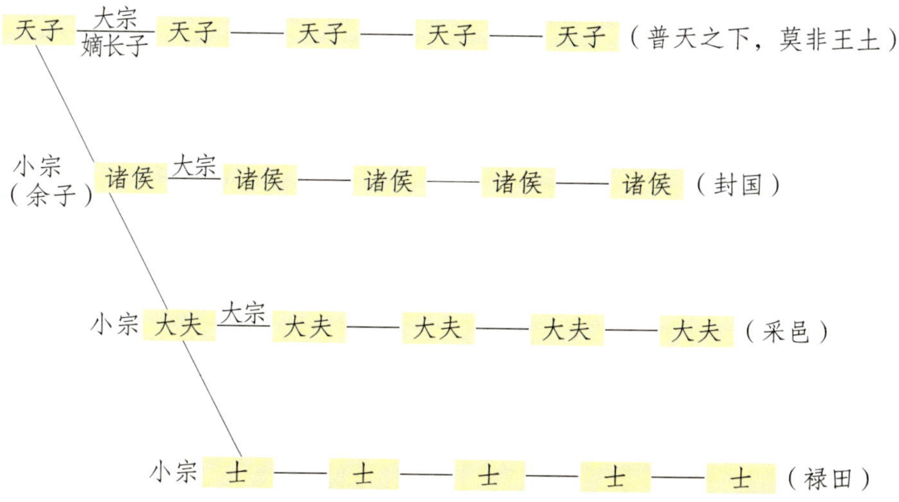

野人是不许有宗法组织的，他们的宗庙通常在周人征服之后也被摧毁。他们的亲属只限于父母及子女构成的核心家族之内。《礼记》上的话最足以证明这一点，《丧服》传说："野人曰：父母何算焉？都邑之士则知尊祢（父）矣，大夫及学士则尊祖矣，诸侯及其大祖，天子及其始祖之所自出。"

周的封建与宗法制度有极密切的关系。周天子以嫡长子相传的一系是继承姬姓始祖的，因此是绝对的大宗，其余各子分封出去为诸侯，相对于周天子而言，都是小宗；而各诸侯在自己的封国内则是始祖，以嫡长子相承，建立起他们自己国内的"百世不迁"的大宗，再分封余子为卿大夫，是各国内的小宗；卿大夫又照样分下去。这样把血缘亲属系统与政治系统紧密地结合了起来，周天子对诸侯而言不但是他们政治上的君主，同时也是他们所属的大家族的宗主，他是以这双重身份来统治天下的，而周天子在政治与宗法二系统中更注重宗法，周天子对同姓诸侯的称呼都称"叔父"，而不称"某侯"，这说明了宗法制度在封建体制中实具有极重要的意义。

《诗经·周南·螽斯》这首诗反映了贵族们都希望"子孙绳绳"，犹如"绵绵瓜瓞"一般，因而他们的婚姻普遍的是一夫多妻的多偶婚制。当时男性贵族配偶的来源颇多，有一种是在"娣媵婚制"之下一次娶得的，即诸侯在迎娶未来夫人的时候，嫁女的一方还把夫人的妹妹、侄女及一些婢女一起陪嫁过去，陪嫁的妹妹称为"娣"，"媵"是所有陪嫁女子的通称。依照当时的习惯，诸侯嫁女时，同姓或虽然是异姓却关系友好的国君，都要送些本宗的女子陪嫁为媵的。另一种配偶则来自"收继婚"，即在贵族死后，其嗣子不但继承了他的权位，也将其姬妾继为自己所有，这在当时称作"报"或"烝"，当时不把这种行为看作乱伦，而是完全合法的。此外贵族还可以随时把看中的女子纳入后宫。当时一般的婚俗都是根据"父母之命，媒妁之言"，男女之防相当严，但在郑、卫地区的男女公开社交活动还是相当普遍的。

当时在财经方面的制度也是与国、野的划分相配合的。在广大的"野"

地区施行井田制度。大体上，在井田制度之下封建领主把田地分为“公田”“私田”两种，公田并不是公有的田地，而是封建领主粮食所自出的田地，周天子的公田以一千亩为单位，又称作“大田”或“甫田”（甫也是大的意思），也称作“藉田”，即借用野人的劳力来助耕的田地。天子的藉田并不完全集中一处，例如令鼎铭上提到在諆地有天子的藉田，《国语》一书也记载在晋地也有王的籍田。野人在各级封君的公田上从事集体生产劳动，由于天子的公田特别庞大，动员的农民也特别多，《诗经》上的一些农事诗说：“千耦其耘”或“十千维耦”就是指的这种景象。野人耕作时由“田畯”监工，有时天子也亲自巡视。

所谓“私田”也不是野人私有的田地。而是野人各家族食用粮食所自出的田地。一般野人所聚居的邑，即农业村落都相当小，人口也少，虽然野人的氏族组织早已瓦解而成为个体的核心家族，但氏族制时代的传统，即氏族村落的田地公有制还坚固地保存着，也就是虽然各村中的野人没有氏族关系，可是田地及住宅还是由封建领主分配给整个村落来使用，各家不得私有的。各家参加生产工作的野人由全村共同使用的住宅、田地中分来一处住宅作居室、一块田地供耕种，这块田地就称作“私田”。通常每人要耕种一百亩的田地，但每人所分配到的田地并不一定是一百亩。当时已经晓得利用“绿肥”来改进土地的养分，即利用蓼料科植物等杂草来肥田，《诗经》中的农事诗良耜提到：“其镈（铲）斯赵（锐利），以薅（铲除杂草）荼蓼，荼蓼朽止，黍稷茂止。”就是指的这点。然而施肥并不普遍，也还没有更进一步的发展，因此当时为了保持产量而普遍使用休耕的办法，即所谓的“田莱制”，把耕地分成两部分，一为田，一为莱（莱就是藜，即野草），莱是休耕期间任其长草的土地。因此每人所分配到的土地通常都超过一百亩，其中一百亩作田，其余的则是随土壤的肥沃或贫瘠情况而分得的多寡不等的莱。为了使住宅、土地的分配公平起见，每三年要重新分配一次。

豳风图（部分），南宋马和之绘，美国大都会艺术博物馆藏。

野人是当时农业生产劳力的主体，他们对贵族有极沉重的实物及劳役负担，从《诗经·豳风·七月》描绘的野人年年周而复始的生活中可以看得十分清楚。《七月》里讲到野人在一年农事完了之后，还闲不得，要到贵族家里去做工，白天去采茅，夜晚搓绳子；又要侍候贵族狩猎，将捕获的大猎物交给贵族，自己只能留下小的；又为贵族公子猎取狐狸，制作狐裘。寒冬里要为贵族凿取冰块，放在凌阴（古代藏冰的地窖）中藏好，预备来年夏天贵族享用。野人的妻女也从来没有闲过，春天来到她们就要去采桑、养蚕，接着缫丝，织成后还要加工染成黑的、黄的、红的，然后再替贵族公子制成衣裳；在寒冷的冬月夜里，她们还要相聚在一起集体纺绩。野人虽不服兵役，但是战争时他们却要去服劳役，准备版筑需用的木柱去筑墙，准备饲草去喂牛、马，在军中充当杂役。

国中施行的就不是井田制了。国人也如野人一样的配有住宅、田莱，以从事耕作，也要三年重新再调整分配一次。国人只交纳十分之一的赋，即提供车、马等军用品或军事装备，并得服兵役，当兵作战。

第三节 西周的文化

周革殷命，建立起统治天下的新政权，周人认为他们是奉了天命而灭殷商的，如《尚书·康诰》就这么说："天乃大命文王：殪（杀）戎殷。"至于他们的政权所以能够成立，也是来自天命，就像大盂鼎铭所说的"受天有大命"那样。然而为什么上帝命周灭殷呢？周人看来，那是由于商王纣"纵淫佚""荒腆于酒"，民怨"登闻于天"，于是"天降丧于殷，罔（不）爱于殷"，而命周人"割殷"，于是周人"乃明致天罚"，而取代了殷。至于上帝所以命周取代殷的地位而把统治天下的权力委托给周人，最主要的因素是由于周文王能够"小心翼翼，昭事上帝"，"怀保小民"，"克明德慎罚，不敢侮鳏寡"，而使"皇天弘厌（满意）厥（其）德"（毛公鼎铭）。

在这种政权得自天命的理论下，自然难免有浓厚的敬天思想，然而敬天并不能够保证永远地维持住天命，夏、商也曾经获得天命，但最后都又丧失了，周人有鉴于此，知道"惟命（天命）不于常"，天也不可靠，因此他们认为如果想要政权长久地延续下去，必须把握住所以获得、丧失天命的根本因素，也就是德，《尚书·君奭篇》所说的："天不可信，我道惟文王德延。"即指此种信念而言。然而君主在德方面的是非对错，天是经由什么样的途径而知道的？是凭什么根据来判断的呢？是民。《尚书·泰誓篇》里的名言指出："天视自我民视，天听自我民听"，"民之所欲，天必从之"。因此所谓天意、天命实在就是民心、民意的反映，对此，周人引商先王的话（见第二章）说："人无于水监，当于民监"，即统治者应以民意为统治的依据，才能长久地维持其政权于不坠。

周人这种思想并不完全是出于逻辑的推理，也不是由他们首先发明的，而实际上是有其现实的政治背景的，也就是在商、周时代氏族制的传统还未泯灭，而人民（指贵族或国人）在政治上的参与还相当普遍，而且也确

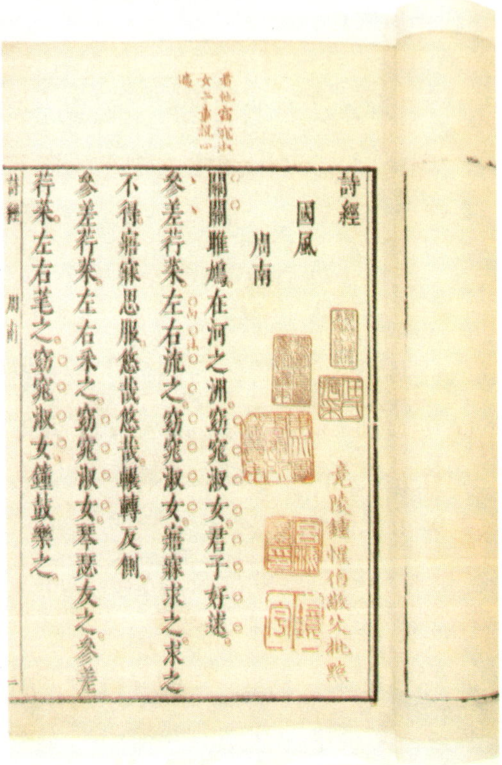

◉《诗经》书影，明刻本。

实能够产生某种程度的作用的情况下，统治者也就不得不在一定的程度上对民意有所重视了。

周人这种思想也促进了宗教的式微以及人文思想的发展。既然统治者所需要注重的是他自己的德行而不是外在的天或帝，是现实世界中可以把握的民心、民意而不是渺茫难测的超自然存在的“无声无臭”的意志，则逻辑的结果是天的意念在他的心目中自然变得淡薄了，而人的地位相对地上升了。周人认为人的遭遇是取决于其行为的，行为所导致的成败、兴亡的后果是因为人对自己、对他人（民）能够敬重或不能够敬重，而不是因为对人以外的超自然力量的敬与不敬，因此行为后果的责任在人而不在天：“天非虐，惟民自速辜（召致罪祸）”，人实在是自己行为的主宰，作为自己的主宰，人“不可不敬德”，即要自发地透过对自我行为消极的制约和积极的引导而达到完美的境界。

这样超自然的影像就自然地退缩到了人的背后，宗教的没落在西周末年更为显著，《诗经》中西周末年的作品里开始责骂天，宗教的虔敬为之荡然，到后来甚至连“先祖匪人”的句子也出现了。

东周时代的儒家思想就是沿着这条路线发展而成。

周人的宗教中对天帝、山川、社稷以及祖先的崇拜都是商代已有的，其中祖先崇拜尤其值得注意。周的封建体系是宗法制度在政治上的投射，两者互为表里，彼此支撑。宗法制度对封建统治的扶持是基于宗族亲属间的和睦相亲、各小宗对大宗的尊敬与服从，因而要尊祖敬宗，要分辨各人在宗族里的地位、权利和义务而达到稳定封建次序的目的；要上溯各宗支所同出的一源而产生相亲的感情、激发同族的认同感而达到宗族团结一致的效果。在这样的要求下，担负起主要角色的就是祖先崇拜了，祖先崇拜实在是宗法制度的精神生命。

为了尊祖敬宗、敦亲睦族，宗庙的祭祀和亲戚的宴享是少不了的；而在祭祀与宴享中，歌舞音乐是不可或缺的，《诗经》中的《周颂》大致上就是西周时代用于宗庙祭祀的乐歌，《小雅》中则有不少宴享的乐歌。颂乐在祭祀时是连歌带舞一起表演的。

《大雅》中的一些祭祀乐歌当是叙事诗，《生民》《公刘》《绵》《皇矣》《大明》五篇上述周人始祖后稷的诞生到公刘迁豳，古公亶父率部移民岐下，一直到文王、武王的兴起、克商，可以说是一部周人兴盛的诗史。

《小雅·采薇》中传诵数千年的名句："昔我往矣，杨柳依依。今我来思，雨雪霏霏。"立下了我国文学史上以情、景相互激荡、彼此衬托、对照的表现手法的典型，是当时文学成就的代表作。

第四节 封建体制的衰落

周天子处于封建体系的顶尖，是天下的共主，拥有最高的政治地位。在军事上，周天子也是天下最高的统帅，不但拥有"西六师"及"成周八师"的强大实力，而且还可以征调诸侯的军队。在经济方面，在名义上天下所有的土地、人口都是属于他的，即所谓“溥天之下，莫非王土；率土之滨，莫非王臣”；但在实际上，他的财力除了来自天子自辖的王畿地区之外，还享有各诸侯及四夷的“贡”。在社会方面，自然他处在社会阶梯的顶端，但更重要的是他是天下统治阶级大家族的大家长。在宗教上、思想上，他担任了大司祭，主持祭天、地、山川、祖先的仪式，是伦理精神生活的指导者。周天子就这样凭借着各种名、实权力及地位的结合，聚集各种身份于一人之身，即形成一个天下共主、最高军事统帅、大地主、大家长、大司祭等数位一体的强大统治者。

因此在天子的实力还没有崩溃的时候，虽然各诸侯在国内可以自己当家做主，但周天子仍然是天下的支配者，西周时代各新即位诸侯的再敕封典礼多在周都举行，可以反映这点。对于一些大国，周天子一样有力量干预，例如周夷王烹杀齐哀公，周宣王立鲁武公的少子戏为鲁太子，而不立长子，后戏在位，鲁人杀戏而立伯御，于是周宣王讨鲁，杀伯御而另立鲁君。

在对外战争上也可以显示周天子的势力。周的武装殖民运动可以说是一种扩张主义，成王虽定天下，并未终止对外之扩张。在东南方、南方一带，康王时代的铜器宜侯大簋铭透露周的势力已经发展到长江之南，今江苏丹徒一带，其后昭王南征荆楚更是大规模的对外战争，穆王时代对淮水流域的民族也进行了攻击，兵锋甚至更远及于越。据《诗经·小雅·采芑》《大雅·江汉》等诗的记载，周宣王时更命方叔及召虎征楚，《大雅·常武》又述宣王亲征徐方，当时并把申国移封到谢（今河南南阳市），作为捍卫北方的重镇。

在北方、西北方的经营方面，作于康王二十五年的小盂鼎铭提到周人对当时的鬼方的一次重创，杀敌近五千人，俘虏一万三千余人。穆王时曾征犬戎，夷王时又伐太原之戎，至宣王时命吉甫、方叔、南仲挞伐獯狁，筑城朔方；又以秦仲攻西戎。

这些现象表明周天子实为封建体制维系的中心力量。但封建体制最迟在公元前 9 世纪中叶就开始逐渐衰败了。周初各封国在与敌意尚未全消的被征服的各国原住民犬牙相错地相处的情况下，必须彼此相互支援，讲究“兄弟阋于墙，外御其侮”，但到后来各国的政权巩固了，东方各国遗民完全屈服了，外患这层顾虑自然就消失了；而子孙相继，彼此的关系一代比一代疏远，只靠次数不多的祭祖、宴享是难以溶化世代的疏远和空间的隔离所造成的陌生冷淡的。在这样的背景下，封建贵族们之间的纠纷开始出现，彼此争夺权益的事就日渐繁多了。《曶鼎铭》提到贵族间财务上的违约事件、为抢劫粮食而赔偿的诉讼纠纷，《散氏盘铭》是一篇记述贵族间因破坏对方田邑而割地赔偿的契约文书。

在封建体制衰落的过程中，周天子的作为也是一项重要的因素。周厉王时好利，于是重用好专利的荣夷公，使国人蒙受了相当大的损失，前 842 年终为国人所驱逐。前述宣王时不立鲁武公的长子而立其少子，这显然是在动摇作为宗法制度的支柱的嫡长子继承法。前 816 年宣王又废弃了天子亲耕藉田的仪式，晚年又检算人口，企图加强控制。到幽王时，对土地、人口极力掠夺，《诗经·大雅·瞻卬》记载说：“人有土田，女（汝）反有（取）之；人有民人，女覆夺之。”较此再进一步，是幽王又更严重地破坏封建的传统，废了申后及太子宜臼而立褒姒为后，以其子伯服为太子，这引起了申侯的不满，于是在前 771 年申侯联合缯国、西夷、犬戎攻幽王，杀幽王于骊山之下，西周亡。次年幽王子宜臼即平王东迁至洛邑，是为东周，封建体制也跟着急速崩溃。

第四章

春秋战国时代中国的大蜕变

前 770 年周幽王子平王东迁洛邑，到前 256 年为秦所灭，这段时期一般称为东周时期。“春秋时代”得名自孔子所作《春秋》一书（前 722 ~ 前 481）。“战国时代”一般多据宋司马光的《资治通鉴》一书，以前 403 年为其起点。这三组年代并不能妥切相合，我们在这里以韩、赵、魏三家消灭智氏，形成三家分晋之势的这一年（前 453）为春秋战国间的分界点，春秋起讫于前 770 年到前 453 年；战国则为前 453 年到前 221 年。

春秋战国时代是中国历史上罕有的变局，这次变化的剧烈、影响的深远，大概只有清末以来到现在的变化能够与其相比拟。春秋战国时代的变迁使中国发生了脱胎换骨的转变，不论是政治、社会、经济，还是思想价值观念都在性质上产生了巨大的变动，不但使中国文化具备了新的精神和面貌，也使中国文化更进一步的开化、繁荣，进展到一个更新的阶段，为往后的数千年开创了新的规模，在中国历史的行程上立下巨大的里程碑。

第一节　列强争霸与合纵连横

封建体制虽然早在西周时期就已经开始衰落，但宗周的覆灭，使事态急转直下，加快了封建解体的节奏。

幽王败死骊山之下，不但使周天子丧失了王畿的西半部，王所直辖的土地缩小、人口减少，因而实力锐减，同时也使周天子威严扫地。公元前770年幽王子平王迁都成周还是靠着郑、晋、秦等诸侯的帮助、护卫才成行的，这更暴露了周天子在实力上的衰弱，过去的王的力量已经沦落到跟他所臣属的诸侯的力量等同，甚至比一些强大的诸侯还不如，终至威命不行，王纲解纽。东迁后的周天子不但没有足够的实力来维护其权力和声威，反而更日益没落，天子为了取信于诸侯，甚至搞到双方交换人质以为保证的地步。公元前720年郑的军队竟公然抢劫王畿境内、王都成周附近的农作物，到了前707年繻葛之战，周军更为郑国所败，

周郑交质，选自《新镌绣像列国志》。西周时，郑庄公担任周平王的执政官，但平王比较喜欢虢公，因此准备把执政的权力分一部分给虢公，郑庄公因此埋怨周平王。平王不承认这事，于是周和郑就交换人质，各自表示对对方的信任。国王和一个诸侯交换人质，这既是信任危急，也是上下之礼紊乱的标志，有识者以为这就是春秋之乱的起始。

周室东迁后，诸侯争霸形势图

天子本人肩上还中了一箭。其后王室内部多事，甚至要靠诸侯帮助才能平定。周天子在实力及威望上每下愈况，自然无力挽回已经日益崩解的封建体制，无法再成为维系天下的中心，而天下的政局也由以天子为首的封建体系解散成为列国平等，彼此独立的国际社会。周天子过去所具备的权力、地位的丧失，形成了天下上层领导中心的真空，王所留下的权力空缺引起了一些强大诸侯的野心觊觎，列强的兼并、霸权的角逐因而日益激烈。

自公元前770年平王东迁以来约百年的时期内，在国际政治舞台上最活跃的是郑、卫、宋、陈、蔡、齐、鲁等七个东方的国家，其中郑国在郑庄公统治的期间（前743～前701），成了当时最强的势力。那时的局势，大致上是宋、卫、陈、蔡集团与郑国的对立、互相攻战，而齐、鲁两国或支持郑国，或转向宋、卫。虽然郑庄公经常获胜，但郑国疆域偏小，先天的条件不足，难以长久地维持其在国际上优势的地位，庄公死后，诸子争夺君位，导致内部的动荡不安，国势日降，而一些最具发展潜力的大国，如秦、齐、晋、楚纷纷崛起，郑国的强盛也就一去不返了，同时天下的大势也进入到另一个阶段。

在公元前8世纪末、7世纪初，江汉地区的楚、黄河下游的齐以及中游的秦、晋，逐渐兴起，成为国际政治的要角，于是展开了激烈的兼并与争霸活动。西周时代周人虽然屡次征楚，但从未能彻底将楚击灭，公元前8世纪中叶，楚君蚡冒开始吞并濮地，楚武王时（前740～前690）势力更强，消灭了若干汉水流域的小国，到前706年开始攻打周人在

管仲，选自《历代名臣像解》。

汉水流域武装殖民的重镇随国（今湖北随州市），对北方华夏世界构成了严重的威胁。楚文王时（前 689 ～前 675）更吞并了屏障中原的三个主要封建国家申（今河南南阳市）、息（今河南息县）、邓（今湖南襄樊市），打开了通往中原的大门，但楚人的北上却受到了齐人的拦阻。

齐在周初封建时就是一个大国，到东周初年渐更强盛，前 690 年并吞了纪国（今山东寿光市），疆土东展。前 685 年齐桓公即位，重用管仲、鲍叔牙、宁威、隰朋、高傒等能臣。在管仲主持下重新调整、编组齐国的行政组织，“作内政而寄军令”，提高了政治效率，也编组了强大的军队。另一方面又开发山海渔盐之利，使得齐国富而兵强，在这样的基础之上齐国终于获得了对外战争和外交上的胜利。前 681 年桓公会诸侯于北杏（今山东东阿县），初次崭露头角，前 680 年盟诸侯于鄄（今山东鄄城县），确立了霸主的地位。桓公称霸期间北伐山戎、狄人以救燕、邢、卫于危亡，前 656 年又率齐、鲁、宋、陈、卫、郑、许、曹联军，击溃了楚的盟国蔡，

齐桓公与御者，汉画像石，山东临沂南北寨村。齐桓公，春秋时齐国国君，姜姓，名小白。齐国第十六代君主。执政期间，任用管仲从事改革，选贤任能，加强武备，发展生产，国力大增。齐国强大后，多次会盟诸侯，号召“尊王攘夷”，助燕败北戎，援救邢、卫，阻止狄族进攻中原，又安定周朝王室内乱，为春秋五霸之首。

葵丘会盟，选自《新镌绣像列国志》。前651年，齐桓公在葵丘（今河南兰考）与鲁、宋、卫、郑、许、曹等国相会结盟。规定不壅塞水源，不阻碍粮食流通，不改换嫡子，不随意杀死大夫，要尊贤育才，不让士世袭官职，同盟国都要言归于好等。此次会盟，主旨在于和平修好，让各国人民休养生息、发展经济，而不同于通常的战争之盟。

于是进军伐楚，楚人求和，盟于召陵（今河南漯河偃城区），虽未胜利，却压制了楚人的气焰，使楚不得不暂时搁置了北进的政策。

霸主的力量一方面是基于本国的实力，另一方面则来自与其订立盟约之各国。霸主国及各会盟国家的代表集聚一处，举行歃血为盟的仪式，订立盟约，即国际条约，组成一联盟集团，而以霸主国家为联盟集团之首。霸主在战时有权征调、统率各盟国之军队参战，同时并得向各盟国征收财物或要求贡币。霸主的义务则是领导各国来抵抗侵略，保卫各国的安全，仲裁国际的纠纷，以维护和平。从前651年的葵丘（今河南兰考县）之盟的盟约可以看出齐桓公的称霸是有意设法代替没落无力的周天子来维护崩溃中的封建体制的。盟约的重要内容规定了要“诛不孝”，不得擅废立世子，不可“以妾为妻”，不得使妇人参与国事，不许专杀大夫（应得天子许可才能杀大夫），不可壅塞泉水，不可阻止粮食外销邻国，不许擅自封赏而不报告天子。这说明了霸主局部地负起过去周天子所担任的角色。因此齐桓公也带头表示“尊王”。但十分矛盾的是齐桓公也一方面促进了封建的破坏，据《荀子》《韩非子》的记载，齐桓公所吞并的小国多达三十有余。假尊王之名而行共主之实、对小国的兼并、向盟国征收财物或剥削显然加速了旧秩序的崩溃。

管仲、齐桓公去世（前 645、前 643）后，齐的霸业就结束了。

前 770 年平王封秦襄公为诸侯。到前 750 年秦人大败戎人，把戎人逐走，秦的地盘扩大到了的周老根据地岐山一带。其后逐步蚕食诸戎，到前 688 年灭了邽、冀戎（今甘肃天水甘谷县南），开始设立县制。到秦穆公时（前 659 ~前 621）国势更强，前 645 年领土向东扩张到了黄河边上，到前 623 年用谋臣由余的计策，攻打戎王，兼并了十二国，开地千里，称霸西戎。但秦向东的发展始终受阻于晋，无法争霸中原。

晋在献公时（前 676 ~前 651）开始强盛，对内他杀光了同姓诸公子，连他自己的几个儿子也被放逐到边邑去，尽量任用异姓的卿大夫，一面又扩大常备军的编制，这样建立起一个权力相当集中的强国。对外展开了扩张政策，先后消灭了霍（今山西霍州市）、魏（今山西芮城县）、耿（今山西河津市）、虢（今河南陕县）、虞（今山西平陆县）等国，疆域日广，在他的统治下，为晋国能够长久地争霸中原奠定了稳固的基础。

前 636 年，在外经历了十九年的放逐、逃亡、周流列国生涯的晋文公（前 636 ~前 628）回到了晋国即位，他采取了一系列的措施来整顿内政，重用随从功臣、贤能，安抚旧世族，巩固了他的政权。放弃旧债，减经赋敛，降低关税，通商利农，劝勉耕种，节省财用，因而使经济改善、国力富强。前 635 年晋文公乘周王室内难的机会，出兵安定王位，建立起他的威望，也获得了周天子赏赐的大片土地。两年后把军队扩大为三军，积极备战、争霸。前 632 年在先轸的计划下，晋国争取到齐、秦两大国支持，在外交上全面地孤立了楚国，在这样的背景下，把楚军击败于城濮（今山东鄄城县西南），晋国从此成为华夏世界的霸主。

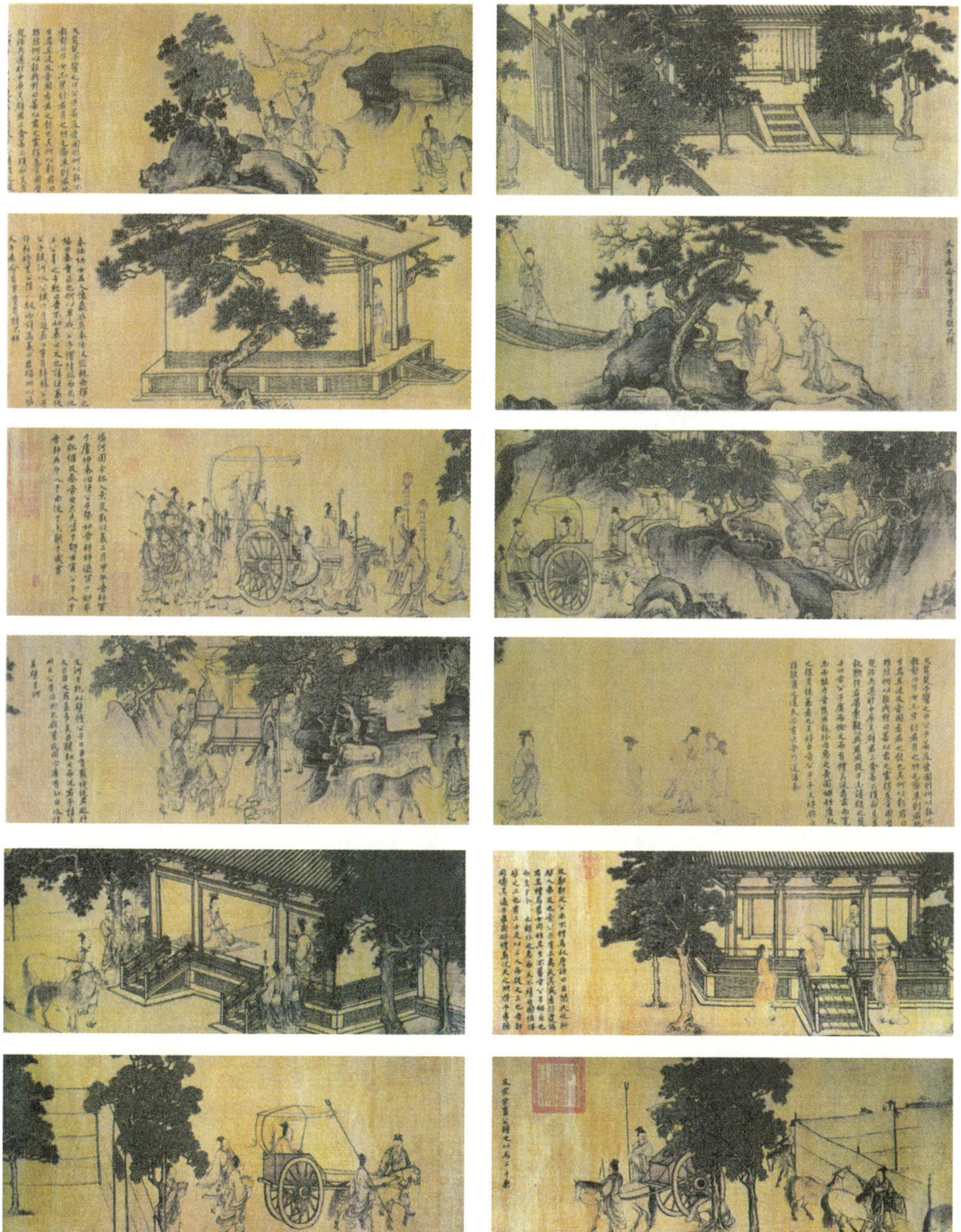

晋文公复位图，北宋李唐绘。晋文公，名重耳，春秋时期著名的政治家、晋国国君。图中所绘为重耳因为骊姬的迫害，远走各国，最后在秦国的帮助下，回到故国，登上王位的情形。

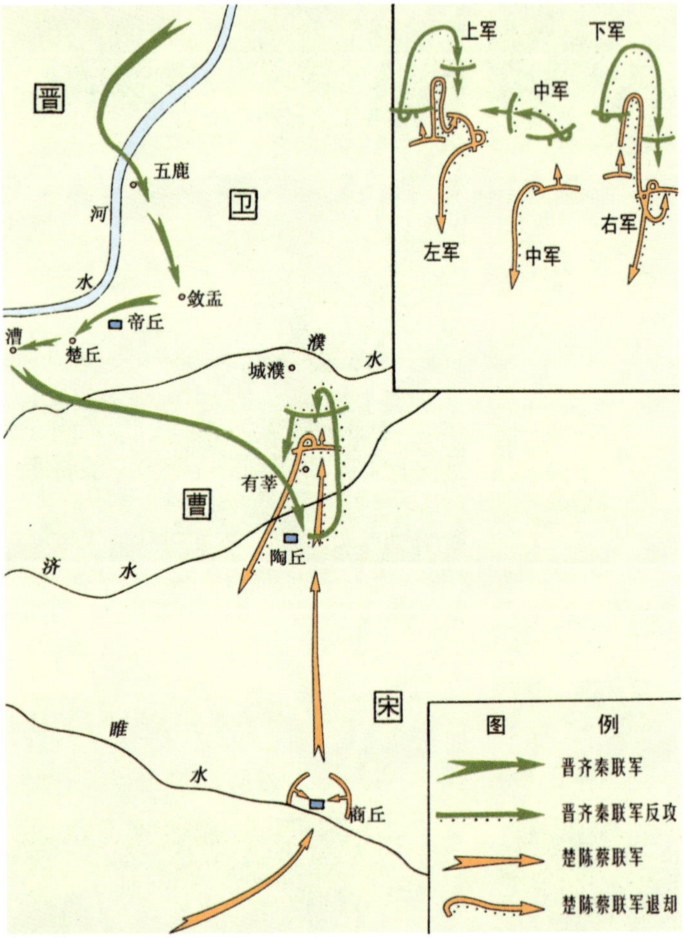

◉ 城濮之战作战经过示意图。前632年，宋国因都城商丘被楚国围困，向晋文公求救，晋也有意于中原，便先出兵攻下楚盟国卫国、曹国，威胁商丘之楚军。楚向曹都城陶丘进兵。晋文公“退避三舍”，以应当年自己流亡楚国时得到楚国君的善待。楚军尾随而至，在城濮两军决战。晋先用下军精锐破楚右军，又以轻军诱楚左军悬军出击，再以中军击溃，楚中军不战而退，战役结束。此一战，楚争霸中原的企图受挫，退回桐柏山、大别山以南地区，再无力向中原扩张。

城濮之战，楚虽失败，但晋人并不能消灭楚的势力，而楚始终没有放弃北进政策的打算，因此开始了两大超级强国约八十年的长期争霸，互争势力范围，压榨财货，吞并小国。楚自前613年庄王即位以来，整军修武，用孙叔敖为令尹，整顿国政，内部井然，国势日升。前597年大败晋军于邲（今河南郑州市东），建立起楚的霸权，楚的势力更进一步深入中原。在晋、楚争霸期间，楚人联结秦、齐两大国以牵制晋，但并未十分成功。

前575年晋军克楚于鄢陵（今河南鄢陵县），前557年又败楚军于湛阪（今河南叶县），晋国再霸。

晋楚长期争霸的结果，使夹在两强之间的小国左右为难，受逼参战，被迫纳贡，使小国难以负荷，因而有国际和平运动的酝酿。前597年在宋国大夫华元的奔走努力下，晋楚两国在宋国结盟，但事机不够成熟，宣告破裂，不久就发生了鄢陵之战。到前546年宋大夫向戌继续提倡弭兵，而这时晋国由于长期的扩张，形成了六卿专机，政出多门的局面，内部的严重问题使晋不得不暂时专心对内而与楚妥协，而楚人也因新兴的吴国的威胁，不能全力与晋国周旋到底，于是在这年里缔结了和平的弭兵之盟，双方开放势力范围，共享霸权，而晋对楚作了重大的让步，一是由楚主盟，二是晋所开放与楚利益均沾的小国有郑、宋、卫、鲁、曹五国，而楚所交出来的只有陈、蔡、许三个既小又弱的国家。从此晋国对外逐渐走到了强弩之末，内部诸卿的争权倾轧、扩张私家的势力才是晋国政治问题的重心。

楚式剑，战国中期，江陵望山楚墓。

早在前597年邲之战后，晋人深感楚国难以制服，为了要阻止楚人日益北侵的势力，晋人设计出了联合吴国以共同对付楚国的政策，前584年晋国派遣屈巫出使吴国而达成了这个目的。在这个外交政策之下，屈巫率

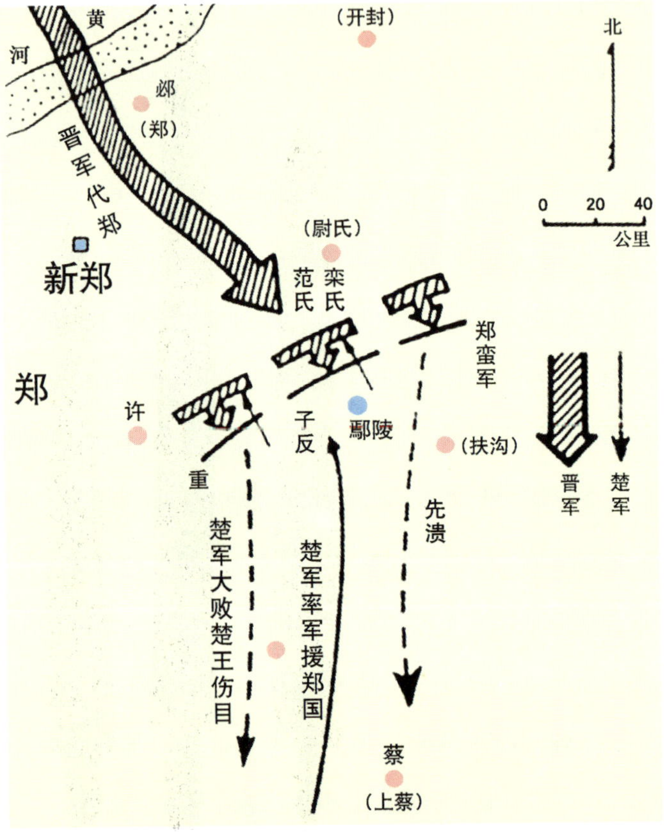

◉ 鄢陵之战示意图。前575年春，楚诱郑叛晋归楚，并攻打晋盟友宋。五月，晋齐鲁卫相约伐郑，楚共王领兵救郑，两军遇于鄢陵。楚军在黎明时突然逼近晋军营垒，中军进攻，受挫，共王伤目，中军被迫后退。晋军乘势猛攻楚左、右军，楚军伤亡惨重，只得暂时收兵，本拟再战，后因主帅子反醉酒，不能商议军机，楚军被迫夜遁。直到战争结束，鲁卫均未发一卒，至晋军回师时，齐国的盟军方才赶到。鄢陵之战是晋楚争霸中第三次，也是最后一次主力会战，晋国巩固了霸业，楚的影响大为削弱。而晋军创造的攻弱避坚的战术，成为古代战争中著名的范例。

领了晋国的军事训练团来到吴国，教导、训练吴国军队射御的技术、乘车以及排列、运用各种战阵，使吴国的军队具备中原各国的战斗技术，以适应在中原地区作战。屈巫同时又让他的儿子狐庸留在吴国，担任吴的外交官，以便于联络工作。从此吴国经常攻击楚的侧面，成为楚国东方的严重忧患。

吴的王室，与周同姓。周古公亶父有意选择季历做继承人，他的长子、次子太伯、仲雍因而辗转来到了江南吴地，建立起自己的政权，统治当地的土著民族，到仲雍在位时，断发纹身，以认同于当地土著，因而逐渐同化于吴人，大约到了周康王以后，吴王室就断绝了与中原的交往，直到公

◉ 彩绘季札挂剑图漆盘（局部），安徽马鞍山东吴朱然墓出土。季札，又称公子丸，春秋时吴王寿梦少子。《左传》记载，季札出使北方途中过访徐国，见徐君非常喜欢自己的宝剑，虽想送给他，但因还要出使他国，未及赠与。后来，当季札返回徐国时，徐君已死。季札来到徐君墓前，便将宝剑挂在徐君墓旁的树上，以示不负心中诺言。

元前 6 世纪初，才因晋的联吴制楚政策而与中原各国交往，文化也因此迅速提高。前 544 年吴国使者季札出使鲁、齐、郑、卫、晋各国，显示出他高度的华夏文化的修养。到吴王阖闾在位时（前 514 ～前 496）用伍员及兵法家孙武以整顿政治，训练军队，国势如日初升。前 506 年大败楚军于柏举（今湖北麻城市），乘胜进击，终于攻入楚都郢，但吴军深入远斗，难以持久，终被秦、楚联军逐回。

晋人联吴制楚政策的成功使楚人难以安息，于是楚人为了抵抗吴、晋的联合阵线，也以子之矛击子之盾，牵引越人，以越制吴，前 537 年楚灵王联合越军攻吴。前 505 年联越制吴的政策终于起了显著的作用，越人乘吴大军在楚的机会，攻入了吴，前 496 年再败吴军，虽然当时越国的力量

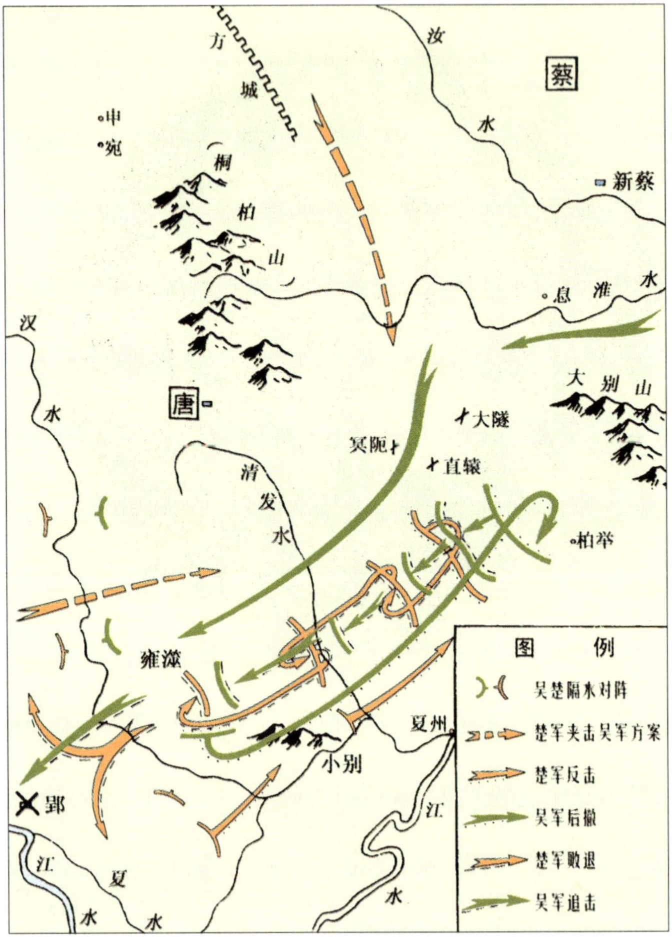

◉ 柏举之战作战经过示意图。前 506 年，吴王阖闾亲率伍子胥、孙武等，大举进攻楚国。吴乘楚东北部空虚，乘船沿淮河西进，登岸后迅速破楚大隧、直辕、冥阨三关，渡清发水，与楚国隔汉水对峙。这时，楚军左司马沈尹成建议统帅子常率兵与吴相持，自己征发方城以外的楚国兵力抄袭吴军后路，阻塞三关，断其归路，不被采纳。楚军于是渡过汉水向吴军进攻，从小别山到大别山，一路三战，未能见功。十一月十九日，两军于柏举列阵，吴前锋主动出击，楚军一触即溃，吴军纵兵追击，在清发水和雍澨再大败楚军。接着，五战五胜，直入楚国都城郢，楚昭王出逃随国。

还不足以与吴抗衡，但吴也受到了越的牵制。前 494 年吴王夫差大破越军，答应越人求和，允许越为吴的属国，从此夫差不再以越为意，专心北上争霸中原，前 487 年破鲁，次年开凿运河，沟通了长江、淮河，以为北进的准备。前 485 年夫差率吴、鲁、邹的联军由陆路攻齐，一方面又由吴将徐承统领水师北航，由海上登陆攻齐，但失败而还，次年才大败齐军于艾陵（今山东泰安市郊）。于是更开运河，通于宋、鲁之间，北连沂水，西通济水。

前 482 年夫差因而“沿江、溯淮”，出于宋鲁之间而北上到黄池（今河南封丘县西南），与晋定公争霸，晋定公对吴让步，由吴主盟称霸。

当夫差正在黄池与晋争霸的时候，越王句践派范蠡统率水军沿海溯淮以断吴王归路，一面亲领军队攻入吴都（今江苏苏州市），夫差称霸后匆忙赶回，向越求和。吴在急速的崛起、长年的战争下，国力暗损，不能抵抗楚、越的夹击，到前 473 年终为越所消灭。

句践灭吴后，会晋、齐等诸侯于徐州（今山东滕州市），周天子遣使致胙，

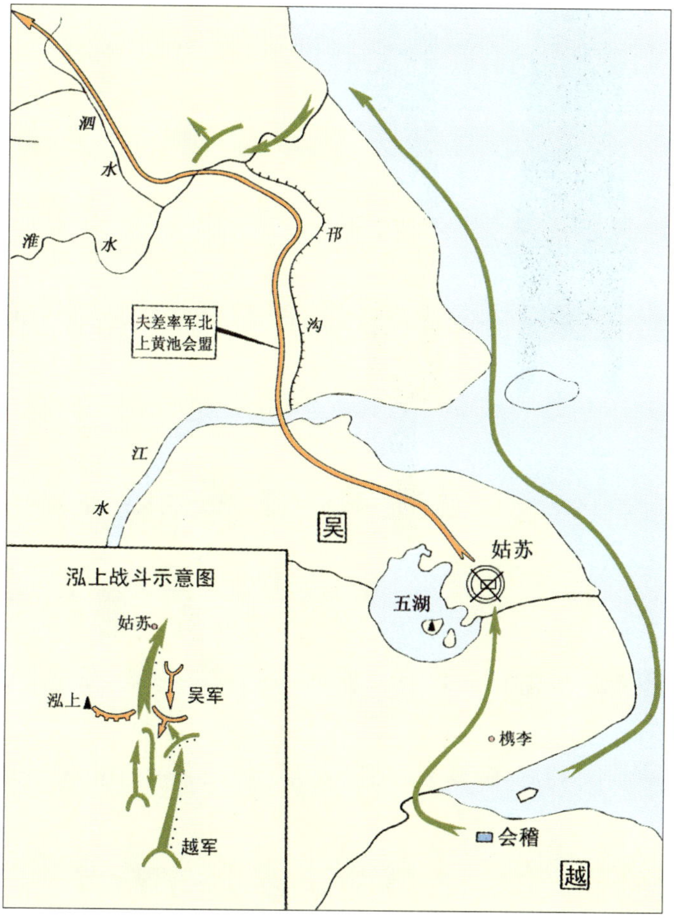

● 吴、越姑苏之战作战经过示意图。前 482 年六月，越国趁吴王夫差率全国精锐北上黄池会盟，决定出兵袭吴：范蠡率一部自海道一直北向，入淮河，阻止吴军自黄池返国进援；一路由越王句践亲率，从陆路进逼吴国都姑苏。吴军由太子友率军在姑苏近郊泓上拒守。部下弥庸轻视越军，贸然出击，小胜越先头部队。第二天，句践大军继至，吴军溃败，越军直入姑苏，缴获大批物资，吴被迫求和。

◉ 吴王夫差矛（左），战国早期，江陵马山砖瓦石5号墓出土。夫差，春秋时期吴君主吴王阖闾次子，前495年即位，遵父遗训，锐意进取，次年即在夫椒大败越国，越王句践因此入吴为质。前482年，在黄池（今河南封丘西南）大会诸侯，称霸中原。但越乘虚而入，攻入吴都姑苏，大败吴军，并于前473年，越再次兴兵，终灭吴国，夫差自杀。右为越王句践剑，江陵望山1号墓出土。

号称霸王。句践后又迁都到琅琊（今山东日照市南），以便于争强中原。前465年句践死，越仍为强国，到前307年才为楚国所灭。

春秋以来由于列国长期的争霸、兼并，演变到前5世纪中叶天下又出现了一番新的形势。当时天下只剩下二十余国，以秦、晋、楚、越最强，到前453年韩、赵、魏三家又灭亡了智氏，尽并其地，而三家分晋的局面也已经形成，到前403年周天子正式承认了三晋为诸侯，虽然晋侯仍然存在，但早已没有什么作用了。

前446年魏文侯即位，以孔子弟子子夏为师，重用魏成子、田子方、翟璜、李悝（或称作李克）、吴起、乐羊等人，改革政治，中央设相、将统领百官，地方置郡县，已建立起中央集权的政权。其中李悝尤其是重要的角色，李悝是战国初期著名的法家，也是卓越的军事家，他为魏国推行法家政策，制定法律，压制世袭贵族，规定嗣子如果没有功绩，则不得继父之官禄；改进农业，增加生产。吴起是较李悝稍晚的另一法家和军事家，他对农民进行了严密的组织和训练，使得魏国既富又强。前413年、前409年两败秦军，前406年吞灭了中山国，次年与韩、赵攻

吴起，选自《清刻历代画像传》。战国初期著名的政治改革家，卓越的军事家、统帅、军事理论家、军事改革家。卫国左氏（今山东定陶）人，与孙武连称“孙吴”，著有《吴子》，与《孙子》合称《孙吴兵法》，在中国古代军事典籍中占有重要地位。

入齐国长城。魏国的改革最早，也最先完成，在文侯治下魏成为天下最强的国家，到前344年魏君自称“夏王”（即魏惠王）。魏惠王初在位的十多年魏还是像他后来对孟子所说的那样：“晋国、天下莫强焉。”魏国的霸权直到前4世纪中叶才受到齐、秦的共同挑战。

春秋时代齐国内部世卿争权的结果是田氏（即陈氏，田、陈古音相同）得到了最后的胜利，从公元前489年开始，齐君实际上已是田氏的傀儡，任由田氏摆布、生杀、废立。前481年杀齐简公、立齐平公之后，田常把齐国自安平（今山东淄博临淄区）以东的地区全割为己有。前391年田常之孙田和迁齐君于海上，到前386年周天子命田和为诸侯。前376年田午杀齐君自立，是为桓公（前375～前358），开始设立稷下之宫，招致贤人。到威王时（前357～前320）任用邹忌、淳于髡、田忌、孙膑等，国势日盛。前353年败魏师于桂陵（今山东菏泽市东北），次年秦乘机坐收渔人之利，在西方攻下了魏的安邑。到前343年齐再败魏于马陵（今山东莘县），歼灭了十万大军，次年秦又乘机在西方败魏师，魏的霸权从此一蹶不振。而齐国威势正如旭日初

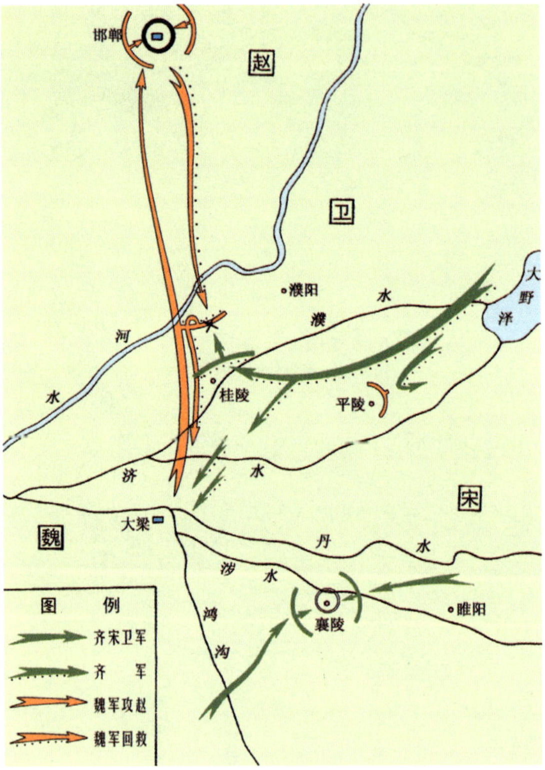

◉ 齐魏桂陵之战作战经过示意图。战国中期，位于中原地区的魏国逐渐强大起来，不断对邻国用兵。前354年，魏将庞涓引兵攻赵，包围了赵都邯郸。赵向齐求救，齐以田忌、孙膑率军西进，进逼魏都大梁（今河南开封）。庞涓回师驰救，孙膑在魏军必经之地桂陵（今河南长垣）设伏，大败魏军，擒庞涓，史称“桂陵之战”，孙膑的这一战法后来被概括为“围魏救赵”。

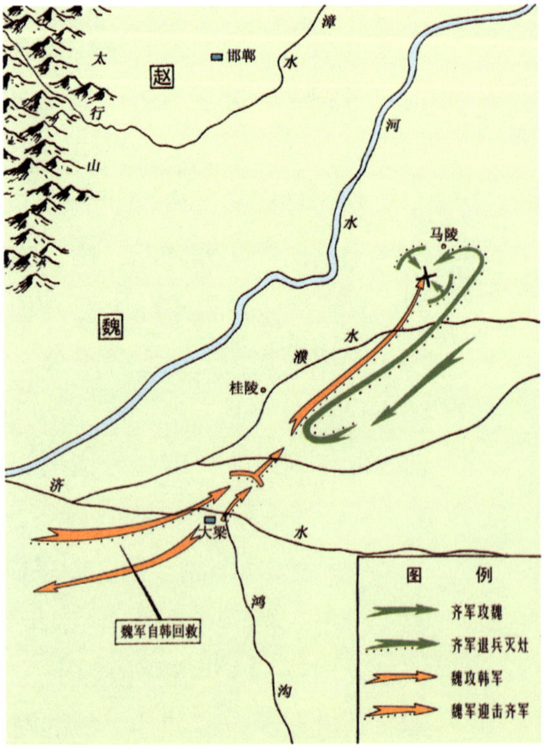

◉ 齐魏马陵之战作战经过示意图。前341年，魏派庞涓联赵伐韩，韩求救于齐。齐以田忌、孙膑率军进逼大梁近在咫尺的外黄（今河南民权），庞涓回师攻齐。孙膑命军向马陵方向撤退，用逐日减灶之法诱庞涓率轻军突进至马陵，齐军伏兵发动，魏军大败，史称此战为“马陵之战”，称孙膑的战法为“减灶之计”。此战后，魏由盛转衰，转而向齐屈服。

升，齐君于是开始自称王。魏惠王在列国围攻惨败的情况下，不得不改变对外政策，采用了思想家惠施的策略，在前 334 年到徐州（今山东滕州市东南）朝见齐王，并尊齐威王为王，而齐威王也承认了魏惠王的王号，从此魏成了齐的盟国。

齐国兴起之际，秦也跟着转强。秦献公时秦已两次击败魏军。到前 359 年秦孝公用商鞅变法。商鞅变法是一个长期实践法家路线的过程，变法的前一阶段中在政治方面厉行严刑峻法、信赏必罚的原则，树立起法令统治的威信。又建立严密的基层组织，以严酷的连坐法将人民组织起来，五家为一伍，十家为一什，彼此须互相监视、检举或告密，又配合了旅舍宿客必须要有身份通行证件的办法把全国人民都置于严密的监视控制之下，人民的言行、去向都掌握在统治者手中。又打击世袭贵族，剥夺其世卿世禄的特权。整理爵制，规定出二十级的爵制，依等级的高下分别可拥有多寡不同的田宅、奴婢、衣着服饰。人民如要取得政治、社会的地位和财富，

◉ 城门立木，选自《新镌绣像列国志》。商鞅为秦国起草了改革法令，担心百姓不信任，就先叫人在都城南门竖一长木，下令：有谁将木扛至北门，赏金十两。百姓未敢相信，又将赏金提至五十两，终有一人扛木至北门，商鞅立赏金五十两，而后将新法令公布于世，变法大行。

只有努力杀敌、建立军功一途，凡战中斩一敌首，即可获爵位一级，如愿做官，可做五十石薪俸的官。在经济方面则重农抑商，奖励男耕女织，生产量高的，可免除徭役。商人及怠惰而贫穷的，没入官府为奴隶。在社会方面强制有两个成年儿子的人家必须分财分居，以配合鼓励耕织办法的彻底推行。实行十年后即进行第二阶段的改革。在政治方面重新编组地方行政机构，普遍施行县制。迁都咸阳，建筑宫廷。在经济方面，废除井田制，统一度量衡制度。在社会方面，禁止戎狄习俗，强迫华化。对学术思想言论则严加控制，焚毁诗书。变法令下达之初，许多人民议论新法，指责不便，十年后又纷纷来言法令之便，商鞅认为这些都是“乱化之民”，把他们一律放逐到边疆，也就是人民对政府只有服从的义务，没有议论批评（不论是正面的，还是负面的）的权利。这样商鞅把秦国建设成一个统治最严密、效率最高，秩序安定，“家给人足”，既富又强的国家，为秦国在列国争霸中获得胜利并迈向统一天下的道路奠定了坚固的基础。儒家大师荀子在亲自游历、观察了秦国之后，认为秦之所以能够在商鞅变法之后连着几代战胜东方各国是必然的，而不是偶然的、侥幸的，他甚至认为商鞅变法后的秦国已经接近了“治之至也”。

凭借着这个基础，秦国开始东向扩张，首当其冲的就是魏国。

魏的霸权垮台后，用惠施的外交路线，倒向齐国，以避免两面受敌的困境，惠施的方针是要奉齐为首，联合魏、楚，但魏惠王对此政策摇摆不定，大致上只做到了与齐相亲。前323年魏又用公孙衍的计谋，与赵、韩、燕、中山（魏的分国）相会，彼此承认王号，以抗秦、齐、楚之强。

由于魏的屈服，齐成了天下首强，齐威王连魏攻赵，又与楚国修好，齐国威势极盛。秦人东向争霸的对象当然是齐，于是开始了两雄相争的局面。然而秦虽二次乘齐败魏之际大破魏军，其力量还是较齐为弱，在这样的情况下，秦惠王（前337～前311）、武王时（前310～前307）的对外策略是离间分化主要敌人齐的势力，削除齐的羽翼，并使齐的舆国转而投向秦，从而将齐逐步孤立，以为最后击败齐安排先行铺路的工作。在此路线指引下，秦的第一个目标即压迫魏国，前 330 年败魏，魏割让河西，前 328 年攻魏，魏又割纳上郡，秦势更强。到前 325 年就称王了。前 325 年惠王用张仪为相来主持对外工作。前 322 年张仪相魏，逐走了惠施，于是把魏亲齐的外交路线改为联合秦、韩而攻齐、楚的亲秦政策。这项转变，引起了齐、楚、赵、燕、韩的共同干涉，前 319 年魏因而改用公孙衍，逐张仪返秦，次年韩、赵、魏、楚、燕五国便以楚怀王为纵长（合纵各国之首）组成联军攻秦，秦的东进受到了挫折。

前 316 年秦灭掉了蜀国，继而又并吞了巴国，前 314 年又攻下了义渠戎二十五城，更为富强。齐也不甘示弱，前 314 年齐宣王命匡章攻下了燕都。秦立刻乘齐国全力攻燕的时机击败三晋，于是韩、魏又倒向秦国，秦国立即紧跟着展开分化齐、楚二国关系的攻势，又由张仪亲自出马，前 313 年张仪到楚，张仪玩弄怀王于股掌之上，使楚断绝了与齐的关系，而大败楚军，攻占了楚的汉中，秦国的策略得到了一次重大的胜利。前 306 年秦昭王继位，由魏冉主政，继续巩固胜利的成果，展开了与齐人争夺楚国的努力。昭王的母亲宣太后是楚人，魏冉是昭王的舅舅，在他策划之下，与楚修好，极力抚慰、拉拢楚国，派遣宣太后的亲戚（也是楚人）向寿到楚国，割让解口一地给楚人，又封楚国小令尹于杜阳，终于在前 305 年秦成功了，楚国背齐而转向秦，双方又通婚姻，楚怀王迎归于秦，两国结盟，秦并归还上庸一地于楚，次年楚并派太子入秦为人质。楚向秦的一面倒，使齐人不安。前 301 年，齐湣王用孟尝君为相，拉拢饱受秦人压迫，恐惧秦跟楚结合的韩、魏共同伐楚，大败楚军，夺取了宛、叶以北的疆域，楚人屈服，派太子入齐为人质以求和。秦人与齐的争霸再度受到挫折，在齐国强大的压力下，秦昭王不得不派亲弟弟泾阳君入齐为人质与齐修好，直到前 299 年齐

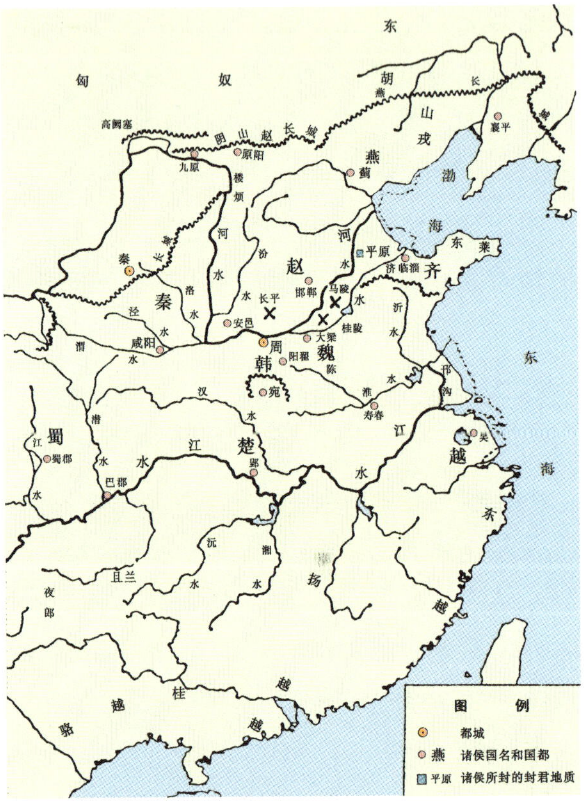

◉ 战国胡人俑，银制，河南洛阳金村出土。（上）

◉ 战国时七雄并立形势图（右）

相孟尝君竟入秦为相了。

这时的国际形势又出现了新的局面，赵在武灵王（前 325 ～前 296）统治下逐渐崛起，前 307 年开始进行军事改革，学习胡服骑射，蚕食中山国，逐走林胡、楼烦等游牧民族，国势极强。赵武灵王与宋王偃结合，图谋吞并东方的一些小国，但恐齐国的拦阻，于是在策士金投的策划之下，拉拢秦国作为必要时抵制齐国干预的力量，前 298 年赵国派遣楼缓相秦，取代了孟尝君，又派仇郝入宋为相，于是齐、魏、韩伐秦，双方大战三年，赵乘机吞并了中山国（前 296），宋也消灭了滕国。前 295 年秦废弃了与赵、宋结合的政策，再用魏冉为相，于次年与齐修好，双方互不干涉，平分霸权，齐湣王也免除了孟尝君的相位而代以秦国派来的吕礼。前 293 年秦将白起败韩、魏联军于伊阙，歼灭了 24 万人，前 290 年取魏河东 400 里的土地、韩 200 里的土地。前 289 年又取魏 61 城。秦国成功地使齐在中立的状态下获得了大片的土地，国势更强。到前 288 年齐、秦更进一步地平分霸权，分别称东、西帝，不久双方先后都取消了帝号。

前 286 年齐灭宋，严重地耗损了国力，于是东西两强势均力敌的平衡状态已暗中破坏，前 284 年在秦的暗中策动之下与燕、赵、魏、韩、楚联军攻齐，齐国大败，丧失了七十多个城，后来到前 279 年齐虽收复失土，但已无力与秦争锋了。于是天下在秦独霸的局面下任由秦宰割、蚕食。在前 271 年范雎向秦昭王提出“远交近攻”的策略，到前 266 年就任命范雎

◉ 秦赵长平之战决战经过示意图。前 260 年七月，秦赵两军在长平各筑营垒相持。白起采取后退诱敌、包围歼灭的作战方针，部署如下：一部诱敌，待赵军出击后，向预设壁垒撤退；一部为奇兵，分置秦壁垒两翼；一部骑兵插入，以待分割赵军；主力坚守营垒。八月，赵括果然大举进击，进入秦军预设包围圈，秦军两翼奇兵发动，插入赵军出击部队后方，截断赵出击部队与赵军营垒之间联系，与秦军原设壁垒合围，将出击赵军围住；秦骑兵也迅疾插入，赵旧营垒一分为二。秦王闻赵军被围，尽起全国兵力，大举进援，直插赵军长平营垒北部及以东一带高地，阻断赵国援兵和粮运，以保障白起。九月，赵括突围被射杀，赵军全部投降，以秦军胜利告终。

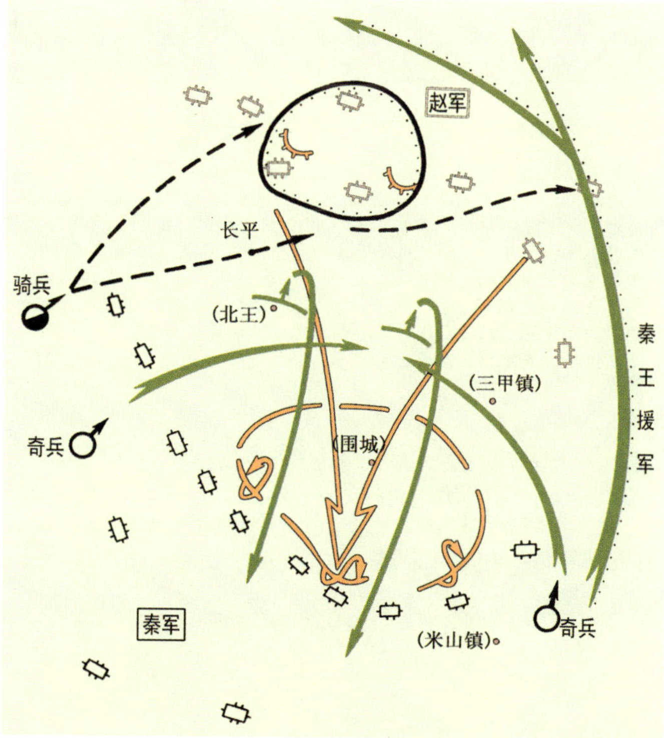

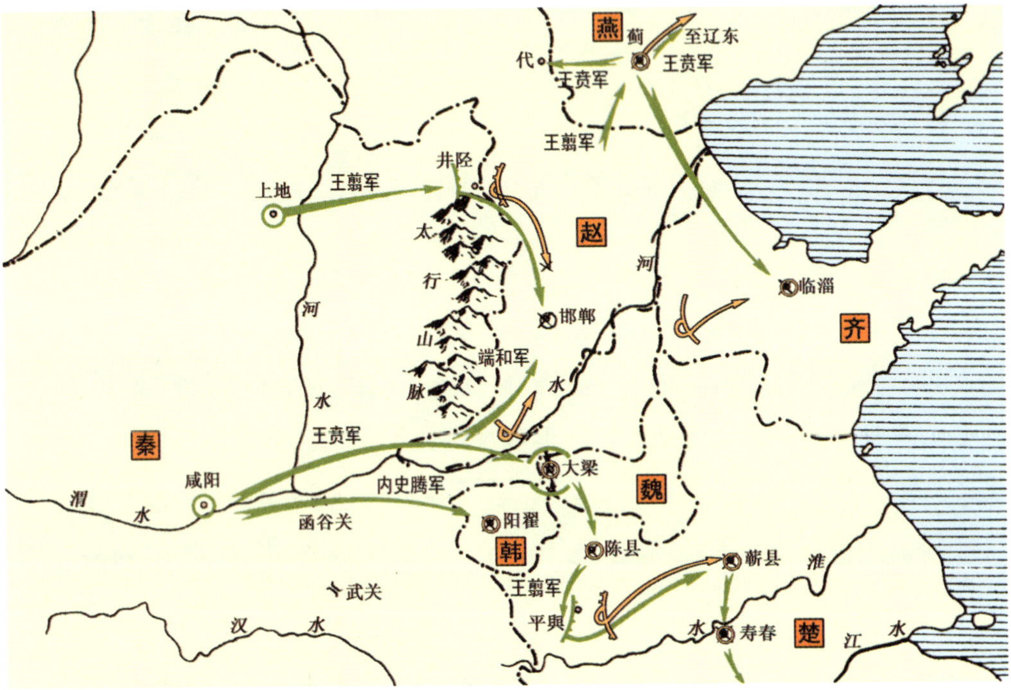

秦灭六国战争示意图。至战国晚期，秦一国独强。前 236 年，燕、赵发生战争，秦以救燕为名，出兵两路攻赵，拉开统一六国的序幕。赵一时不能下，秦转而攻东邻韩国，前 230 年攻入韩都阳翟，韩国灭亡；前 225 年，秦将王贲（王翦之子）自关中出发，包围魏都大梁，引黄河、鸿沟之水灌大梁城，魏王假出降，魏灭亡；前 224 年，秦大集国中甲士，由王翦率领攻楚，下陈后，在平舆与楚主力对阵，大破楚主力，杀楚将项燕，前 223 年，王翦再次出击楚国，俘虏楚王，楚灭亡；前 223 年，王翦出井陉，攻占邯郸，赵灭亡；前 222 年，王贲进攻辽东燕国余部，燕王喜被俘，燕灭亡；前 221 年，秦避开齐国防守重点的西面，自燕国南部出兵攻齐，直插齐都临淄，一面大军压境，一面以封地引诱齐王建，齐王建出降，齐灭亡。至此，六国统一。

为相，来主持这个政策的施行，更加快了对各国吞并的速率。当时六国中以赵最强，然而在前 260 年长平之战，白起消灭了 40 万赵军，于是各国已不再能够抵抗秦的兵锋，前 256 年灭周，到前 230 年并韩，前 228 年拔赵，前 225 年灭魏，到了前 223 年又消灭了楚，至前 222 年把赵的残余势力扫荡，同时也灭亡了燕，前 221 年终于吞齐，统一了天下，结束了 500 多年的长期割据、兼并、混战的局面。

第二节 由封建到君主专制的中央集权体制

由春秋时代过渡到战国时代，不但传统的政局显现巨大的变化，而更重要的权力结构也发生了实质的转换，由组织松懈、权力分散、下级统治者或地方势力对上级统治者或中央半独立的封建体制演变成了组织系统化、权力集中于君主一人之手、君主完全支配臣僚、中央对地方控制自如的中央化体制。

君主专制的中央集权体制的形成因素相当复杂。在封建体制下，各国除了国君直辖的地区外，地方多由下层封君统治。春秋以来，下层封君的实力日益壮大，常形成尾大不掉或“大都偶国”的局面，对国君构成严重的威胁，例如郑庄公立叔段于京邑，叔段就据京邑以叛。鲁国的费邑、卫国的戚邑、宋国的萧邑也都是著名的例子。另一方面，长久的战争、剧烈的兼并，使得列强所占有的面积日益扩大，所控制的人口也逐渐增加，而这种土地面积、人口数字的增长并不是一时的现象，而是长期的过程。这种长期的增长所带来的问题使国家的统治业务也伴随着日益繁重，所需要的统治业务人手也愈来愈多。而处理新征服、兼并的土地、人口的传统方式是分封贵族。这种办法经常使君主自作自受，提供给所封贵族叛变、割据的凭借。如楚武王攻下了权，命斗缗统治，结果斗缗就借以叛变。这些问题使统治者不得不设法去找出一套新的、有效的统治方式，借此可以选用可靠、适合的人才来处理这种不断增加的地方业务，同时又能牢固地对他们加以掌握。

再则是贵族内部的政治斗争、夺权、内战、国际战争造成了世卿制度逐步地瓦解。东周以来子弑父、弟弑兄、臣弑君的篡位夺权事件层出不穷，卿大夫之间彼此的斗争也随处可见。失败者轻则被逐出了政治舞台，重则丧失了个人，甚至全宗族的性命。由于封建体制中各级封君或贵族之间的地位、实力经常只是一肩之差，而世袭的传统又使他们的权力具有可靠的保障，因而形成世卿巨室政治的现象，春秋时代凌逼公室的巨族所在均有，例如郑有罕、驷、羽、丰、印、国、良；鲁有季孙、叔孙、孟孙；卫有石、孔、孙、宁；齐有高、国、崔、庆、鲍、田；晋有范、赵、韩、魏、智、中行、栾、郤；楚有屈、斗、芳；宋有皇、鱼、华、乐、向、荡、鳞等。因此君主始终感受着来自臣下的强大威胁，于是逐渐地，在政治角力场中，不管是在政争中保全权位的旧君主，还是篡位争权成功的新兴君主都设法来压制、消灭这些贵族世卿，尤其是在战国初期一些国家内部的改革运动中，这种现象特别显著。譬如前述的商鞅变法中规定即使是王的宗室贵族，如果没有立下军功，就不得享有特权。或如前 381 年楚悼王用吴起为令尹，大事改革，主要的对象就是世卿。吴起针对着把持政权的贵胄世族展开了猛烈的攻击，采取了许多积极的措施来打破贵族掌权的局面，他裁减了许多不必要的官职，废除了与王关系较疏远的公室，收回封君子孙的爵禄，强制贵族迁徙到荒地去从事开拓以迫使他们离开政治权力中心所在的国都。又如前 355 年韩昭侯用申不害为相来进行政治改革，申不害教导昭侯："法者，见功而与赏，因能而授官。"也就是任官必须凭借才能与成就，而对靠关系、请托而起家的人加以排斥、打击。世卿大量地从政治圈中消失，使君主也不得不考虑用人任官的准则，不得不探讨一套足以凭借来择用既有才能、又忠实可靠的人选、而且又能免于世卿制度弊病的客观或理性的依据。

军事方面的变化也是一项极为重要的因素。春秋到战国时代，战争的形态发生了明显的变化。导致这种结果的原由也相当复杂。第一是由于武器和装备有了进步，一方面是武器的质料发生了变化。虽然早在商代和西周初年就有铁刃的青铜武器，但数量极少，对战争而言，其意义自然极为有限。到了春秋末战国初铁制的武器就开始出现，吴、越、楚等国的武器在当时就非常著名，吴、越人擅长制造既坚且韧的"自然钢"（由碳化铁

◉ 彩漆弩，战国晚期，湖北老河口市仙人渡安岗2号墓出土。弩是古代丛林野战的有效武器，其作战准备时间短，能形成密集火力。（上）
◉ 铜柄铁剑，春秋，1957甘肃灵台县景家庄出土。这是中国迄今为止发掘出土的最早的人工冶铁制品之一，说明晚在春秋早期，中国已经掌握了冶炼生铁的先进技术。（右）

及较纯的锻铁组成）的武器。荀子也指出楚的“宛钜铁釶，惨如蜂虿”。到战国末，不但铁质武器更加普及，同时也有钢质的武器了。另一方面是出现了新型的武器，战国时代开始出现了弩，弩的射程远超过弓，弩的弦需要极大的力量才能拉开，有些更强劲的弩是所谓的“蹶张”的弩，即用手臂拉不开而需要用脚来踏才能张开的弩。当时的韩国最精于制造弩，一些著名的劲弩，射程可达八百多米。春秋末公输般又发明了攻城的云梯和水战使用的钩拒。

攻守战术、战争方式的改变是第二项因素。战国时代已经开始运用地道战来攻城了，在守城方面也发展出了反地道战，如用鼓风的皮囊来吹送烟以令敌人窒息。春秋战国之际用水来淹灌敌人的战术也出现了，前453年智、韩、魏三家引汾水灌赵晋阳城就是一个著名的例子。前225年秦灭魏时也曾用水灌魏都大梁。公输般发明的钩拒也使水上舟师作战产生了钩

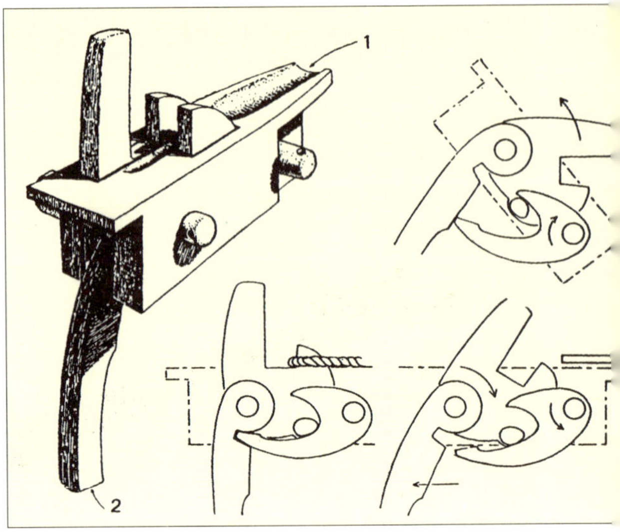

弩机：1. 承箭槽；2. 板机（上）

连发弩，战国晚期，湖北江陵县秦家嘴 47 号楚墓出土。此器由弩机、短木弓及短箭合成，弩机上有箭匣，可容箭 19 枚，其前端有两孔，可一次射出两枚短箭。这是一种新式的近射弩，形制及结构都异于远射弩，据实验，射程在 20 米以内。（左）

拉、挡拒的新方式。春秋时代多用马车作战，双方列成车阵，彼此作冲击战，到战国时代这种战术逐渐减少，而步兵、骑兵的野战及包围战成了主要的战术。

军种的变化也是重要的原因。春秋时以车战为主，马车部队是主要军种，而战国时代车战渐废，马车部队也逐渐淘汰，起而代之的是轻便快速的骑兵和能适应各种地形作战的步兵。据《左传》记载，骑马最迟在前 6 世纪末就已开始了。春秋战国之际已经出现了骑兵。前 307 年赵武灵王学习胡服骑射，使骑兵作战更为便利。

第四是军队数量的增加。春秋时代既以车战为主，计算一个国家的兵力通常是以车的单位“乘”来计算，通常一乘战车配属战士 30 人或 10 人，则一个“千乘之国”的车队至多也不过 3 万人左右。前 7 世纪初齐桓公所凭借称霸的军力只有 800 乘、3 万人。小国邹在春秋末只有 600 乘的兵力；比邹强的鲁，在前 534 年的一次简阅中受阅的有 1000 乘。春秋时代的超级强国晋在前 529 年时全国的总兵力至少是 4000 乘，楚国也不下于此数。而到战国时代，七雄的军队数量就十分庞大了，各国至少都有数十万人，秦、楚两国更可能多达 100 万人。列国兵额的激增虽然是因为国土、人口都有了大幅的增长，但主要的原因是春秋时代只有“国人”当兵作战，而在战国时代过去封建制下划归“野”地区的农民也都被征发当兵作战了。因此在战场上投入的兵力也相应地增高了，春秋晋、楚两强争霸的第一场大战，即城濮之战中，晋国所出动的也只不过 700 乘；前 589 年晋与次强的齐在鞌之战中所使用的车力也只有 800 乘。到战国初期大规模的战争，如马陵之战，一方出动的兵力已多到 10 万人之谱，自战国中期以来则多达数十万人了。如前 251 年燕以 60 万人攻赵，前 223 年秦先以 20 万车攻楚，为楚所败，于是立刻又调动 60 万人再击楚。

再则春秋时代的战争既以士为主，传统的道德理想有时对他们还发生相当的作用，因而他们在战场上有时还讲究贵族的礼节或传统的道德，例如前 638 年宋、楚的泓水之战，宋襄公坚持要以堂堂之陈来与楚交战，结果为楚所败，伤重而死，他到死时还强调要遵守不再攻击已经受伤的人、不俘获老年人、不乘对方还未排列成阵势的时候发动攻击的原则。又如在前 575 年晋对楚及其盟国郑的鄢陵之战中，晋将郤至三次遇见楚王，每次都下车，脱掉头盔向楚王致敬，而楚王也派人送他礼物，加以慰问。另一晋国贵族韩厥的马车眼看就要追上郑国国君的车子了，御者主张快马加鞭赶上去，韩厥却阻止他，认为不可侮辱国君，于是放过了郑伯。到战国时代则大不同了，各国都鼓励杀敌，秦国尤其是有名的“尚首功”的国家，因此战国时代战争中的伤亡率远超过春秋时代，正如孟子所指出的“争地以战，杀人盈野；争城以战，杀人盈城”那样。如前 292 年秦将白起歼灭韩、魏联军 24 万，前 273 年又消灭魏 15 万大军于华阳，到前 260 年更坑杀赵军 40 万人。

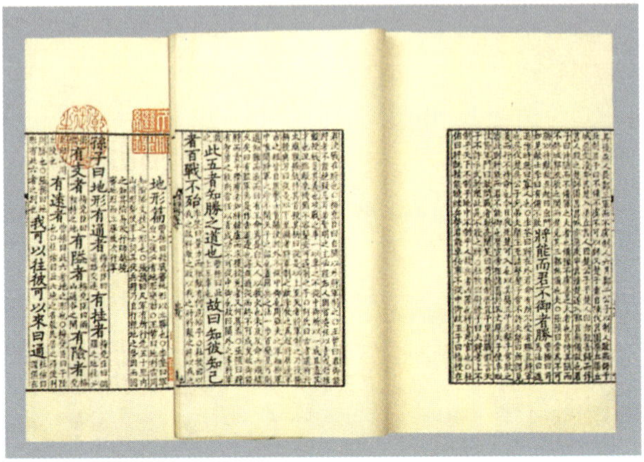

◉兵家孙武，佚名绘。字长卿，春秋末著名军事家，齐国人，以《兵法十三篇》谒吴王阖闾，受任为将，与伍子胥率6万吴军长途奔袭强楚，五战五捷，败楚20万大军，一举攻下楚国郢都，名震诸侯。所著《十三篇》是我国最早的兵法，被誉为“兵学圣典”，置于《武经七书》之首。被译为英、法、德、日文，是国际间最著名的兵学典范。

第六是战争的次数高升，战役的时间也增长了。“战国”这一名词就是战国时代出现的，由此就可推测当时战争的频繁。在春秋时代一场战役结束得很快，城濮之战、鞌之战等大战役都是一天就决定胜败的，鄢陵之战也不过花了两天。但战国时代的大战则多旷日持久，长达数月乃至数年，例如赵武灵王以二十万人攻中山，五年才收兵赋归。

军事专家与职业军人到战国时代也开始大量出现，这是春秋时代所没有的现象。春秋末年就出现了伟大的兵法家孙武，到战国时代产生了更多的兵法家、名将，如吴起、孙膑、庞涓、带佗、兒良、白起、廉颇、赵奢、乐毅、田单、司马穰苴、李牧、王翦、尉缭等。其中孙武、吴起并称“孙吴”，是兵家之祖，秦国名将白起是一员卓越的大兵团作战指挥官，与汉初的韩信合称“韩白”，都是我国军事史上最杰出的代表人物。另一值得注意的是战国时代通过“招延募选”的方式产生了大量的职业军人，这是在封建体制的社会、经济条件下不可能的事。

白起，佚名绘。也叫公孙起，郿县（今陕西眉县东北）人。前294年任秦左庶长，率领秦军攻下韩、赵、魏、楚大片土地，坑杀40万赵军于长平。深通韬略，被誉为继孙子之后的第一个伟大军事统帅，秦国战功最卓著的名将，一生征战37年未尝败绩。《史记》称其“料敌合变，出奇无穷，声震天下”。

再要提到的是大量的兵法或军事著作的产生。春秋时代或更早的时候，虽然也累积了一些军事方面的经验，有所谓“军志”的作品，但大量的军事著作却直到春秋末才开始出现。春秋末有孙武的《孙子兵法》，战国时代则有吴起、孙膑、兒良、司马穰苴、尉缭等人的兵法。此外春秋末、战国初墨子及其门人也研究防御、守城的种种战术，也有著作。

最后在战国时代为了加强防御，各国在边界上已有亭、障等瞭望台及用于防御的城堡建筑，也有烽燧等报警设备。春秋以来，楚国已构筑了庞大的防御工程，即长城。到战国时代齐、魏、赵、燕、韩、中山等国也都纷纷建造长城，多是利用障水的堤防加以扩建而成的，例如齐国的长城叫做“长城钜防”，燕国的南方长城是在易水堤防的基础上建成的，当时称做“易水长城”，楚国的长城，称作“方城”，是连结了山脉及堤防而筑成的，

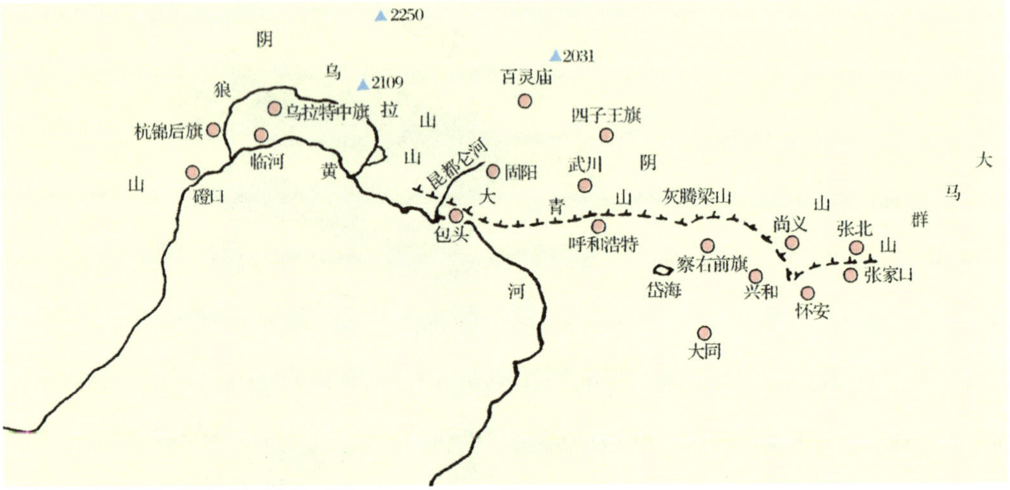

◉ 赵武灵王长城示意图

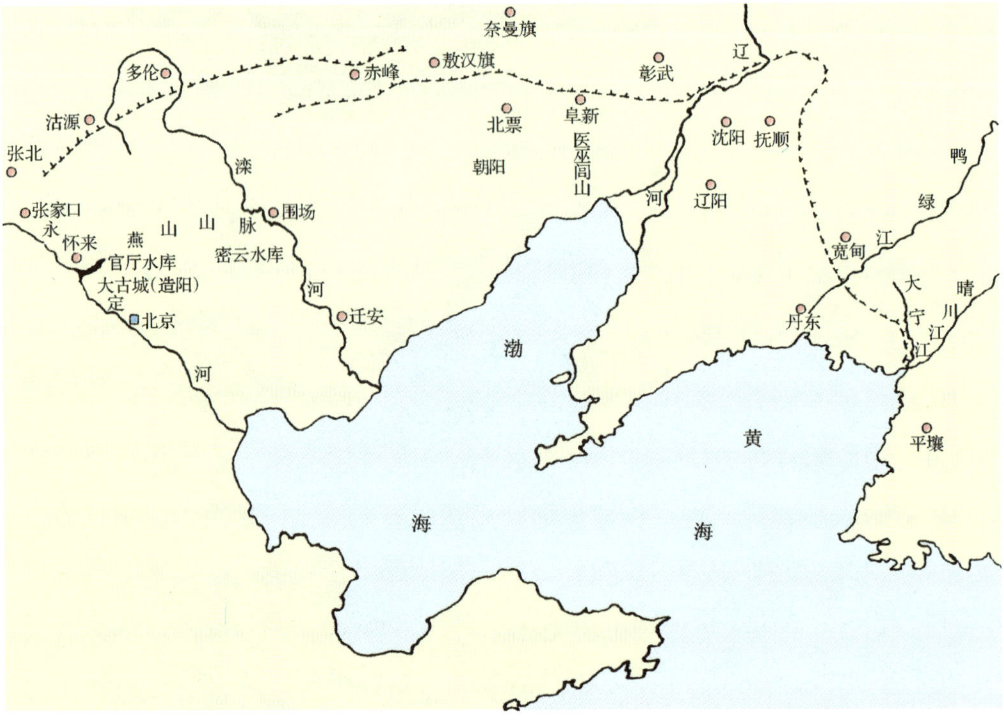

◉ 燕长城示意图

因此又名“连堤”。

总而言之，由春秋变到战国，战争的形态也因政治、社会、经济等因素的变化而起了相应的转变，战争激烈的程度也达到了空前的地步，战争严重地威胁到各国的存亡，如同《孙子兵法》所说的：“兵者，国之大事，死生之地，存亡之道，不可不察也。”一场战役失败，就有亡国的可能。在这种弱肉强食的世界里，唯有依靠强大的实力才能获胜、生存，一如当时的思想家韩非子所说的“当今争于气力”一样。因此国君们必须策划或安排出整套能够探测富有政治、外交、军事、财经才具的人选，加以任用而又使他们发挥效能、增进富力、强化军事以应付国际的压力或战争的威胁，并获得对外胜利的办法。

在政治、军事、社会、经济、思想观念各方面的变迁中，通过长期的政治斗争、内战所累积的经验，借着逐步的改革或大规模的变法，在战国时代各国终于或先或后地发展成了君主专制的中央集权国家，而构成这种中央集权体制国家的基本要素就是官僚制度。

在君主之下有一套依照各种不同等级、不同业务的官职编组起来的系统，构成国家的统治机关。这个组织的首脑即荀子所说的“百官之长”，当时各国称作丞相或相邦、相国、宰相，楚国则沿春秋时代的旧名称作“令尹”。在此系统中已经分为文武两途，将为武官的首长。通常每一官职多要求具备有特定的资格、才能或经历的人选来担任，如韩非子所说的“因能而授官”，“宰相必起于州部，猛将必发于卒伍”。较高级的官吏有时由君主亲自考试而选用，即用类似今日口试或面试的方式来了解候选者的才能、对当时国家、天下问题的见解，其所提出处理当时实际问题的政策、具体的措施等，国君感到满意而后加以录用。例如前361年秦孝公下令求贤，商鞅前往应征，第一次见秦孝公所谈的是“帝道”，结果秦孝公听得打起瞌睡了。再一次见孝公，商鞅谈的是“王道”，孝公不满意，仍不要用他。

第三次，开始讲“霸道”，孝公心动了。最后一次议论起“强国之术”，秦孝公越听越靠近他，终于任命商鞅主持变法大计了。这个故事的细节不一定全属真实，但君主考选人材的事实却可肯定。通常在春秋时代，大体上各国多有君主的同姓世卿，在这种情况下官吏之间除了具有职务上的关系以外，多半还有血缘的关系；而在战国时代官僚制度下，任官者之间一般就只有业务上的关系，而缺乏血缘的纽带了。官僚是可以由君主随意任免升降的，世袭的传统已经废除，孟子对齐宣王所说的一段话：“所谓故国者，非谓有乔木之谓也，有世臣之谓也，王无亲臣矣。昔者所进，今日不知其亡也。”最足以反映这种现象。君主对于任官者通常有一套考核或考绩的办法以作为奖、惩的依据，在韩国官僚制度形成中起过重要作用的申不害教导韩昭侯（前 362 ~前 333）要“见功而与赏”，韩非子也提到“见功而赏，见罪而罚”，赏罚包括升降官职及免官在内。当时大约在每年年终施行考绩，地方官必须将每年施政的统计报告呈给中央，叫“上计”，国君加以审核而后决定奖惩。在官僚制度中，对任官职者还有控制或监察的系统，战国时代的监察官最常见的是“御史”，其原来的官职接近秘书的性质，由于位居国君身侧，自然容易成为替君主侦伺群臣的耳目；君主可能有时也把任官者的眷属当做人质来作为控制官僚的手段。从春秋末开始君主逐渐不再分封土地给任官者作为报酬，而代之以粮食谷物。孔子曾经感叹地说：“三年学，不至于谷（求官禄），不易得也。”可以证实这点。到战国时代裂土封侯的只限于极少数的国君爱子弟、权贵，如孟尝君、春申君、信陵君等，等到战国末就更少了，秦将王翦对秦王政说：“为大王将，有功终不得封侯，”明白地显示出君主不愿再把土地、人口、权力分出去了。在此情况下逐步形成了俸禄制，依官职的高下俸禄有许多不同的等级。齐、魏两国的官俸用钟（容量单位）来计算，例如孟子指出当时齐国人陈仲之兄的俸禄多达万钟，魏文侯时的相国魏成子的官俸是千钟。燕、秦等国的俸禄则依据石、斗来计算，卫国则以盆为单位。

郡县制度是体现中央集权体制的另一要素。县出现于春秋初期，当时秦、楚等国将所兼并的他国领土或戎狄地区设立县，因而县最初多分布在边疆地区，君主通常多在县设置官职以征调军赋。郡的出现较晚，最先见于春秋末年的晋国，其地位低于县，但二者之间并没有统属关系存在。郡也多在边疆地带。在长期政争获取的教训下，君主不愿再将土地分封出去，因而新辟的疆域多控制在中央手里，在战国时代形成了二级的地方行政制度，每一郡之下统辖若干县，当时除齐国之外，各国均如此。战国时郡仍多为新征服的边区，一如过去依旧是带有军事性质的行政单位，由其长官的名称叫做“守”也可以反映出这一点。县在战国时已经普及到各国内地，县的长官称作“令”。县之下的基层行政单位是乡、里，里设“里正”为长，里中人家则十家为一什，五家为一伍，伍由“伍老”为长。郡守及县令一律由中央任免，受中央监察系统的控制。中央通过郡县制度有效地控制了地方，君主的支配力量也可以渗透到最基层、每家每户、每个人，而过去地方割据、半独立于中央的情况就消失了。

透过官僚制度、郡县制度，君主将一切大权集中于其一人之手，臣民的死生贵贱均系于君主一身，君主成了像范睢所说的王：“擅国之谓王，能专利害之谓王，制杀生之威之谓王。”君主专制的中央集权体制于焉出现。

第三节　商品货币经济的发展

春秋战国之际，经济方面也展现了显著的变迁。农业、手工业均有极大的进步，商业也呈现出前所未有的繁荣。

一、手工业的进展

春秋战国间手工业生产的突飞猛进与手工业生产技术的关系极为密切。冶铁业的飞跃进步就是一个最明显的例证。冶铁业生产量的提高除了与技术进步相关联之外，也受到冶铁业的上游产业，即采矿业的巨大影响。在矿藏的寻找方面，到战国时代已经累积了一些经验，当时已有人认为“上有丹沙者，下有黄金；上有慈石者，下有铜金；上有陵石者，下有铅锡赤铜；上有赭（赤铁矿）者，下有铁”。反映了战国时代人们对探矿工作的努力。在湖北发现的春秋末、战国初的古矿冶遗址的矿坑，包括有竖井、斜井、巷道及采场等部分，竖井的深度可达五十米，许多采场都深在地下水位十米之下，显示当时已有矿坑内排水、通风的技术，具备了更深入地开采矿石的条件。探矿、采矿技术的进步自然提供了较多的矿石，直接关系到铁或铁器的产量，对冶铁业的进展起了一定的作用。

据《诗经》的记载，西周时代可能在某些地区已经局部地使用了铁制的农具，这种工具所使用的铁材是用“固体还原法”或“块炼法”冶炼生产的，这是一种早期的冶铁方法，所用的炼炉小，冶炼时的温度不高，被还原出来的铁是呈海绵状的熟铁块。因此在这种水准的技术之下，铁的产量是不大的。铁器的产量自然也跟着上不去。同时要把这种含有残渣的熟铁块制成铁器还需花更多的时间、力量加以锻打，除去渣滓，然后锤打成扁板，再将其合拢形成空鞘而成器具，或者利用模具把扁板做出空鞘而造出器具。这样的技术限制了生产的速率和产量。职是之故，铁器的使用范围还十分有限。但到了春秋时代在冶铁技术上出现了大突破，即“高温液体还原法”的发明。在公元前 7 世纪我国已开始铸造铁器了，这比欧洲早了 1600 多年。高温液体还原法的出现一方面是扩大了炼炉，另一方面是有了进步的鼓风设备而造成的。当时的鼓风设备叫“橐籥”，用牛皮制成“橐”

（即囊），橐上装有竹管叫“籥”，又配有活门，橐上还附有把手“胗”以便压缩。冶铁时同时鼓动多具橐籥，因而充分地把空气送入炼炉内而产生足够的高温，还原出液态的铁水。这次技术革命不但提高了铁的产量，也因可用铁水直接灌铸成器而节省了大量的时间、劳力，提高了生产的速率，使大量生产成为可能。

但铸铁性质相当脆，用作武器及生产工具，容易断裂，虽然大量生产的技术条件已经具备，而铁制的武器和生产工具直到战国初期还不普遍，这与铸铁的这项缺点当有一定的关系。洛阳出土的公元前5世纪的铁铲证实了到战国初期已发明了改造生铁的柔化处理的技术，改变了铸铁器的含碳量和金属组织，克服了铸铁易于脆裂的缺点，增进了铁器的品质。铸铁一般都用陶范，一付陶范只能使用一次，因而生产效率受到了限制，这个问题到战国晚期又产生了重大的突破，即“金属型”的发明，在河北兴隆县及磁县的战国冶铁遗址中发现了本身就是铁制成的范，兴隆一地出土的就有八十七件，配成四十付，这种铁范可以反复地使用，

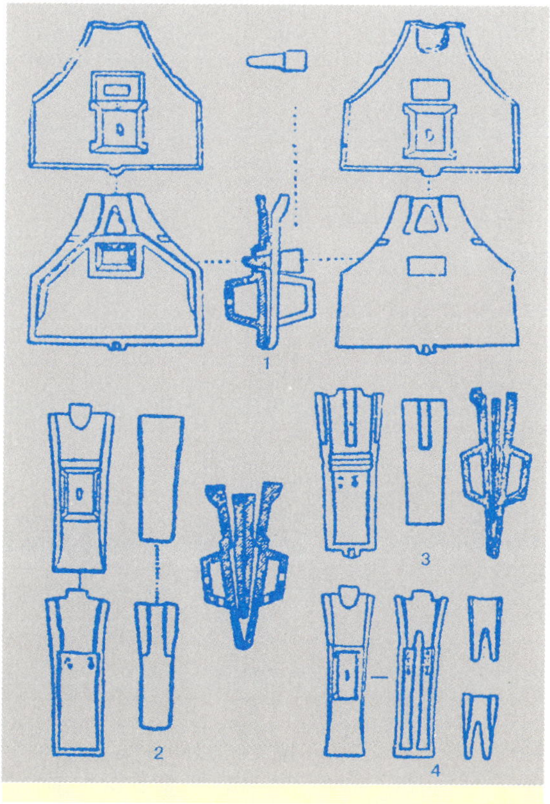

◉ 河北兴隆战国燕冶铁遗址出土的铁范。1. 锄范；2. 䦆范；3. 斧范；4. 双凿范。

战国时期冶铁示意图

因而缩短了制造程序，节省了时间、劳力和成本，提高了生产效率。

河北燕国遗址出土的一柄长剑显示战国时代不只有上述在铸铁加工、铸造工艺方面出现的重大的发明，这把剑透露了当时也创造了用块炼铁渗碳制钢的技术，将熟铁反复地加热、渗碳和锻打，使铁内夹杂的渣滓排出、碳分均匀而造出了钢。此外自战国初期以来，将铸铁予以柔化处理，也是制钢的另一途径。同时战国时代在热处理方面也发展出了淬火的技术。

战国初期制陶业的水准大致上与商、周时代相同，窑的大小以及构造与西周时代的也相差不大。直到前 4 世纪在烧窑技术上才有显著的进展。从洛阳发现的战国中期陶窑可以看出窑的面积扩大了，西周窑的面积多在 2 平方米左右，到战国中期以后提高到了 3 平方米至 10 平方米之间。另一重大的变化是在窑的构造方面，在西周末逐渐开始把烟囱从窑腔的上面移到窑腔的后面，到战国时代的窑几乎都已如此。到战国末，窑的设计又有了革新，将火腔从窑床的下面移到窑床的前端，使火焰可以直接进入窑床。这些构造的变化产生了使窑内的温度易于保持、提高的效果。

在铜器制造方面也有可观的技术进步。从周代以来到春秋中期制铜业的技术大体上维持在同一个水准上。铜器的制造主要还是一次铸成的，但

◉ 彩绘浮雕龙纹盖豆，战国早期，湖北随州市西郊擂鼓墩曾侯乙墓出土。商周的漆木器多以仿铜风格出现，这件盖豆也不例外。此器的盖面浮雕龙纹，两个方形大耳由浮雕的龙组成，兽面形象，器身彩绘云纹和变异凤纹等，体现出中原文化的影响。

从春秋末开始，二次铸造法成为普遍的方式，即将器身及附件分别铸成，再用合金焊接；或先铸出器身，再把附件接铸在器身上。《周礼·考工记》总结了新石器时代末尾到战国时代所累积的冶铜、铸造知识、技术，其中所指陈的各种铜锡配合比例是世界上最早关于合金成分不同及其性能也因而随着变化的记载，而《考工记》也代表了战国时代在冶铜、铸造上所达到的技术水准。

漆器的制作除了继续使用商代就已发明的薄板胎之外，战国时又创造了使漆器轻巧程度提得更高的夹纻胎及加镶金属扣的加固技术。

另外战国时代也发展出了制造玻璃的技术。

手工业技术革新的直接结果就是分工更进一步的细密化，和产品数量及质量的大幅提高。由洛阳、山西侯马等地的战国手工业作坊遗址的发现，可以看出战国时代制骨、烧陶、玉石等手工业的分工程度与商、周以来的情况大致相同，但在制铜业方面由于普遍的采用了二次铸造法的技术，使

◉ 料珠，战国，湖北江陵九店楚墓出土。料器原称琉璃，是早期的玻璃，而料珠则是料器的一种，是用以装饰的，目前所发现的料珠，大多出自楚国，而且数量不多，甚为珍贵。

生产过程中有了更细密的劳力分工。

由于探矿、采矿技术的改进，提供了充分的矿石，高温液体还原法的发明、金属型的创造，缩短了制造过程，节省了大量的时间、劳力、成本，提高了生产效率，使得铁器的产量大幅提高。铜器因分工的细密，也促成了生产率的提高，产量也跟着上升。陶窑面积的扩大，意味着每次烧制产品数量的能力也升高了，产量自然也就跟进。铁器的大量增加，使某些手工业的工具品质改进，也促进了生产的效率，例如战国时代成书的《管子》提到："一车（车匠）必有一斤、一锯、一釭、一钻、一凿、一钵、一轲，然后成为车。一女必有一刀、一锥、一针，然后成为女。请令断山木，鼓山铁，是可以无藉而用足。"说明了木工等手工业普遍地使用铁制工具，当然也有助于产量的增加。

铸铁柔化、淬火、渗碳等技术的发明改进了铸铁器具的品质，造出了

战国时期铁器出土分布图

钢质的产品。陶窑设计的革新使窑内的温度易于保持、提高，因而能烧制火候更高、更坚硬的高品质产品，同时窑体积的膨胀也使得大型产品的制造成为可能。陕西临潼秦始皇陵附近出土秦代的大批与生人、活马同高度、同体积的人、马陶俑，当即是在这种技术革新之下才可能出现的产品。夹纻胎及金属扣的发明使漆既轻巧、又坚固。玻璃制造技术的出现也带来了新的物产。长沙五里牌战国楚墓中发现一块麻织物，经过鉴定，其密度是每平方厘米内有 28 条经线、24 条纬线，比现代的某些棉布的密度还高，反映了在麻纺织业方面技术的进步也获致优质的成果。

龙纹绣，战国早期，湖北随州市西郊擂鼓墩曾侯乙墓出土。此物采用“锁绣法”，绣一首双身龙，其经纬密度为每平方厘米96×24根。

在手工业方面另一重大的变化是私营手工业的兴起。官营手工业在春秋时代已有相当进展，春秋时的铜器叔夷钟铭上记载齐灵公时（前581 ~前554）齐国官营的冶铁业所使用的生产劳力就相当庞大，有造铁徒四千人，可见当时官营手工业的重要劳力来源是被罚徒刑的罪犯。在战国时代官手工业仍在每一手工业部门内占着主导的地位，由出土的战国手工业品上标示出来的“相邦”“守相”“郡”“郡守”“县”“县令”等铭文可以推测那时的官手工业是依照国、郡、县三级政府组织建立起来而由各级政府分别经营的。战国手工业产品上的铭文也显示当时的生产者除了自由的工匠之外，仍有大量的“隶臣”，即罪犯刑徒。

战国时代私营的手工业有两种形态，一是富商巨贾所拥有的大规模企业，他们所经营的最主要的产业部门是冶铁和煮盐，如猗顿以经营池盐而致富，郭纵以冶铁而起家。另一种形态则是小手工业，如在河北武安战国晚期赵城的窑址中出土大量带有非官营手工业印记的陶片，印记有十种左右，显然这是一批独立的小手工业经营者的窑场；在齐都临淄发现不少带有某人及某城郊里名印记的陶片，表明在临淄近郊也曾分布着许多小手工业经营者。

二、农业的跃进

生产技术因素在春秋战国间农业的飞跃过程中扮演了重要的角色。关于金属的农具，一般很少使用青铜的制品，在江苏六合县春秋末吴国的墓葬中曾发现过若干青铜的农业生产工具，包括有锄、铲等。金属农具中最主要的还是铁制的。前面已经提到在西周时可能若干地区已少量地使用了铁农具，到前 7 世纪中叶齐国则已经开始铸造铁农具了。但铁农具一直要到前 4 世纪才因冶铁业的进展而开始普及起来，使石、木、骨、蚌质的农具逐渐地被淘汰掉。考古工作者在战国七雄的疆域内普遍地挖掘到战国中、晚期的铁农具，河北石家庄一处遗址出土的铁农具即占同一地点出土的全部铁、石、骨、蚌质农具中的 65%，河南辉县固围村的五座魏国墓葬中就掘出了 58 件铁农具。前述河北兴隆及磁县都发现有铁制的型范，兴隆出土共 87 件，配成 40 副，其中主要是用来制造各种农具包括锄、镰、镢的型范，磁县掘出的则有铲、镢二种范。这些发现显示铁农具在战国中期广泛地分布到当时中国各地，同时也在当时各种质料的农具中占了主导地位，并且铁农具的需求量极大，成为当时冶铁业的主要产品。文献上的记录也证实铁制的生产工具在前 4 世纪已广泛使用。孟子曾经问许行的门人说："许子……以铁耕乎？"反映当时一定是已经普遍用铁农具耕种了。《管子》一书也提到战国时农民的耕作工具是用铁制的。铁制生产工具的普遍使用在一定的程度上促成了农业的进步。

新型的工具"犁"以及与其配合的牛耕技术出现于春秋末年。古人的

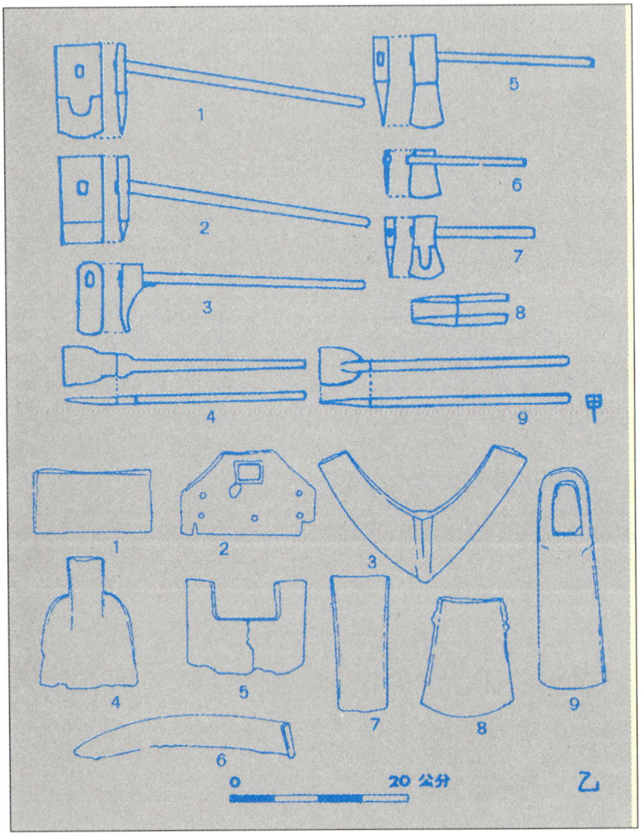

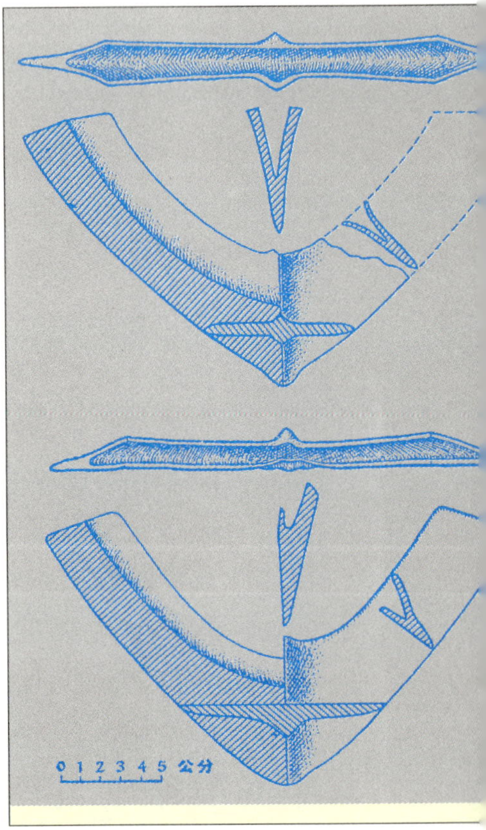

◉（甲）河南辉县出土战国铁生产工具复原图。1. 凹形铁口锄；2. 长方形铁口锄；3. 镢；4. 铲；5. 筒斧；6. 片斧；7. 凹形斧；8. 凿；9. 铲。（乙）战国铁农具。1.“一”字形插；2. 锄；3. 犁；4. 臿；5.“凹”形臿；6. 镰；7. 镢；8. 斧；9. 镢。（上左）

◉ 河南辉县战国墓中出土的铁犁。（上右）

名与字经常有意义上的关联，孔子弟子司马耕字子牛，冉耕字伯牛，显示当时已有牛耕。《国语》一书也曾经提到在晋国政争中失败而逃亡到齐国（前 490）的范氏、中行氏的“子孙将耕于齐，宗庙之牺为畎亩之勤”。这也可以说明最迟在前 5 世纪初牛耕的技术已经逐渐流行。

水利灌溉工程的建设也是当时生产技术改进的重要环节。在公元前 7

◉ 战国时期农人牛耕，选自元农学家王祯《农书》。

世纪末、6世纪初楚国孙叔敖已经开始在今安徽寿县兴修水利灌溉工程。《诗经·小雅·白华》（大致上最迟也是春秋中期的作品）提到“滮池北流，浸彼稻田”。利用池塘来从事灌溉农田的景象已经引起了诗人的注意。春秋战国之际灌溉水利事业大兴，前已述吴王夫差于前486年开运河沟通江、淮，前482年又开运河连接淮河、沂水、济水。据司马迁《史记》记载当时楚地有沟通汉水与云梦大泽的河渠，吴地则通渠于三江五湖间，在齐则有贯穿淄水、济水的通渠。战国时魏国则修建了引用漳水的灌溉工程，至今闻名的四川灌溉工程“都江堰”则是秦的蜀郡守李冰建筑的，秦灭六国的前夕更在关中建设了庞大的郑国渠。这些河渠对农业的进步都起了相当的作用，郑国渠尤其明显，司马迁说郑国渠建成之后，灌溉面积广达四万顷，每亩地的收获量都高达一钟，“于是关中为沃野，无凶年，秦以富强，卒并诸侯”。

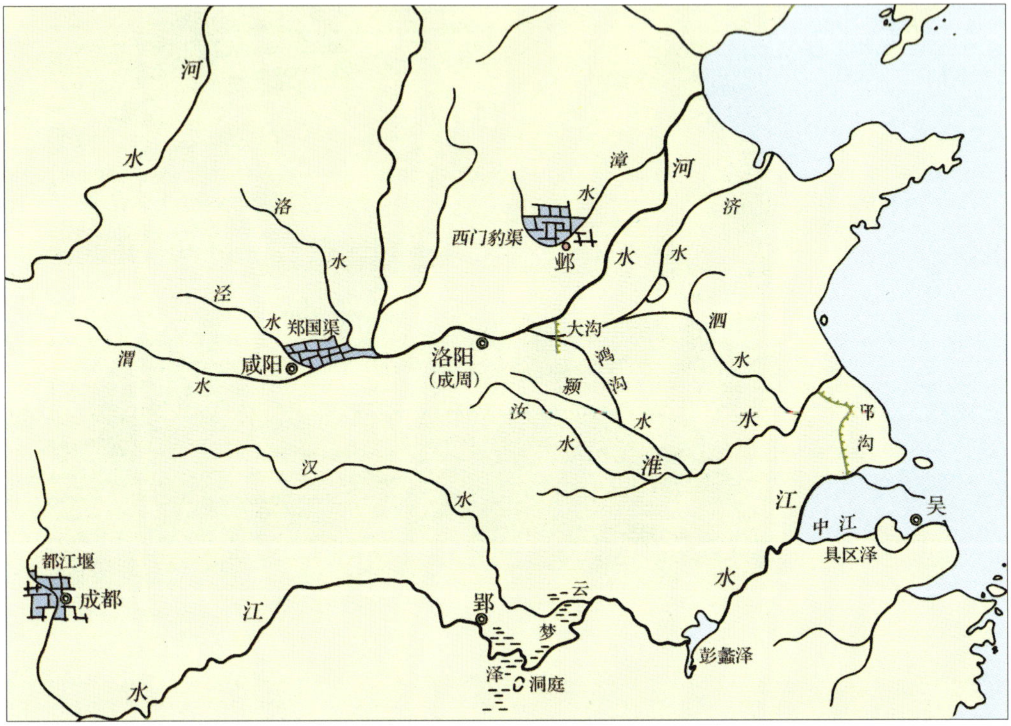

◉ 战国时期水利工程示意图

当时也使用了依杠杆原理制成的简单装置，即桔来汲水灌田，节省了不少时间和劳力。

西周以来已经知道利用绿肥来增进土地的养分，到战国时代开始大量的利用人、畜的粪便作为肥料。《孟子》就提到粪田，《荀子》也说“多粪肥田”。

战国时代农作技术的发展还表现在农业科学技术著作的出现，例如现已失传的《神农》《野老》等书。至今在《吕氏春秋》一书中还吉光片羽地保存了一些当时的农业科技知识。

另一点值得注意的是最迟自春秋末开始园艺已经从一般农业中脱离出

来而成为独立的产业。《论语》提到孔子的学生樊迟“请学稼”，孔子回答说“吾不如老农”，樊迟又“请学为圃”，孔子又答道“吾不如老圃”。说明了当时生产粮食的和生产蔬菜的耕作者已经分化为二。

土地制度、赋税制度与生产关系的改变也对农业的改进有所作用。在封建体制下，理论上全部的土地都是周天子一人所有的，也就是《诗经·小雅·北山》上所说的：“溥天之下，莫非王土。”然而在实际上，由于一级一级的分封下去，土地就成了各级封君私人所有了。因此封君可以把土地拿来赔偿或割让，曶鼎及散氏盘的铭文上就记有这种事件。又如前 580 年周天子与晋国巨室郤至争田，周天子的使臣与郤至双方所提的理由都是在追溯谁先获得这块土地，周天子的使臣并没有提出“溥天之下，莫非王土”的理论来作为证明这块土地属于天子所有的根据，也可见在土地分封或赏赐出去后，就成了封建贵族们的私产了。而在国中的士和在野中的野人虽然也配有住宅和耕地，但却非私有，而每隔若干年就要从新再分配一次，也就是他们实际上只有土地的使用权。

在这种土地制度下，野人是基于人身的隶属关系，也就是封建领民对其领主的隶属关系来对封君提供种种的实物、杂役和耕种公田的劳役。劳役和实物的征收都是根据封建政治隶属关系而来的，是一种政治性的或非经济性的征敛。生产关系也是野人使用自己的农具，根据这种封建义务而在贵族的生产手段，即土地上从事生产劳动。

到春秋时代土地制度逐渐改变，在许多因素的共同作用下，井田制度破坏了，同时使得在原有的封君地主之外，产生了大批拥有小片田地的自耕农，到战国时代土地私有终于成为普遍的现象。造成这些后果的原因大致上有几项，一是由于井田制度本身实行上的困难，管仲对齐桓公说：“相地而衰征，则民不移……井田畴均，则民不憾。”由于农夫分地的肥瘠不一，多寡不等，不易达到高度的公平，导致农民的不满。野人的负担过重，他们为贵族耕种公田，自己并无丝毫利益可得，自然劳动兴趣不高，还需要“田畯”来监督，甚至还要领主亲自视察，《诗经·小雅·甫田》提到：“曾孙（封君）不怒，农夫克敏（勤劳）。”可见领主有时还为了农夫怠工而发怒。野人为公田生产时经常怠耕，战国时人就指出：“今以众地者，公作则迟，有所匿其力也。分地则速，无所匿其迟也。”处理这种问题最方便的办法自然就是把大面积的公田分割细碎，分别交给许多农夫去耕种，而后向农夫们征收田租。井田制的破坏多多少少是跟这个因素有关的。前 594 年鲁国开始“税亩”，也就是所谓的“履亩而税”，以亩为计算田地面积的单位，有一亩田就收一亩田的税，前 590 年鲁国又“作丘甲”，即开始以丘为单位来征甲兵，到前 483 更开始以田为单位来征军赋了。楚在前 548 年也初以田地面积单位来征收军赋，郑到前 538 年才跟着以丘为单位征军赋。秦更晚到前 408 年才开始“租禾”。这些赋税制度的改革趋势，大致上都废弃了基于政治性的人身隶属关系而产生的公田助耕劳役，而代之以田租，同时也终止了野人不出军赋（即交纳军用品及当兵作战）的规定。这样造成了在同一块土地上贵族收田租而国君收田税的现象，但春秋战国之际各国内部斗争的结果，不论是旧国君消灭了权臣而得到胜利，还是权臣篡位夺权得到了成功，作为农民缴租对象的主人与国君逐渐合而为一，而农民所缴的租、税也跟着合而为一了。农民对于自耕的小片田地的所有权在世代相承地授田自国家的情况下也因而逐渐地成立。

其次是自春秋末以来国君或封建领主为了达到强兵的目的而以土地作为报酬以激励人民拼死作战，因而战士可以凭借军功而取得土地。前 493 年铁之战赵简子在誓师时提出赏格：“克敌者……士田十万”，这就是一个明显的例子。又如吴起做魏国西河守时，为了要攻克秦国的一座边亭而悬赏：“有能先登者，仕之国大夫，赐之上田、上宅。”战国时代魏国考选武卒，合格者则“利其田宅”。商鞅变法也规定：“有军功者各以率受上爵……

明尊卑爵秩等级，各以差次名田宅、臣妾，衣服以家次。有功者显荣，无功者虽富，无所芬华。”有军功才可取得爵位，而土地、奴隶又必须依爵秩的等级来占有。在战国时代由军功而获取土地当已成为一种普遍实行的办法，韩非子就指出：“上所以陈良田大宅，设爵禄，所以易民死命也。”

再一个因素是荒地的开发。在封建时代，各领主的领地是有封疆为限的，列国之间还有许多荒芜而未加开辟利用的空地，前 773 年郑人东迁，还要斩除“蓬高藜翟”才能安居下来，可见当地在此之前并未垦辟。前 7 世纪中叶晋国的南方边鄙还是“狐狸所居，豺狼所嗥”的地区，在“翦其荆棘，驱其狐狸豺狼”之后才可居住。一直到春秋末在宋、郑两国之间还有一些空地，两国都不占有，而有人在这片“隙地”上陆续垦殖，形成了六个邑落。在战国初墨子也指出：“楚四境之田旷芜而不可胜辟。”这些荒地的垦辟者自然地变成了他们所垦辟的土地的地主。自春秋末，尤其是战国时代以来，各国都极力鼓励开辟荒地，《战国策》指出在这方面最著名的有三个人物：“广地殖谷，富国足家……功章万里之外，不过商君、吴起、大夫种。”战国初李克也在魏推行“尽地力之教”，也就是孟子所

云南阿昌族先民烧畲垦荒，清人绘。

说的“辟草莱,任土地”的事业。这种垦辟事业的推广也产生了不少的地主。

封君有时为了争取国人的普遍支持，也把土地赐属私人所有，前645年晋惠公为了扩大军赋，而将国人的分地赐属各家私有以换取他们的支持，开始施行所谓的“爰田制”，即废弃了每三年重新分配住宅、耕地的办法，而由各家“自爰其处”，即国人在自己的私有土地上自行换耕。这样也造成了一批小土地所有者。商鞅变法时也废除了秦国境内的井田制而“制辕田（即爰田）”。

与土地私有制的普遍成立伴随而来的是土地的商品化，即土地可以买卖了。土地买卖在战国时代相当流行,《韩非子》记载说在春秋战国之际赵襄子在一天之内任命了两名中牟的贤士为中大夫，于是一半以上的中牟人纷纷卖掉了田宅去求学，这事可能相当夸张，但可以证实土地的买卖相当频繁。于是造成了土地兼并、集中的现象，即所谓“富者田连阡陌，贫者无立锥之地”，也使许多农民丧失了自耕的小片田业而沦为新地主的佃农或雇农。

农业上的生产关系也跟着多元化，有使用自己的工具在自有的土地上从事生产的；也有用自己的农具在地主的田地上佃作的；也有受雇于地主，使用地主的农具在地主的田亩上耕种的。但无论是自耕农、还是佃农、雇农，他们的生产劳动的兴趣比起在封建体制下基于政治隶属关系的强制性生产的情况下要提高多了。一方面是因为农民为贵族耕种公田，不但无利可得，而且没有充分的时间、劳力来进行自己的分地，即私田上的生产活动，因此农户的衣食相当粗糙而且缺乏，年年叹息：“无衣无褐，何以卒岁？”在新的赋税制度、土地制度下，农民的耕作活动不再是在领主及其田地的管理人员的监督下来进行的，有比较多的自由来支配自己的耕作活动。同时他们只要交纳一定数量的农产品后,所剩的就属己有,生产的越多,剩下来属于已有的也越多,因而生产的兴趣也就提高了。《墨子》就指出“农

战国时期农民田间劳作，元王祯绘。

夫之所以早出暮入，强（勤力、勉力）乎耕稼树艺、多聚菽粟而不敢怠倦者何也？曰：彼以为强必富，不强必贫；强必饱，不强必饥，故不敢怠倦。”《韩非子》也指出在雇佣劳动下，生产者努力耕作也是基于自己的利益：“卖傭而播耕者，主人费家而美食，调钱布而求易（善）者，非爱庸客也，曰：如是耕者且深，耨者熟耘也。庸客致力而疾耘耕者，尽巧而正畦陌畦畤者，非爱主人也，曰：如是羹且美，钱布且易云也。”

在这些因素的会合作用之下，农业有了飞跃的进步。

三、商业的繁荣

1. 繁荣的背景

商业发展的先决条件是必须要有相当数量的可供交换的物品，由于春秋战国之际在农业、手工业上的巨大进步，产量大幅升高，提供了更多可供交易的产品，为商业的繁荣创造了必要的条件。当时所生产的许多物品很明显的不是为了生产者自己消费的目的而生产的，譬如上述猗顿、郭纵所经营的盐、铁大企业的产品就是明显的例证。又如当时齐国有最繁荣的纺织生产作业，号称“冠带衣履天下”，当然这样多的产品绝不可能是为了自给自足而生产的。

其次在春秋、战国时期，中国正处在割据分裂的状态下，而中国的幅员辽阔，各地的气候、土壤、地形、位置等地理条件都不一样，因而各地均有自己特别的物产，例如当时南方富于木材、海产、鸟兽、金、锡、丹青等矿产；北方则多果树、马、骆驼等家畜；东方的土产以丝、麻织物、鱼、盐等海产为大宗；西方则以家畜、皮革、矿产为主。而各国所割据的土地只占当时全中国的一隅，在经济上自然难以做到以本国为单位的完全自给自足，因此各地区、各国不得不彼此依赖、互相交换。

交通条件的改善也为贸易的发展带来了直接的便利。在西周时代，就建有既平又直的大道，叫做“周行”，当时各国都有一套道路、川梁的保养、修护系统，每年在一定的时候都要进行检察、养护工作。在春秋战国时代列国外交、会盟、战争的活动极为频繁，为了这些活动的需要而有了水、陆交通方面的改进，例如吴王夫差为了北上争霸中原而开创了沟通长江、淮河、沂水、济水的运河，吴、越两国为了战争也作了沿海的航行。智伯灭仇由也是一个著名的例子。春秋末年晋六卿中的智氏为了吞并仇由，而道路难通，因而赠送一个大钟给仇由之君，于是仇由之君开路迎钟，而迎进了智伯的军队和本国的灭亡。

金属（铜）铸造货币的出现和流行是更重要的因素。货币出现的本身以及其更进一步的流行就是交易活动发展到相当繁荣的结果，货币出现后又回过头来促进了交易，二者交互激荡，相辅相成。

金属铸造货币出现于春秋时代，在河南伊川、新安等地出土过数量相当多的铲形钱。但春秋时代金属铸币的使用还属于较早的阶段，据《左传》

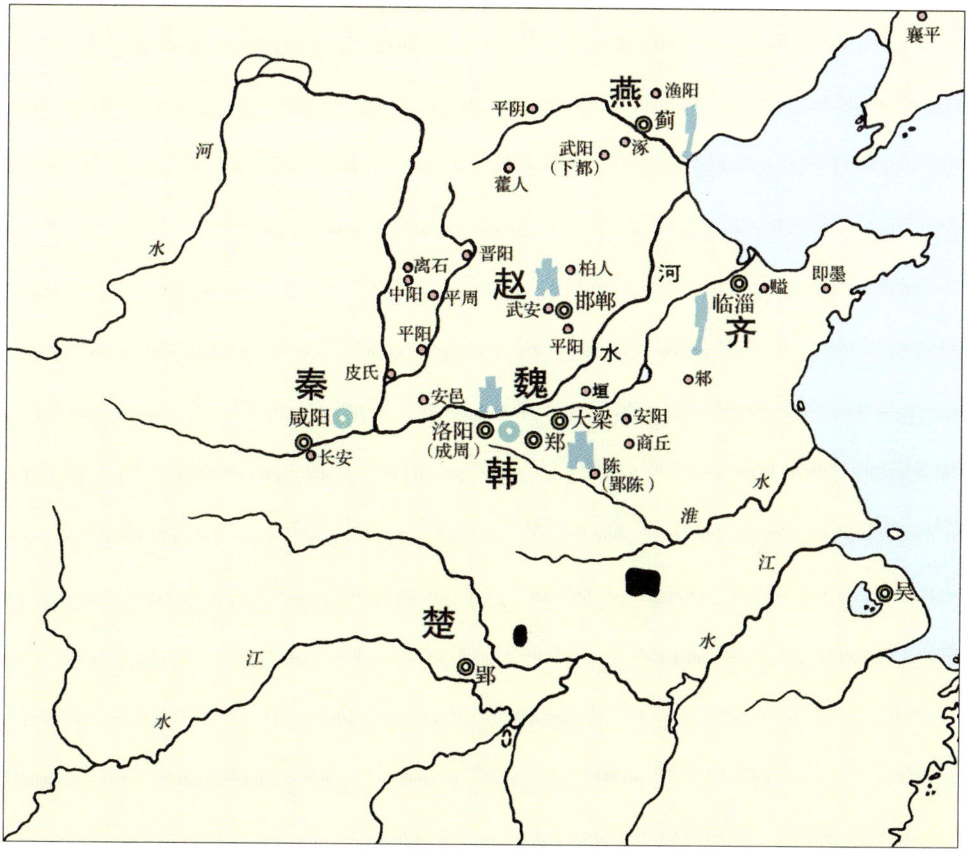

战国时期货币流通示意图

◉ 空首布，春秋，山西侯马出土。左边两个是耸肩尖足空首布，形体较大，右边四个是平肩空首布，是迄今考古发现的中国最早的金属铸币。

的记载，当时关联到财货的活动，如赏赐、馈赠、贿赂、献纳、乞求、劫掠、窃盗等事，所提到的是铜器、玉、璧、衣服、丝帛、家畜、车、粮食等实物；提到关于积蓄、富力的计算也都是以车马器物为准，没有用钱币的。当时政府征收赋税、官吏的俸禄也都不用货币，一般下层社会的交易也不用钱作媒介，《诗经》上的句子“抱布贸丝”就是说的这种以物易物的交换。

金属铸造的货币一直要到前 4 世纪才广泛地流行。《战国策》一书中涉及财货的事就绝大多数提到钱币了，例如齐策中讲到价值千金的象牙床。计算富力或财产也用货币，如韩策中记载有万金之家；关于这点，《管子》一书也提到“万金之贾（商人）”“千金之贾”。战国时代政府的赋税也开始有收货币的了，荀子就说当时有“刀布之敛”；当时付给报酬也有使用货币的，例如韩非子叙述说当时有些地主用“钱布”来雇工耕地。

当时铸造的金属货币，主要的形式有四种。一种是布，即铲形钱，是由农具钱镈演变而来的，“布”就是“镈”的假借字。“钱”原是农具，自货币采取了农具的形式而称作“钱”以后，“钱”代表农具的意义就逐渐被遗忘，只保留在少数的古代文献中。布主要流行在周以及三晋，即韩、赵、魏地区。此外在楚国也有一种长体的布和一种小型而足相连的布，叫“连布”。其次有刀，即刀形钱，这是由工具中的刀演变而来的，刀的主要流行地区在齐和燕、赵三国。再则是圆钱，呈圆形，内有圆孔或方孔，圆孔的时代较早，方孔较晚。圆形钱据某些学者的意见可能是由纺织用具纺轮演变而成的，主要出现在秦、周及赵、魏两国的黄河沿岸地带。第四是铜贝，也称作蚁鼻钱或鬼脸钱，铜贝最早出现在二里头文化时代。铜贝主要流通在楚国。通常这些铜铸货币上都有铭文。

在铜铸货币之外，还有两种形态的货币，并不因铜铸货币的盛行而被

齐刀币与齐刀币陶范，淄博市临淄齐故城出土。

◉ 铜贝币，战国时期楚国货币。依照磨去背面的海贝铸成，面部铸有阴文，俗称“蚁鼻钱”或“鬼脸钱”，是楚国通用时间较长、流通地区较广的一种货币。（上左）
◉ 郢爯，战国，宜昌前坪汉墓出土，重36.4克。“郢”为楚国的首都，“爯”有称量的意思，郢爯是楚国通用的一种金币，是一种称量货币，用于大宗贸易。郢爯多见于楚东境的苏皖，不见于墓葬，这反映楚国晚期商业贸易的繁荣和爯金在实际流通中的重要地位。（上右）

淘汰。一是物品货币，包括珠、玉及商、西周时代常用的交易媒介——贝。另一种是金属秤量货币，主要是黄金，各国使用的重量单位并不一致，有些用镒，有些用斤或金，形状也不一定，只有楚国的金币做成方板形，或圆饼形。

2. 繁荣的景象

关于春秋末、战国时代商业的蓬勃发展，历史记录并没有留给我们详细的统计数字来表达当时的明确情况，我们只有透过具体的现象来观测当时商业繁荣的大略程度。

一项重要的指标是关、市税在国家收入中的重要性提高了，成为国家的一项丰厚财源。关税是设立关卡，征收通过货物的税；市税则征收市场的营业税。在前 7 世纪中叶以来减轻关税已经是一项争取民心的措施，前述晋文公回国即位之后就采取了这项行动。前 616 年宋君把国门赏给击败狄人有功的臣子耏班，让他享用征税，可见关卡的税收已相当丰厚了。前 523 年晏子就指出齐国的关税来自“暴征”于民。到战国时代关税的收入更可观，长平之战的前夕，秦欲夺取韩国的上党郡，而当时魏欲亲秦而伐韩，朱忌劝魏主不要与秦伐韩，他所提出用来打动魏王的一项主要利益就是扩充韩、魏两国之间的关税：“通韩上党于共宁”，“使道已成，因而关之，出入者赋之”，“共有其赋，足以富国”，可见当时关税收入之多。在安徽寿县出土的鄂君启节是楚怀王（前 328 ～前 299）颁发给鄂君启的水、陆路通行证件，节的有效期限是一年，通行的范围也有限制，节上规定陆路

◉ 鄂君启节，战国，安徽寿县丘家花园。这是楚怀王颁给湖北鄂城封君鄂君启从事贸易的凭证，包括车节 3 枚、舟节 2 枚。它规定持有每个车节免税 50 乘（约 50 吨货物），每个舟节免税 50 舸（约 900 吨货物），一年为限，到期返还郢都。陆路限于进行军资贸易，水路因在楚境，贸易性质没有限定。从中可以看出鄂君启具有雄厚的经济实力。节上另有铭文，详细记载了交通路线，是研究当时地理及交通的重要资料。

运输的车数一次不得超过 50 辆，如以畜力或人力运输，则每 10 匹驮兽或 20 名背夫抵一辆车子；水路运输的船数一次不可超过 150 艘，船上并不得载运马、牛、羊等家畜。在这些规定内，可以凭节免税。从这件节上的铭文可以推测当时关卡相当多，征税极严，确如孟子所指责的一样："今之为关也，将以为暴。"孟子也因而主张废除"关市之征"。关市之征成为国家的重要税收可以反映商业已有高度的发展。

复次，商人社会地位的上升、商人对社会影响面的扩大、商人之间的竞争日益激烈也可以显示当时商业的繁荣。商人的地位原与工匠同等，低于士而高于奴隶。春秋末晋国的叔向指出商人虽然"能金玉其车、文错其服，能行诸侯之贿，而无寻尺之禄，无大绩于民也"。即商人虽富，可是地位仍低。但到公元前 6、5 世纪之交已有变化，孔子弟子樊迟请学稼、学圃，孔子对他不满意，而另一弟子子贡从事商贾，孔子却说："赐（子贡之名）不受命，而货殖焉，亿则屡中。"说明了商人地位已渐升高。越灭吴之后范蠡弃官而从事商业，不以为卑。自战国时代以来则有更进一步的发展，前 344 年大商业家白圭受梁惠王封于涂，参与魏国的财政及水利建设等事务。吕不韦以阳翟大贾而位至秦之相国。秦人乌氏倮以畜牧业起家，"畜至用谷量马牛"，秦政"令倮比于封君，以时与列臣朝请"。巴寡妇清，世代以经营丹砂的生意而致富，到清这一代，家财多不可量，秦政特别为她建筑了女怀清台以为表彰。这些事例当是在商业已经十分兴盛的情况下才可能产生的。《左传》中记载在春秋时代商人主要还是替封建贵族服务，郑国商人出售贵重的玉器还需要征求领主的同意才能成交。他们所从事的交易多半还采取以物易物的方式，即《国语》一书中所说的"服牛轺马，以周四方，以其所有，易其所无"。同时在自给自足经济还占着极高的地位、手工业和农业生产还没有大幅升高以前，也不可能有大量的商品可供交换，因此当时商人的主要顾客还是封建贵族，商人对社会的影响多半还局限在上层贵族圈的范围之内。到了战国时代有了大量的商品生产，社会上的分工更细，彼此依赖的程度更高，货币也普遍地流行起来，商人对社会影响的阔度与深度也就变得十分庞大，不再只局限于上层社会了，商人的势力于是浸透到了社会的各个角落。例如战国大商人所经营的冶铁和制盐业就可以作为说明。盐是不论富贵贫贱都一定需要的食品，铁器是农夫、农家妇女、百工生产工具的主要来源，从这可以看出商人对社会群众生活的影响十分可观。又如经营粮食的商人对需要抛售谷物的农夫，对仰赖农人供应粮食的非农业人口都有巨大的影响力。

商人对广大的农业人口的生活除了通过买卖粮食、农具而加以影响之外，还借着高利贷的方式来加以控制、剥削、兼并。孟子指出在农民生活极度的困难之下，一些富豪“又称贷而益之”，即借高利盘剥而更进一步地困苦农民。荀子也说到当时的贫民“行贷而食人”，即靠借贷吃饭。韩非子也提到那些工商总是“蓄积待时而侔（取）农夫之利”。《管子》一书记载齐桓公时齐国境内受到高利贷剥削的农户就有三千五百余家，这当然不是春秋时代的事，实际上反映的是战国时代富豪巨贾借高利贷剥削农民的情况十分普遍。这显然也是在商业高度地发展，商业行为扩及整个社会，商业资本有了相当富厚的累积的情况之下才有的现象。

战国时代商人之间彼此的竞争也变得空前的剧烈。春秋以来经营商业的主要方式是买贱卖贵，囤积而待时。战国时代的商人面临了数量众多的对手，不得不发展更有效的企业经营术、和一套足以成功的企业精神或行为规范。大企业家白圭就是一个典型的代表，白圭使用大批的奴隶来做经商的助手，主张过节省的生活，要“能薄饮食、忍嗜欲，节衣服，与用事僮仆同苦乐”。处理业务要以最快的速度来捕捉住时机，要有深远的企业谋略，执行时要有最果断的决心和持之以恒的毅力。他说：“吾治生产，犹伊尹、吕尚之谋，孙（子）、吴（起）用兵，商鞅行法是也。是故其智不足与权变，勇不足以决断，仁不能以取予，强不能有所守，虽欲学吾术，终不告之矣。”他成了后世企业家所崇拜的对象。这种高度发展的企业经营术和企业精神当然也是在商业极为繁荣的条件下才可能出现的。值得注意的是直到今天，一些日本人的大财阀还以《孙子兵法》来指导他们的企业经营。

货币本身的发展也足以反映商业活动所达到的水准。前 4 世纪以来，铜铸货币大量出现，各国的大城都市各自铸造货币。前 336 年秦国开始规定货币一律由政府来铸造、发行，表明在交换经济的兴盛之下，货币的种类繁多，已有了整顿、划一的需要。到了公元前 3 世纪，不少的货币形体逐渐变小，重量也较前减轻，同时货币上还标明了币值单位，即有了面额价值。这种变化意味着货币的价值不在于其本身是相当重的金属，而是象征性的，一如今日的百元纸钞本身的那张纸并不值钱，但经印刷标明了一百元的面额价值后，它就代表了百元的价值了。也就是货币到了战国末期已由物品货币发展成了符号货币，这种变化代表商业已发展到了相当高的程度。

另一可以用来观测商业的繁荣的现象是政府对商业或商人活动干涉政策的出现。这种政策显然是已经注意到商人的活动对整个社会的影响已十分巨大，认为如果不加以干涉而任其自然发展的话，可能会导致整个社会的崩溃或秩序的严重破坏。这方面的主张多以为商人对农民的剥削、兼并尤其是一项不得不加以处理的隐忧。主张这种干涉政策的主要代表就是法家，他们认为富国的根本在于本国的自力生产，因而农业是本业，商业是末业，而提出重农抑商的政策来对商人压制、对商人的一些活动加以打击，例如《管子》一书记载战国时代的法家企图“杀正商贾之利，而益农夫之事”，想要“衡藉（征敛）吾国之富商蓄贾、称贷之家（放高利贷者），以利吾贫萌（即氓，农夫）”。在这干涉政策之下的另一重要作为即由政府来平稳物价，例如李悝指出，“籴甚贵伤民，甚贱伤农，民伤则离散，农伤则国贫”，因而他主张施行“平籴”法来稳定粮价，使民生既不至于发生问题，而社会秩序也得以安定。

此外《管子》一书提出了极有意义的一种想法，即“经济作战”的概念，也就是甲国借着对某种物资或物品的物价之操纵，来改变、控制乙国人民的经济活动，使乙国因而衰弱，而为甲国所臣服。《管子》记载春秋时，齐桓公曾用这种策略臣服了代及衡山等国，这当然不是历史的真实，战国时代虽然也未必曾有过经济作战的事，但这一定是《管子》的作者受到当时商人操纵重要物资或民生必需品的物价而对国家或社会的安全构成重大的威胁这一事实的刺激或暗示而酝酿出来的概念。这种概念的出现当然可以证实战国时代商业的繁荣。

前述这些现象共同指出战国时代的商业繁荣是空前的。中国的经济发展到战国时代出现了重大的突破，自给自足、以物易物的自然经济在前所未有的程度上退让出一定的空间给了商品货币经济。

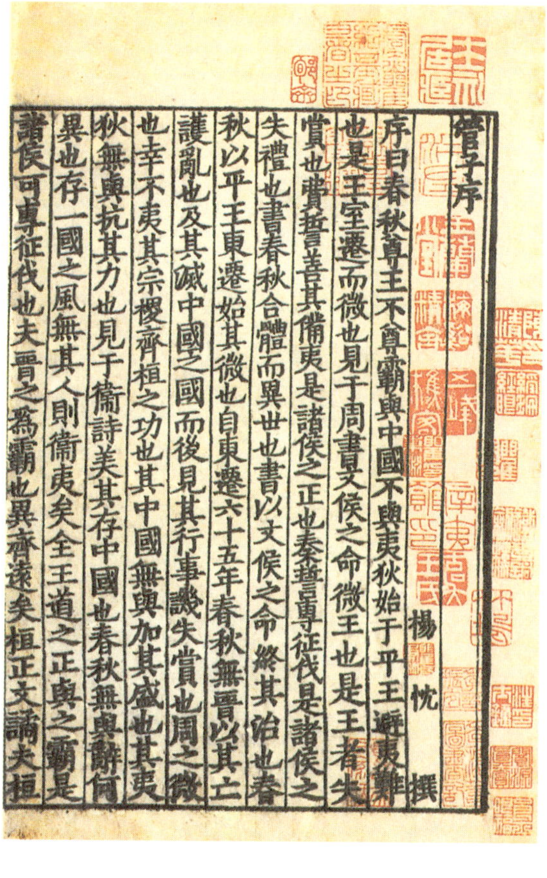
管子序
楊忱 撰
序曰春秋尊王不尊霸與中國不與夷狄始于平王避東難也是王室遷而微也見于周書文侯之命微王也是王者失賞也費誓善其備夷是諸侯之正也秦誓尊征伐是諸侯之失禮也書春秋合體而異世也書以文侯之命終其治也春秋以平王東遷始其微也自東遷六十五年春秋無晉以其亡護亂也及其滅中國之國而後見其行事譏失賞也周之微也幸不夷其宗稷齊桓之功也其中國無與加其盛也其夷狄無與抗其力也見于衛詩美其存中國也春秋無與辭伺異也存一國之風無其人則衛夷矣全王道之正與之霸是諸侯可專征伐也夫晉之為霸也與齊遠矣桓正文譎夫桓

◉《管子》书影。和许多春秋时期诸子的著作一样，《管子》一书并非管仲一人所著，而是春秋战国时期管仲学派的总和。到了汉代，又有所增添，全书共计 24 卷，76 篇，分为 8 类，内容庞杂，包含有道家、名家、法家等思想以及天文、历数、经济、农业等知识。

第四节 社会的开放

一、阶级间社会流动的普遍化

东周以来封建体制迅速的崩解使社会次序发生了巨大的震荡。在横的方向上，公元前6世纪初以来的赋税改革消除了国人与野人的差别。在纵的方向上，过去各种身份、地位世袭不变的固定传统也动摇了。封建贵族在礼制方面的僭越，如鲁国的季氏以八佾舞于庭，又如考古上的发现显示自前7世纪后期以来贵族的埋葬制度也有卿大夫僭用九鼎、八簋的天子礼制，反映了高下阶级间地位的浮动不安。在此情况下，阶级间上升、下沉的社会流动应运而生。

国际战争，尤其是国内的政治斗争是转变社会地位，导致阶级升降的主要动力。例如前550年晋国贵族栾氏与其他各巨族之间的战争中，奴隶裴豹因设计杀掉了栾氏的大力士督戎的功劳而被解放成了自由民。又如前述前493年铁之战，赵简子在誓师时所提的赏格说："克敌者……庶人、工、商遂，人臣、隶、圉免。"即庶人、工、商等自由民可以凭借军功而仕宦为吏，而奴隶则可以解脱桎梏成为自由人。这些都是出身下层阶级，因军功而获得了地位的上升。另一方面在政争中的失败者的地位则常跌落到社会的最底层，例如到公元前539年为止，从政治舞台上掉下来而沦为奴隶的晋国贵族就有八族："栾、郤、胥、原、狐、续、庆、伯降在皂隶。"到战国时代社会地位的升降就更频繁了，各国都设有爵位等级以奖励军功，为下层社会人民安排了地位上升的途径。

其次，经济的发展也使一些地位原来不高的人有了进升的机会。不少人因经营工商业的成功而赢得较高的位置。例如前述白圭、吕不韦、乌氏倮、巴寡妇清等人都是著名的例子。而实际上当时这种商而优则仕，爬上社会

孔子讲学图，选自明人绘《圣迹图册》。

阶梯更高处的人是相当多的，《韩非子》指出："今世近习之请行，则官爵可买，官爵可买，则商工不卑矣"，即经济上的成就也打开了通往上层社会的大门。

再则是教育的普及。过去只有贵族、国人可以受教育，到了春秋末经孔子的努力，私人讲学或教育的活动开始兴盛，打破了贵族、国人独享教育的局面而使学术得以开放、教育能够民众化。孔子、墨子等人的讲学使一些下层社会的民众有接受训练、具备必要的政治知识、才能的环境，提供了他们进入仕途的机会。孔子讲学的内容中就有"政事"一门，例如孔子曾有"为政以德""政者正也"等主张。他的学生也常向他问政，《论语》上的记录很多，如子贡问政，孔子对他说要"足食、足兵，民信之矣"；子路问政，孔子回答："先之，劳之"；仲弓问政，孔子说"先有司，赦小过，举贤才"。孔门弟子中冉有、季路就是擅长政事的。当时的学生中许多都是为了从政而来求学的，子夏就说过："仕而优则学，学而优则仕。"

孔子弟子子张也曾以“求干禄”向孔子请问过，孔子自己也叹息说：“三年学，不至于谷，不易得也。”即不以仕宦为目的而来求学的学生并不多。而孔子对当时诸侯、卿大夫也确实还有一定的影响力，例如鲁哀公、齐景公、季康子等人都曾向孔子请教过政事，孔子当时是可以凭借他的影响力来推荐学生给卿大夫们的，例如《论语》记载有一次孔子“使漆雕开仕，对曰：吾斯之未能信。”而那时掌权的一些贵族确实有向孔子征求人才的：“季康子问：‘仲由可使从政也与？’子曰：‘由也果，于从政乎何有？’曰：‘赐也可使从政也与？’曰：‘赐也达，于从政乎何有？’曰：‘求也可使从政也与？’曰：‘求也艺，于从政乎何有？’”季氏又曾聘闵子骞出宰费邑，而被闵子骞拒绝了。后来孔门弟子中也确有不少因而出仕的，如冉有、季路、仲弓都做过季氏的宰臣。墨子在这方面也跟孔子一样。有一回墨子为了鼓励一名弟子向学，对他说：“姑（姑且）学乎！吾将仕子。”墨子曾推荐弟子曹公子仕于宋、公尚过及魏越于越、高石子于卫、耕柱子于楚、胜绰于齐。

思想观念的转变也促进了社会阶级间的流动。春秋末以来尚贤的观念逐渐流行，墨家对此提倡尤力，即只考虑才德方面的成就，而不管出身的高下。以成就取代身份的观念与当时政治上的官僚制度是相互配合的，战国时代布衣卿相的大量出现不能说与此无关。

这些因素打破了阶级间封闭的局面，使西周以来封建制下固定不变的阶级逐渐消失，也导致了战国时代活跃的社会流动。

二、强宗巨族的消逝与游侠的出现

在封建体制下，构成上层社会的基本单位是依宗法制组成的大家族，而野人则只有个体的核心家族。经过了长期的政争，这些世官世禄的强宗大族逐渐地愈来愈少了。据《左传》的记载，活跃在前 6 世纪中叶政坛上的大家族还有 23 个之多，到前 6 世纪末世卿大家族的数量已下降到 14 个，到战国前夕只剩下 7 个了。终战国之世各国内像西周春秋时代那样的强宗巨族只有楚的昭、屈、景三族还存在，并且继续活跃在政治的舞台上。强宗巨族的逐渐消失意味着个人在社会上的活动已渐少有大家族的力量作为后盾，在孤单、脆弱的情况下，人们需要彼此的扶持、掩护或援助，于是在春秋战国之际逐渐地产生了一种基于互相帮助、彼此报恩的道德理想的人际行为模式。“士为知己者死，女为悦己者容”这句当时流行的话最足以反映这种相互报答的人际交往行为的典范。遵照这种人际关系的轨道，最常见的活动形式就是养士和游侠。

当时以养士著名的有齐孟尝君、赵平原君、廉颇、魏信陵君、楚春申君、秦吕不韦、燕太子丹等。他们养士的目的不外增加自己的声望，在政治棋盘上安排自己的棋子，培植一批为自己著书立说的学士，储备为自己解决难题的帮手。他们通常借着自己的尊贵地位、声望，卑躬屈节地对待士人或结交宾客。例如信陵君曾“置

魏信陵君访侯嬴，清吴历绘。

酒大会宾客”，宾客坐定后，亲自驾车到魏都大梁城的夷门去接监门的侯生，侯生故意让信陵君驾车载他到市屠中去看自己的朋友朱亥，又故意与朱亥交谈了许久而使信陵君在旁等候，然后才回到信陵君家中。在满堂的魏国将相、宗室、宾客当中，信陵君亲自引导侯生坐于上座，亲自起身为他祝寿。对于朱亥，信陵君也屡次到市屠中去拜访。又如燕太子丹尊荆轲为上卿，每天亲自前往拜访，“供太牢，具异物，间进车骑美女，恣荆轲所欲”。或如韩国的严仲子以诸侯卿相之尊，不远千里地交结市井中的狗屠聂政，奉黄金百镒为聂政的母亲祝寿。

他们经常“能急人之困”，“有德于人（对人施恩惠）”，例如孟尝君经常帮助一些四处无援、无所容身的“亡人、有罪者”或鸡鸣狗盗之徒，收容他们，尊为宾客，照顾他们的生活，孟尝君这些宾客中最有名的人物就是那“贫乏不能自存”的冯煖了。通过这些方式，养士的权贵、公子、将相们提高了自己的声望，在一定的程度上也巩固了自己的权位。

这些默默无闻的市井之徒、不为社会所容的亡命之徒、罪犯、奸人、无助的贫民或无业游民为宗室、权贵、公子、将相们所礼遇尊重、收容、照顾，使他们感到自己被察举于“困污之中”，感到养士者是他们的知己，他们对知己的重恩厚泽不能默然不报，因而他们不得不为养士者效命，为养士者做刺客，为养士者解救危难，为维护养士者的威望而屠杀辱侮他的人。

学士们则著书以尊崇养士者，增加其声誉，扩大其政治资本。如吕不韦的门下学士为他编写了《吕氏春秋》一书，预备作为将来吕不韦辅助秦政统治国家时的政治指导理论。

大规模的养士多由上层统治权贵主持，当时还另有游侠也从事相似的活动。侠可能是居位有官职的人，也可能只是布衣之士。他们为了交结宾客可以抛弃官职；他们冒着本身被处死罪的危险而去从事“活贼匿奸（救活并藏匿奸贼罪犯）”的活动；他们坚守不受他人无理侵犯的志节，“怨言过于耳，必随之以剑”；他们的兄弟如果被人欺侮，则他们一定去反击报复；他们的朋友遭受了侮辱，也一定要报仇；他们的行动是激烈的“行剑攻杀”，也就是所谓的“以武犯禁”。这样侠士们建立起他们崇高的社会声誉，被一般人视为刚强不屈、坚贞、救人急难的典型，受他们尊重礼遇的宾客、被他们救活藏匿的罪犯自然因感激而引以为知己，于是为他们赴汤蹈火，在所不辞；一些仰慕他们的威名高誉的人也自愿地为他们效命服务，于是在一些侠的身边出现了一群“徒属”。

养士和任侠的活动使社会上在依血缘关系组成的团体之外，产生了新的组织。这种新出现的集团虽然是由于自愿的结合而形成的非正式组织，但却在政治尤其是在社会上发生了重大的作用。

三、城市的兴起与发展

西周以来，城市是统治野人的政治、军事中心，大体上城市的政治性、军事性是重于经济性的，一般城市的人口也比较少，在当时整个中国范围内城市的数量也并不多。依当时封建制的理想，一般国家的国都周围不过 900 丈，卿大夫的都邑不过国都的三分之一、五分之一或九分之一。前 660 年，卫国为狄人攻破，人民逃散，只剩下男女 730 口，后来再加上共、滕两地的一些户口，也只有 5000 人，可以想见西周、春秋时代人口是不很多的。春秋末，人口渐繁殖，到战国时代，人口增加得十分快速，韩非子指出：“今人有五子不为多，子又有五子，大父（祖父）未死，而有二十五孙。”人口的增加通常多集中在城市里。前 269 年赵将赵奢说古时“城虽大，无过三百丈者，人虽众，无过三千家者”，而当时却是“千丈之城、万家之邑相望也”。到处都有“三里之城、七里之郭”“万家之县”

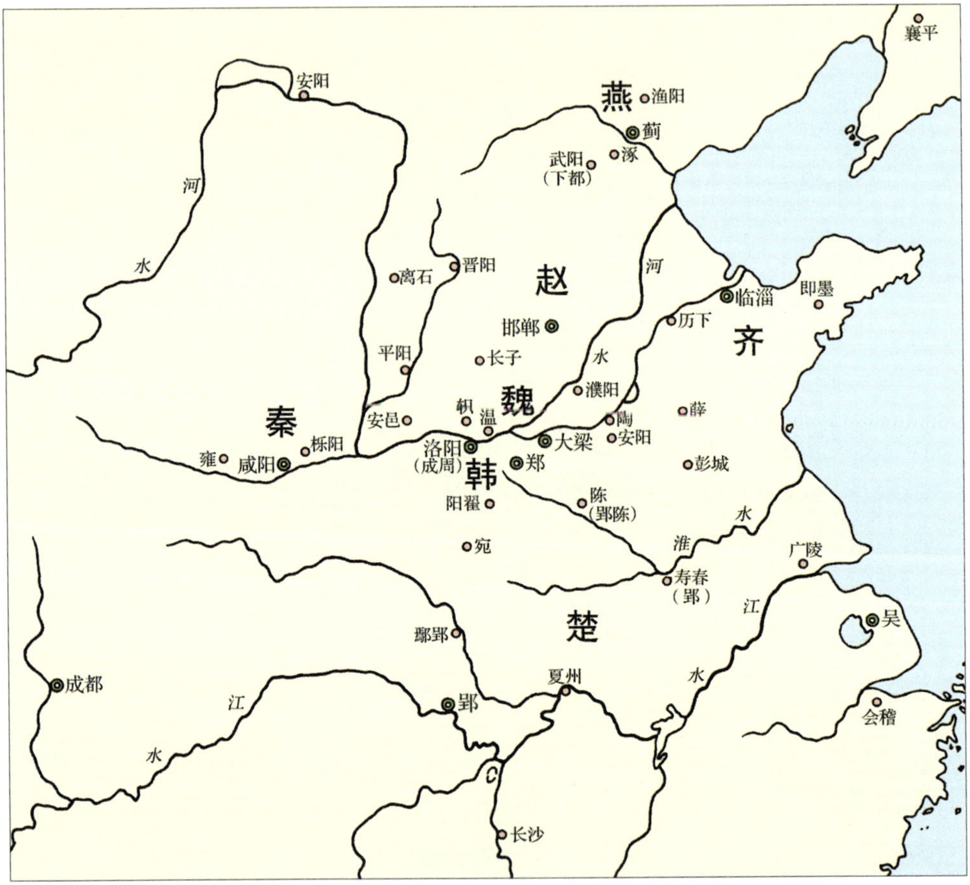

战国时期城市兴起图

“万家之都”也已十分常见。一些较大的城市人口更多，如韩国的宜阳城方八里，有战士十万人，则其全部人口应在十万以上。齐都临淄有七万户，每户三男子，若再加上妇女、老少，则全城的人口可达到三十多万人，当时人形容临淄城内的情况说：“临淄之途（街道），车毂击，人肩摩（车轮轴相碰，人肩相摩擦），连衽成帷，举袂成幕，挥汗成雨。”由此可见其人口是何等的繁庶。

战国时代不但城市的数量急速增加，规模也扩大了，例如临淄由大小两城组成，小城在大城西南角，城周长 7 公里，而大城城周则长 14 公里；燕下都城周则长达 24 公里左右。城市成为人口集中的焦点，同时更重要的是城市的经济色彩也已明朗化。这时重要的工商业大城有燕的涿、蓟；赵的邯郸、蔺、离石；魏的温、安邑、大梁、轵；韩的郑、屯留、长子、荥阳；齐的临淄、即墨、安阳、薛；楚的鄢郢、宛、寿春、宛丘；秦的咸阳、雍；宋的陶；卫的濮阳等，这些大城市也多铸造、发行铜币，形成重要的经济中心，是财富、人力汇聚的所在，韩非子说：“大臣之禄虽大，不得藉城市（在城市中抽税）”，可以看出当时君主已经注意到城市财力的强大，而不愿意让大臣掌握住。前 284 年六雄破齐，攻下齐国七十余城，即墨城虽经燕军长期的围困，到反攻的前夕还能够搜集出一千余只的牛，一千镒的黄金及大量的其他物资，由此可以想见其未遭围困之前财力更为富厚。从这也可以明了为什么齐、秦、赵三国为了争夺宋的陶而引起剧烈的战争了。

春秋末以来城市生活中值得注意的现象是娱乐业或服务业的兴起。城市中有逆旅（旅舍）、有酤酒者，《论语》提到孔子不吃沽来的酒和买来的肉脯，韩非子指出战国时已有些城市居民的饮食是靠市场供应的。《吕氏春秋》记载春秋晚期宋国有一家经营了三代的鞋匠铺，《庄子》一书提到支离疏靠为人缝衣、洗衣过活，即住宿、饮食、衣、鞋等生活各方面都有人服务、供应。城市中还有卖卜的，教唱歌的，也有俳优、倡伎（古代“娼妓”二字不从女字边），赵国即以出倡伎著名。这些行业的出现意味着社会的分工又有了更进一步的发展。

第五节　思想观念的转变

一、人文或理性思想的发展

春秋时代的思想趋势大体上继承自西周，虽然还没有明确地、直截地否定了天、鬼、神的存在，但已肯定地把这些超自然存在的地位置于人的地位之下。这种观念在当时统治阶层中相当流行，前 706 年随国的季梁说："夫民，神之主也。是以圣王先成民而后致力于神。"到前 662 年虢国的史嚚（音 yín 银）也指出："国将兴，听于民；将亡，听于神。神，聪明正直而壹者也，依人而行。"七年后虞国的宫之奇主张说："鬼神非人实亲，惟德是依。"到前 641 年宋国的司马子鱼也认为："祭祀以为人也。民，神之主也。"这些话表示人是自主的，鬼神是附属于人，依人而行的。前 550 年鲁国闵子马说："福祸无门，惟人所召。"依旧认为人是自己行为的主宰，行为的后果由人自己负责。到了前 524 年郑国的子产说："天道远，人道迩（近），非所及也。何以知之？"就已明显地主张只管人事而不论天道了。自孔子出现，儒家兴起之后，人文思想有更进一步的发展，人的修饰、人的完美化或人的完成变成了注意力集中的焦点，人的主观意志、力量不但可以改造人的外在世界，更可以造就完美的人，即所谓"天工，人其代之"。在战国末年儒家后劲荀子的手上把人文思想的倾向发展到了最高峰。

战国时代的道家思想否定了有任何意志的、赏善罚恶的、具有人格的天帝、鬼神或精灵的存在；荀子也认为天是自然的，否认有袄祥的征兆；韩非子也驳斥龟策鬼神的迷信，指出当时一般人已经轻视巫祝了。宗教、巫术到这时已更形衰退。

二、现实、功利思想的抬头

在封建体制下与世袭的传统相接合的是祖先崇拜的信仰，西周铜器铭文上常见到祖先的作为对后世子孙的影响，例如天子任命或赏赐公卿官吏时，说是继嗣先王之命，而铸器者也常常说要“帅型（效法）皇考”“帅型皇祖考”或“帅型朕祖考”。这种思想与世袭制的配合，一方面维护了长久以来既有的关系、安定了社会秩序，一方面也养成了保守的或传统主义的心态，形成了过去取向的价值观。随着西周的灭亡，封建解体，战争兼并的激烈、政治斗争的现实使人们不得不讲求实效、功利。到战国时代现实或功利主义的思想趋势因而大盛。各国变法的成功就是功利主义对保守态度的胜利。前 359 年商鞅变法，引起保守者的反对，甘龙、杜挚主张“不变法”“法古无过，循礼无邪”，商鞅反驳说：“治世不一道，便国不法古……反古者不可非，而循礼者不足多。”在要求便利下，变法终于得到了支持。前 307 年赵武灵王要改穿胡服以习骑射，传统主义者也反对“变古之教，易古之道”，武灵王指出改胡服是为了“利民”“厚国”，他更引用了当时的谚语作为依据：“以书御者不尽马之情，以古制今者不达事之变。”武灵王终于达到了目的。

法家思想与墨家思想最足以代表这种功利或现实态度的倾向，二者能够在战国时代大行其道，尤其是法家思想能够成为各国君王的执政指南，显示了保守、传统主义的没落和现实功利思想的流行。

第六节　辉煌璀璨的文化

一、自然科学

战国时代的墨家在物理学方面也有相当重要的贡献。在《墨经》中记有他们对时间、空间下的确切定义，他们把空间（包括抽象的空间及任何特定范围的空间）称作“宇”，把时间“包括抽象的时间及任何特定片段的时间）称作“久”（也就是“宙”）。

在春秋时代人们已经掌握了重心、杠杆、力矩的基本原理。战国墨家对力和重量也都下过定义。《墨经》中对于使用杠杆的天平来称重量、使用杠杆的桔槔来汲水、滑车起重、斜面引重，都作了力学上的讨论。在运

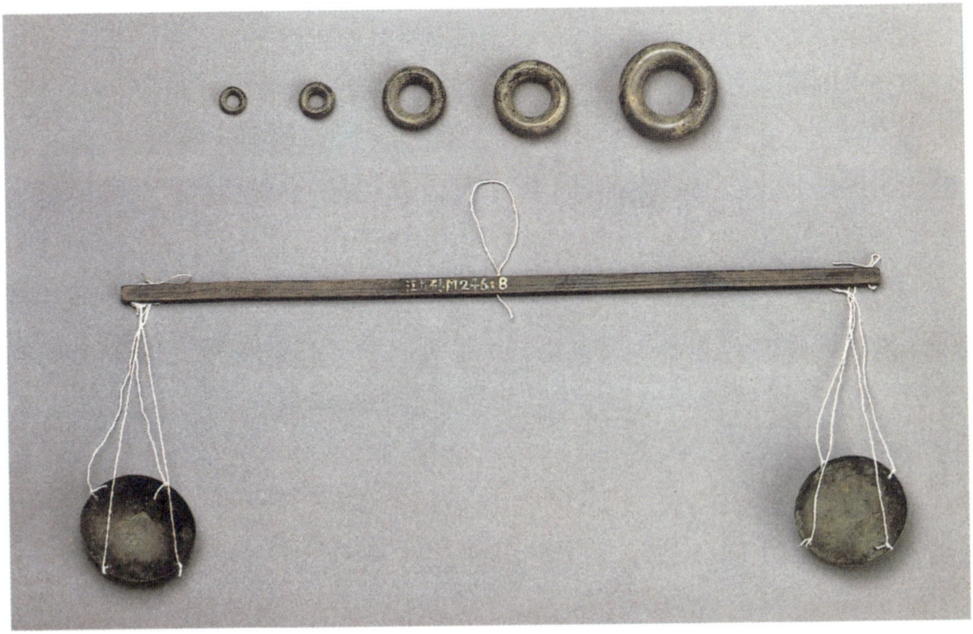

天秤，战国晚期，湖北江陵九店246号墓出土。楚人的天秤由衡杆、天秤铜盘和砝码组成，其五件砝码的重量分别为4两（62.19克）、2两（31.12克）、1两（15.35克）、6铢（3.93克）和2铢（1.31克）。

动学方面，他们也作了运动的分类、运动与时空的关系等方面的分析。《周礼·考工记》上讨论了箭的各部分比例对箭飞行轨道的高度、稳度及准确度的影响，这是战国时代对古代在弹道学方面累积的经验所作的总结。

使用桔槔从井里打水，选自《三才图会》。

在光学方面，战国时的镜鉴制造已相当进步，已能制造凹面镜和凸面镜。《墨经》中对影的生成、本影、半影、针孔成像的原理、光线的反射作用、光源与物体距离的远近及物体的正斜对成影大小的影响、平面镜成像、凸面镜与凹面镜成影正反大小及在焦点内外的关系等问题都作了说明。

《庄子·徐无鬼篇》的记载显示战国时代人们已经注意到基音共振、基音与泛音共振的现象。在音律方面，春秋时已经使用三分损益法了。

在春秋末，最迟在战国时代已经发现了磁铁的磁性作用，《吕氏春秋》曾提到：“慈石召铁，或引之也。”当时已经知道利用磁石的指极性来制造一种定向的仪器，即“司南”。《韩非子》提到“司南”可以用来避免“东西易面而不自知”的情况。

在战国时代在车轮的设计方面也有值得注意的进步，河南辉县、湖南长沙分别出土过辐条向内凹及向外凸的车轮。载重量大的车子可以利用这种设计来拒抗行驶在崎岖的路面上或急转弯时所产生的横向冲力。在欧洲，

司 南

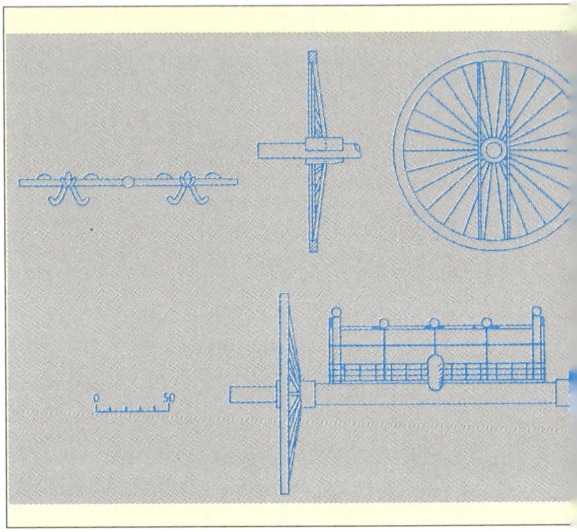

河南辉县出土战国车复原图

这种设计一直要到公元后 15 世纪才出现，比中国晚了一千七百多年。此外，在战国末也开始运用齿轮了。

据《周髀算经》的记载在西周初年已经发现了几何学上“勾股弦定理”的特例，即勾三、股四、弦五，勾的平方加股的平方等于弦的平方。在《墨经》中也有不少关于几何学的记载，晚期墨家称几何学上的点作“端”，线作“尺”，面作“区”，体作“厚”，角作“隅”。他们对圆下的定义是：“圆，一中同长也。”中是圆心，即距圆心等长的各点的轨迹。他们称平行为“齐”，认为线与线不平行，则相交。

据《战国策》，最迟在前 7 世纪前期已经有了九九乘法表。战国时代在一般的加、减、乘、除的计算之外，也发展出了分数的计算。从商鞅变法时所制作的标准量器，即“商鞅量”上铭文所记载的容积数字与实测数字的比较，显示出战国时人们已能精密地算出面积和体积。从春秋时代开始已经晓得利用计算工具来帮助运算，有了筹算。

战国时代流行着“盖天论”的宇宙观，即天圆地方，“天象盖笠”的说法。当时已经知道月亮不自发光，月光来自太阳。在天象的观测方面，春秋战国时代仍然留给我们不少宝贵的记录，《春秋》上所记前613年的彗星是哈雷彗星最早的记录；鲁庄公七年（前687）四月辛卯夜中“星陨如雨”，这是天琴座流星雨的最古记录。战国时代楚人甘德、唐昧、魏人石申、赵人尹皋都是著名的星辰观测工作者。甘德著有《天文星占》八卷，石申则有《天文》八卷，精密地测定、记录了黄道附近约一百二十余恒星的位置以及这些恒星距离北极的度数，在这个基础上，他们再来观测金、木、水、火、土五星的运行。甘德与石申所测定的恒星记录是世界上最古的恒星表。

秦铜量，1982年陕西礼泉县药王洞乡南晏村出土。

由于古代使用的是阴阳合历，平年有354或355天，闰年有384或385天，在农业上来讲，并不方便，因此逐渐又创立二十四节气来帮助解决这种不便，二十四节气在战国末大致上已多出现。在计时方面，春秋战国之际也已有了漏刻（或刻漏）。

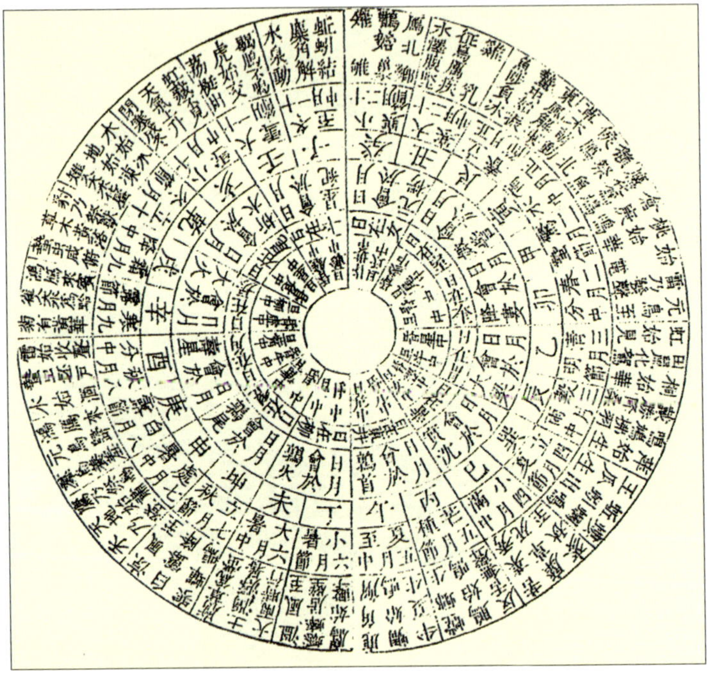

起源于西周的二十四节气图

在极早的时代人们就将植物分作草本及木本两大类，而以“草木”来做植物的总称，如《论语》上就提到《诗经》中记载有许多“草木”。《诗经》一书中记载了大约到公元前 6 世纪中、晚期为止人们所分辨、命名的 130 余种不同的植物。《考工记》把动物分做小虫及大兽两类，小虫主要是指无脊椎动物，大兽则全是脊椎动物。大概在春秋战国之际也已有人把动物分成了鸟、兽、虫、鱼等四类。此外，在战国时代也已有了兽医。

在医药卫生方面，到战国时代已经累积了相当丰富的解剖学及生理学的知识，当时人们不但对活体各部分进行观察，也可能已对尸体作解剖研究了。当时对保健卫生也十分注意，主张饮食要定时、定量，不可过多。“肥肉厚酒”是“烂肠之食”，即脂肪、酒类对人体未必有益，反而有害。当时已提出生活不可太过舒适、应有适当运动的主张，如果“形不动”，即不做运动，易导致疾病；情欲也不可过分放纵，否则也会导致疾病。当时已经发展出一些健身的体操,叫“挤引”“导引”,讲究“吐故纳新”的呼吸,“熊经鸟申”的动作。

春秋战国之际医生已经分科了,《周礼》上记载的有医师（大医生）、食医（饮食、公共卫生）、疾医（内科）、疡医（外科）等科。此外还有小儿医（小儿科）、带下医（妇科）、耳目痹医（耳、眼科）等。当时疾医治疗的主要流行病有头痛、咳嗽、气喘、疟疾、疥疮等；疡医所诊治的主要病伤有肿疮、溃脓的疮、刀伤、折伤等。内科病的治疗除了切脉之外，还观察病患的气色，听呼吸声音，询问病况，然后才作出综合的诊断结论，决定用药或“割皮解肌”，施开刀手术，或进行物理治疗。当时主要的物理疗法有针灸、汤熨（敷烫，一种温热治疗法）、按摩等。孟子就曾提到过当时人蓄藏艾草以备灸用。

战国时代的名医秦越人，号称“扁鹊”，特别强调疾病应及早治疗，不可疏忽。他更破除迷信，反对巫术，他指出“信巫不信医”是死路一条。这也反映了到战国时代医药学已经与巫术分家了。

二、文学、艺术与宗教

《尚书》中《大诰》《康诰》《酒诰》《洛诰》《无逸》《君奭》《多士》《多方》等篇所表现的那种佶屈聱牙的散文到东周时代逐渐变成了当时的“古文”,春秋时代已渐开始采用当时的口语来书写记录，到战国时代便有了成就极高的文学作品，也有了后世的各种文体。

《左传》和《战国策》是先秦文学中历史或传记散文的名著。《左传》长于战争的描写，人物的刻画。繁杂的情节，众多的头绪，广大的场面，经过《左传》作者简练灵活的安排，几乎无不井井有条，一幕一幕地展现

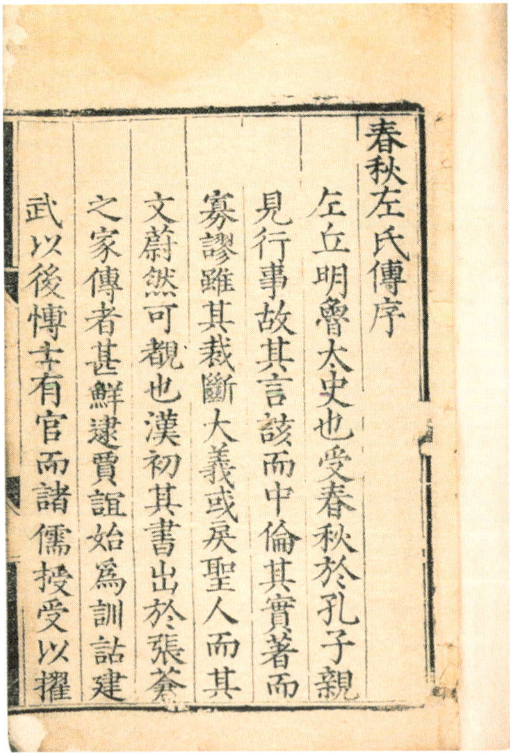

春秋左氏傳序

左丘明魯太史也受春秋於孔子親見行事故其言該而中倫其實著而寡謬雖其裁斷大義或戾聖人而其文蔚然可觀也漢初其書出於張蒼之家傳者甚鮮逮賈誼始為訓詁建武以後傳者有官而諸儒授受以擢

◉《左传》书影

出来，令人有亲历其境之感。《左传》作者对人物形象的塑造，角色心理的刻画，常多不作正面的、明显的叙述，而是透过人物的言语、行动、特殊的场景布置来让他们自动地表现出来，往往用墨不多，而人物却跃然纸上，栩栩如生。

大体上《左传》用词简括，文字组织力极强，叙事笔调简明流利，条理清晰，而又富于小说趣味；对人物的描写，则用极少的笔划勾勒出鲜明的轮廓，生动而活泼；对其内心活动或性格的掌握，则深刻细腻，纤毫毕露；是“古今卓绝”的杰作。

《战国策》多记纵横策士的说辞，词令巧妙，议论风发，引人入胜。也是对后世散文作家最有影响力的著作之一。

战国思想家中孟子、庄子、荀子、韩非子也都是散文好手。孟子书中的散文，气势磅礴，绵绵不绝。他擅长应用譬喻，虽是信手拈来，也无不意态横生。

庄子的作品当是战国散文的最高成就，他说自己的作品是“寓言十九”，所用语言是“谬悠之说，荒唐之言，无端崖（不着边际）之辞”。可说是极尽“洸洋自恣”之能事。他运用变化万千、机趣横生的文辞、丰富的想像力开辟了文学的新境界。他的散文不但是当世无双，也是后人无从学步的。

荀子、韩非子的议论、说理散文的特色是理路清晰，思虑周密，分析问题深刻而细致，紧凑而有系统。韩非子尤其是辞锋犀利，咄咄逼人。

封建解体在春秋时代民谣上最明显的反映就是抗议文学的出现。《诗经·国风》中有些诗篇唱出了野人农民的心声，他们用辛辣的字句对统治贵族君子们展开了冷嘲热讽的攻击，对不合理的封建传统提出了最严重的抗议。例如《魏风·伐檀》就是最著名的一首，其中的一章是：

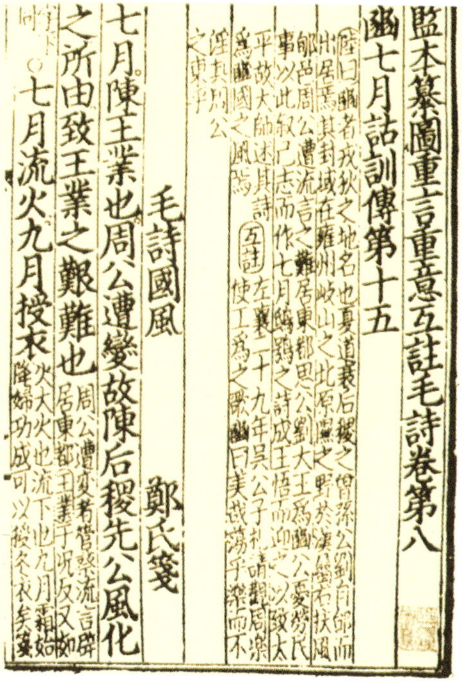
監本纂圖重言重意互註毛詩卷第八

豳七月詁訓傳第十五

毛詩國風　鄭氏箋

七月陳王業也周公遭變故陳后稷先公風化之所由致王業之艱難也

七月流火九月授衣

◉《诗经》书影，宋刻本，中国国家图书馆藏。

> 坎坎（伐木声）伐檀兮，置之河之干（岸）兮，河水清且涟漪。
> 不稼（耕种）不穑（收获），胡（为什么）取禾三百缠（束）兮？
> 不狩不猎，胡瞻尔庭有悬貆兮？
> 彼君子兮，不素餐（白吃）兮！

他们对贵族奢侈豪华的生活不满，对其死后的厚葬也提出严厉的指责：

屈子行吟，选自《九歌图》。

青青之麦，生于陵陂，生不布施，死何含珠（尸体嘴中含珠）为？

战国时代韵文文学有了新发展，楚国诗人屈原（约在前343～前299）在民间诗歌形式的影响下，创发了新的诗体。屈原及宋玉、唐勒、景差等人的创作带有浓厚的楚国地方色彩，富于楚语、楚音，经常提到楚地、楚物，因而称作楚辞。

屈原是战国时代最伟大的诗人，《离骚》是他首屈一指的作品。描写一个芳洁、坚贞的灵魂所受到的理想幻灭的蹂躏。通过象征的手法、委婉的音节、瑰丽的词藻，交织着飘渺的神话意境、浪漫的想像、缠绵的爱国怀乡的情思，屈原创造了最深刻的悲剧效果。

荀子也在民间的诗歌、曲调的基础上创作了赋，写了《成相辞》。

西周初期铜器的装饰花纹大致上承自商代，鸟纹、兽面纹、夔纹、弦纹、蝉纹、蕉叶纹、雷纹等仍是主要的图案，只是有些局部的改变，如鸟的身体变长，鸟尾卷曲。到了西周中期开始逐渐出现了鳞纹、瓦纹、环带纹、窃曲纹等新花样，而鸟、兽纹则往往形成几条屈曲蟠绕的线条。这种作风一直延伸到春秋中期。

从春秋战国之际开始逐渐有了重大的变化，几何纹如斜方格纹、三角

◉ 西周初期铜器纹样。1. 鸟纹；2. 兔纹；3. 蝉纹；4. 夔、蚕、云雷纹；5. 鳞纹；6. 勾曲纹。（上左）
◉ 水陆攻略，战国铜鉴纹饰，河南卫辉市山彪镇出土。（上右）

云纹、蝠纹等都十分精致，动物纹则曲折飞舞，形象生动逼真。更值得注意的是出现了描绘当时实际生活景象的纹样，如宴乐、车马狩猎、采桑、水陆攻战等图案。河南汲县山彪镇出土的水陆攻战纹铜鉴就是一个明显的例子。这种图案是汉代以来画像石、画像砖、墓室壁画上各种生活画的滥觞。

从春秋末以来，也逐渐兴起了在铜器上镶嵌红铜薄片纹饰的工艺，战国时代更有在铜器上镶嵌金、银丝的“金银错”和在铜器表面上涂金的鎏金工艺。

陶器上的装饰花纹在战国时代也有了变化。当时有一种烧成之后再绘彩的彩绘陶器，用红、黄、蓝、白、黑等色绘成各种几何花纹，这些花纹

◉ 鎏金铜带钩，战国中期，湖北江陵望山3号墓。此钩正面铸有盘绕的龙形，通体鎏金。

组成条形纹饰带，此外也有少数绘鸟纹或兽纹的。另一种值得注意的是黑色陶器上的“暗花”纹饰。这是在陶胎将干未干时，先把器表打磨光亮，再用竹木片在器表上压出花纹，烧成后，器表乌黑光亮，而花纹则隐约可见。暗花纹以各种几何纹为主。

战国时代的漆器花纹除了各种几何图案外，也新增加了鸟、兽及狩猎、舞蹈等生活图案，线条流畅，人物、鸟、兽也十分生动。

战国时代的铜器、漆器上的图像及长沙出土的楚帛画说明了当时绘画已有相当的成就，也展示了明显的写实作风。《韩非子》记载有一个画家为周天子在竹片上作画，花了三年才完成，将竹片置于窗口，在太阳初升的时候观看，竹片上画的尽是龙、蛇、禽、兽、车马，万物备具，可见当时已能够作极细致的图画描绘。

当时在绘画理论上已有一种写实或要求形似的倾向。韩非子指出画“鬼

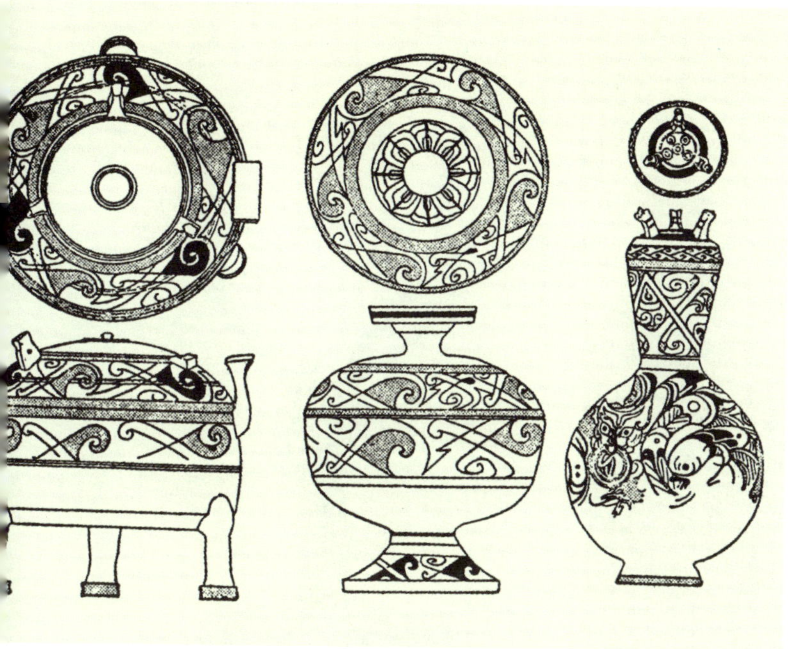

◉ 战国彩绘陶器，河南洛阳烧沟出土。（上左）
◉ 彩绘云纹漆圆耳杯，战国中期，湖北江陵望山沙冢楚墓出土。（上右）

魅最易”，“犬马最难”；因犬马之形人人皆知，天天都看得到，不大可能画得绝对类似，因此难画；而鬼魅根本是无形的，看不见，根本无从谈到相似不相似，因此容易画。另外，庄子站在他的思想立场上，认为画家也要超脱一切束缚，使自己的精神彻底地解放，才能与造化合一，创造出不朽的作品。

雕塑艺术发展到战国时代，获得了更高的成就。

从西周到战国时代，铜器中仿象动物形体的尊、觥等器的制作未曾中断过，在这种作品之外，战国时代也有不少其他的立体雕塑品，例如洛阳等地出土的铜、铅、银、玉、泥等各种质料的人像、陪葬用的木俑，还有引人注目的鹿角吐舌木雕人像、鹿角吐舌的镇墓神兽木雕像、木雕双立鹤

◉ 人物龙凤帛画，战国中期，长沙陈家大山楚墓出土。此帛画出土时置于一件竹笥上，画中女子高髻细腰，身穿长袍，广袖长裾，袖上饰云气纹，双手作合掌状，左上方绘有一龙一凤。（上左）
◉ 单头镇墓兽，战国中期，江陵雨台山6号墓出土。（上右）

盘蛇或双鸟伏虎的承鼓架等。

一件流落美国的木俑虽然造型简单，却惟妙惟肖地表现了微笑的神情，显示木俑虽是大量生产的商品，但仍不失为具有相当价值的艺术之作。河南信阳长台关出土的镇墓兽雕像鹿角竖起，巨眼瞪出，张牙吐舌，活生生地把一副狰狞的神态表达无遗。

陕西兴平出土的一件犀牛尊（约前3世纪晚期）可以代表战国艺术在雕塑方面所达到的高度水准。锐利的犀角，坚硬的头部，强壮的坚胯，硕

◉ 鎏金犀牛铜尊，陕西兴平豆马村出土。

大的身躯，粗短的四肢，坚定的四蹄逼真地表现了犀牛庞然巨物、肥硕有力的形象；颈部及胸部的皮褶更成功地把犀皮坚厚的性质展示了出来；双耳竖起前倾，头部微微仰起，眼光专注，更点活了犀牛的神情，使人感到这头犀牛正察觉出了什么事物，而在注意倾听动静。这个犀牛塑像栩栩如生的造型、生气淋漓的神态显示了战国雕塑家工夺造化的艺术成就，也表明了当时在雕塑上的写实主义并没有让绘画专美于前。

文献上的资料也指示在象牙雕刻上也有逼真的写实作品。《韩非子》提到一个宋国的雕刻家经过三年的努力，完成了一件象牙楮叶，把这件作品与真楮叶混在一起，竟分不出真假来。

东周时代的统治者当中颇不乏讲究“宫室之美”，极力大兴土木的。例如春秋末的吴王夫差连在他只住一个夜晚的地点也一定要修起“台榭陂

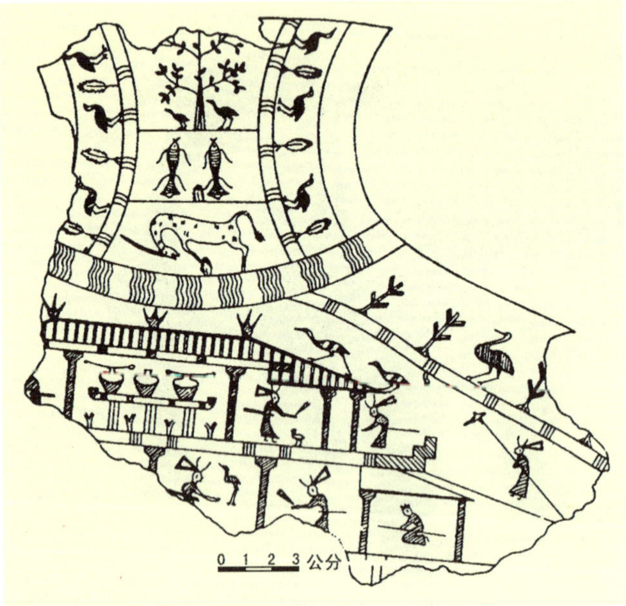

◉ 战国建筑纹样，战国时期铜器纹饰，山西长治分水岭出土。

池”，姑苏台的高台深池更是浩大的工程。时代比夫差稍早的楚灵王（前 540 ~ 前 529）建章华台也是一个著名的例子。这种高台楼房的具体形象在山西长治分水岭出土的一件战国铜器上的花纹里可以看到，图中屋柱与横梁交结之处的用来加固的替木，即枅，已有演变成栱的趋势。孟子说当时的王公大人的宫室是“堂高数仞，榱题数尺”，也指示当时可能已有了悬臂挑檐的斗栱结构。

战国时代还没有出现依据《周礼·考工记》一书内所设计的那种整齐的营建规划来建筑的城市。但无疑地，战国时代的城市遗址显示当时已有了强调中轴线的对称式规划。燕下都是建筑于前 4 世纪的大城市，城址大致呈长方形，东西长 8300 米，南北宽 4000 米。城分内城及外城，内城在城的东南部，约占全城面积的一半。位于内城北墙正中的武阳台是城市的中心建筑，在武阳台的西南和东南有两组互相对峙的建筑群。在武阳台北面的老姥台是燕下都最北的一座四层大建筑基址，两台之间也分布着一系列的建筑。整个城市的平面布局显示由北边的老姥台南经城中心的武阳台，直到城南边，构成了一条贯穿南北的中轴线，依此中轴线而构成一个主次分明，左右对称的完整建筑体系。这种以中轴线为基础的对称式布局开创了我国历史上沿用两千多年的城市规划的主要形式。

除了天帝、山川、社稷、祖先等崇拜，东周时代仍然存在着许多原始信仰，例如楚人、越人在当时就是以信仰鬼、巫、禨和有许多“淫祀”而著名的。自春秋末到战国时代，在宗教方面有些值得注意的变动。一是儒家对宗教的人文化，把各种原属宗教性质的仪式理性化，赋予人文主义的新意义。《论语》上记载有一次孔子所住的那一乡的乡民（国人）举行“傩”（驱逐疫鬼）的仪式，孔子于是换了朝服，庄重地面对傩者。孔子在理智上并不相信有那些疫鬼存在，依此当然也就会认为没有举行驱逐疫鬼仪式的必要，然而孔子却穿起朝服致敬，实在是因为他在感情上非常虔诚地希望人们不会遭到任何疫病的祸害，对人们免于疫疾的希望他当然也极尊重，因此他才穿起朝服来表示自己内心对大家的这种希望的诚挚的尊重，即所重在此——人的感情，而非在彼——疫鬼的存在及作祟。这种态度到战国晚期荀子时表达得更明确。荀子表示在丧礼上所以要“事死如生，事亡如存”是因为在理智上我们已知道死者已死，然在感情上还希望他活着，如果专凭理智，则实在寡情不仁；如果只依感情，则又显得不智。因此要情理兼顾，为死者准备随葬品是表示对他的感情，然而这些随葬品并不特别考究，也不实用，则又顾虑到了生人的理智。因此荀子并不主张把天旱时求雨的舞雩仪式、日月蚀发生时的抢救日月的仪式、有重大问题时举行卜筮的手续完全废除，他认为留着这些仪式是“以文之也”，即这些仪式是生活里的调味品和色彩，可以使感情得到一定程度的疏导，可以使生活富于情趣，多彩多姿。

另一值得注意的是战国时代出现了追求永生不死的活动。虽然在西周时代人们就希望“眉寿万年”，在青铜器铭文里也颇不乏这类的祝祷之辞，但却未见人们普遍地采取某种方式来实践这种希望。到战国时代，长生的

人物御龙帛画，战国中期，长沙子弹库楚墓出土。

欲望变得更强烈了，《老子》书上就提到“长生久视”的希望。当时出现了一种人物，即方士或信仰、追求“方仙道”的人，他们相信在海中有蓬莱、方丈、瀛洲三座神山，上有仙人及不死之药；他们相信在“藐姑射之山，有神人居焉，肌肤若冰雪，绰约若处子（处女），不食五谷，吸风饮露，乘云气，御飞龙而游乎四海之外”；他们也相信在遥远的地方有“不死之国”。于是他们借着寻求“不死之药”、炼丹、导引养生、房中术来求长生不死，希望“去而上仙，乘彼白云，至于帝乡”，希望乘龙仙去。长沙战国楚墓就出土过一幅绘有一人御龙而飞举的帛画。这种仙人或不死的信仰是后世道教的主要源头。

第五章

百家争鸣

随着西周的毁灭，封建体制的解体，演变到春秋战国之际，由于传统制度的崩溃，以及与其配合的伦理价值系统的破坏，导致了当时整个中国的大震撼。国际及国内政治次序的毁坏带来了不断的外交、军事的结合、斗争、内战、政变、改革。战争、政局的推移、经济的变化、社会的动荡以及价值观念的转换彼此纠结，交相激荡，互为影响，刺激了当时有识之士对天下的关切，诱发了他们对传统做重新检讨、反省、批判，为未来的社会拟构新蓝图，发展出了路线不同的各思想体系以作为解决当世问题的依据，指引未来人类应走的方向。一时思潮起伏，汹涌澎湃，波澜壮阔，开创了我国学术思想史上最辉煌的一页。

在诸子百家中首先活跃在历史舞台之上的是儒家人物，虽然在同时也有一些道家的先驱人物在活动，但他们的声势是不能跟儒家相比的，可以说儒家在当时是一枝独秀。到了公元前 5 世纪中叶墨家兴起与儒家争胜，直到战国末始终都是一支与儒家相抗衡的“显学”。至公元前 5 世纪晚期法家显盛起来，在实际政治上取得了指导的地位。等到公元前 4 世纪中叶道家思想已蔚为大国，与儒、墨争衡，据孟子说当时“杨朱、墨翟之言盈天下，天下之言不归杨、则归墨”，可见当时道家思想之盛行。稍后名家才开始有较大的影响力。阴阳家要到公元前3世纪前期才日渐兴盛。由于各家彼此的批判、论难、交互影响，逐渐产生概念的采借、修改以及思想融合的倾向。同时为了要使自己的思想更清楚地表达出来，更具有说服力而易于使人接受，以在百家争鸣中能够继续存在下去或获得优势，也使学者日益地注意到思想表达的外在形式，他们借着举例、譬喻、辩说、论证来作为表达的方式，对一些基本的概念的意义也渐加以明晰的规范界定，思想也较明显地系统化、深刻化，同时他们也注意到对思想的表达工具——语言本身的检讨，深入到知识成立的基础、论证过程的依据等知识论的问题。

第一节　儒家

儒家创始于孔子，“儒家”这一名称虽然得自当时久已存在的一种以“相礼”为职业的人——儒，但与“儒”却有极大的差异，孔子曾对他的学生子夏说：“汝为君子儒，勿为小人儒。”“君子儒”与“小人儒”的差别可以说就是当时的“儒家”与“儒”的差别。在这里，“君子”“小人”主要并不是指道德上的成就差异所造成的两种人，而多少是相当今天所谓的“知识分子”与“非知识分子”的差别。孔子弟子樊迟请学稼、请学为圃，孔子对他说：“吾不如老农”“吾不如老圃”。孔子虽然说的是实话，他在这方面实在比不上老农夫、老菜农，但他所以不回答种田、种菜问题的最重要的意思是不希望樊迟把自己只局限于某一种专门知识技艺的范围内，他说樊迟这种态度是“小人哉！”又说：“上好礼则民莫敢不敬，上好义，则民莫敢不服，上好信则民莫敢不用情。夫如是则四方之民襁负其子而至矣，焉用稼！”即孔子认为不能只把一己的关切完全投注在某种专门的知识技艺的领域内，更值得、更应该注意的是整个社会、国家或人类文化的问题，这样的态度和作为才是君子的，也就是孔子的另一句话：“君子不器”所指的意义。一般小人儒所注重的只是僵化的礼乐外在的形式仪文，并凭借着对这些礼乐仪文程序细节的熟习来谋求生活。君子儒则不然，他们不只知道这些礼乐仪文，同时更注意于把握礼乐外在形式背后的精神内容，孔子说：“礼云礼云，玉帛云乎哉！乐云乐云，钟鼓云乎哉！”即认为礼乐绝不是指其表面的仪式节文，礼乐的形式是次要的，在不影响其所表现的精神的情况下是可以更换修改的，孔子说：“麻冕，礼也，今也纯，俭，吾从众。”就是指的这一点。因此林放问“礼之本”，孔子回答说：“大哉问！与其奢也，宁俭；丧，与其易也，宁戚。”也即是不注重在行礼场合中器用陈设的铺张考究或仪式节文的娴熟，而重视在行礼时是否具有真实的虔敬庄肃、哀痛、惋伤、怀念的感情和态度。因此孔子对“为礼不敬，临丧不哀”的统治者责备得特别严厉。仪式节文是用来安排人的真实感情发动时的合理的或适当的方式，没有这些形式的安排引导，虽有真实的性情也未必能帮助人们和谐的相处，反而可能产生许多与原来方向完全相反的后果。即所谓“恭而无礼则劳、慎而无礼则葸、勇而无礼则乱、直而无礼则绞”。通过这种表达方式使人的感情有了合适的疏导，进而陶铸出和谐而完美的、也有丰富感情生活的道德人格。子路问成人，子曰：“若臧武仲之知，公绰之不欲，卞庄子之勇，冉求之艺，文之以礼乐，亦可以为成人矣。”就指明了礼、乐在完善人格的形式上的功能。孔子对他的儿子伯鱼说“不学礼，无以立”；当学生颜回问仁时，孔子回答说“克己复礼为仁”。都表明礼在人格塑造上的重要性。《论语·泰伯篇》上“兴于诗，立于礼，成于乐”这句话可以说是对礼乐在改造人性、陶铸人格上的作用的一句总结性的说明。这样儒家把礼、乐与人的性情的改造、人格的完成联系了起来，也就是他们对礼、乐的观点已扩及到更广或更深刻的层次、连接到对人类道德或文化领域的关切了。在个人通过礼乐熏染教化的过程而成就完善的人格的基础上，礼乐更是把整个国家或社会引向完美境界的重要手段，即孔子所说的“为国以礼”，孔门弟子也把这点当做造成整个社会或国家和谐完善的重要步骤，如冉有所说的：“方六七十如五六十，求也为之，比及三年，可使足民，如其礼乐，以俟君子。”因此儒家所关切的不是一套僵固的礼乐形式的本身，而是运用礼乐来完成道德的人格、和谐完善的国家或社会。这是儒家与当时的儒的巨大差别。

一、孔 子

孔子名丘，字仲尼，公元前 551 年（或前 552 年）出生于一个没落的贵族家庭。他的祖先弗父何（约活跃于公元前 9 世纪中叶）是宋国的太子，后代迁到鲁国。他的父亲孔纥是著名的孔武有力的勇士。据司马迁的《史记》说孔纥与颜氏女野合而生下了孔子，孔子少孤，家境困苦，他自述说“吾少也贱，故多能鄙事”，大概为了生活而学会了不少农民或下层社会劳动生产者的技艺。他在十五岁时才立志向学，在他学礼有成之前曾经做过管理会计、仓库进出的“委吏”及负责畜牧的“乘田”等职务。到他三十岁时已经学礼有成，逐渐闻名于公卿了。大约在同时孔子也开始了他的教育生涯。到公元前 517 年鲁昭公讨伐权臣季氏失败，逃亡齐国，稍后孔子也离开鲁国到了齐国，在齐一年后又返鲁。前 501 年孔子开始担任中都宰的官职，当时孔子已经五十一岁了。次年改任司寇，这年鲁定公与齐君会盟于夹谷，孔子相礼，成功地阻止了齐人的阴谋和威胁。到孔子五十四岁那年（前 498），他企图帮助鲁君夺回失去的权力、削弱权臣三桓而展开了堕毁三桓都邑的城墙的工作，但并没有完全成功，反而引起了三桓对他的疑忌。次年，孔子不得不辞去司寇的职务而离开鲁国，开始了周游列国，寻求施展抱负机会的行程。他到过卫、宋、陈、蔡等国，曾受困于陈蔡之间，在陈国的期间，他感到他的政治生命恐怕已经结束，决定回到祖国专心于教育工作，他说："归与！归与！吾党之小子狂简，斐然成章，不知所以裁之。"去国十四年后，孔子终于在公元前 484 年回到了故乡，回鲁后孔子曾将诗、书加以整理。到前 479 年这位一代哲人就去世了。

孔子讲学图，清黎明绘《仿金廷标孝经图》。

孔子并不是像我们一般人所想像的那样令人敬而远之的圣人，虽然他总是衣着适宜、在公府总是举止庄重谨慎，但他仍然是一个感情生活相当丰富的人。他平日闲居时怡然自得，他的学生说他的态度是在和蔼中带着严肃，有威严却不显得令人畏惧，恭敬而自然。他若是听别人唱歌唱得好，他总会请人再唱一遍，他在旁边跟着相和，可见他做人相当随和，不是如一般人想像那样的不可接近。有时他也和学生开开玩笑，有一次孔子与学生们来到武城，听到了"弦歌之声"，"莞尔而笑"对担任武城宰的门人子游说："割鸡焉用牛刀？"着实让子游紧张了一下。孔子也跟我们一般人一

孔子周游列国，游说诸侯国王，选自清焦秉贞绘《孔子圣迹图》，（美）圣路易斯美术馆藏。

样对财富有所向往，他说："富而可求也，虽执鞭之士，吾亦为之。"但他更向往自在的生活："（富）如不可求，从吾所好。"又有一回孔子与几名学生在一块谈彼此的志向，弟子曾皙说："暮春者，春服既成，冠者五六人，童子六七人，浴乎沂，风舞乎雩，咏而归。"孔子听了，喟然而叹道："吾与点（曾皙之名）也！"这也可以看出孔子在这方面的意向。他是一个知识的热爱者，对知识具有始终不稍衰歇的追求心，他说："默而识之，学而不厌，诲人不倦，何有于我哉！"他对这点十分自负："十室之邑必有忠信如丘者焉，不如丘之好学也。"我们更可以用两段孔子自述的话来看他是怎么样的一个人："饭疏食，饮水，曲肱而枕之，乐亦在其中矣。不义而富且贵，于我如浮云”；“其为人也，发愤忘食，乐以忘忧，不知老之将至云尔”。

孔子也不是一般人所想像的保守主义者，当然更不是一些批判者所指责的开倒车的复古主义者。一般人总是因孔子对周公的仰慕，说“郁郁乎文哉！吾从周”，而以为孔子保守，想复古，想在封建体制的崩溃下力挽狂澜，返回旧世。实际上孔子所向往的周是经过他斟酌损益后理想化的周，他也称这理想作道。他说：“君子之于天下也，无适也，无莫也，义之与比。”也就是他认为合乎道或义的事才有保留的价值，而不可坚持不合义的旧传统。例如他极力主张尚贤而不同意旧的世袭制度，他把“君子”“士”“小人”等代表血统、出身、地位等的社会意义转变成了代表道德成就的意义。以为地位的高下应该取决于才德的成就而不是依照血缘关系的世袭，因此他认为他的门人仲弓出身虽不算高，但凭其才德足以担任人君之职。又如他说：“麻冕，礼也；今也纯，俭，吾从众。拜下，礼也；今拜乎上，泰也，虽违众，吾从下。”也可看出他对旧礼制在经过一番检验之后，有取有舍。他以那种“有教无类”的精神把教育的机会开放给全人类，更是对阶级封闭传统的破坏，是对未来理想的进军！由此可知他绝不是为保守而保守的守旧者，也更不是与世背道而驰的复古主义者。

孔子继承了西周、春秋以来对超自然存在的态度，他要人“敬鬼神而远之”，他自己也“不语怪、力、乱、神”的事。有一回子路“问事鬼神”，孔子回答他说：“未能事人，焉能事鬼？”即暗示子路要把人放在第一位，要更注意现世可知的人的世界，而不必管渺茫难测的鬼神；但子路没有听懂，又接着“问死”，孔子又答道：“未知生，焉知死？”还是表示同一态度。孔子曾说：“祭如在，祭神如神在。”更可以说明他的思想倾向，也就是孔子注重的不是超自然存在的有无问题，这问题可以根本不加追究，而他强调的是祭祀者是否具备了真实的庄重、虔敬的感情和态度，依旧是把重点摆在人身上。透过这种态度孔子有意地忽略鬼神的问题，而突出了人的地位。

既然孔子承受了前人的思想倾向，注重的是人，然而人凭什么能够自作主宰呢？孔子提出了仁。“仁”的狭义的意思依孔子对樊迟所讲的话是“爱人”或对人的同情心，这个意义，我们今天还可以在“仁爱”“仁慈”等词中找到。仁的广义的，也是更重要而却为一般人所忽略的意义是“人之所以为人之理”，也就是人并不是具备了生物学上或解剖学上的躯体生命就可以算做人了，而是要经历“仁”的实践过程，在实践中造就完善的人格，才可以算做人。这“人之所以为人之理”是涵摄了诸德的全德，从《论语》上孔子的语录或他与弟子们谈仁的对话中我们就可以明了这点。《微子篇》上说：“微子去之，箕子为之奴，比干谏而死。”孔子曰：“殷有三仁焉，”即仁涵盖了忠；孔子说：“君子笃于亲，则民兴于仁，”则仁又可包涵孝；“司马牛问仁，子曰：仁者其言也讱。”《阳货篇》载子张问仁，“孔子曰：‘能行五者于天下为仁矣。’请问之，曰：‘恭、宽、信、敏、惠……’”那么仁又涵摄了恭、宽、信、敏、惠；“樊迟问仁，子曰：‘居处恭，执事敬，与人忠，’”是仁又包括了敬；《宪问篇》又记有孔子的一句话：“仁者必有勇，”则仁又涵有勇；颜渊问仁，孔子的回答是“克己复礼为仁”，所以仁又可统摄礼；仲弓问仁，孔子说：“……己所不欲，勿施于人……”则仁又可包括恕。

这些德目是社会上人与人相处时行为的标准，有些是一般人际关系的行为准则，有些则是某种特定人际关系的行为准则，如孝是子女对亲长的行为规范。仁即是由这些各种社会人际关系行为的规范所编织成的网络，因此仁的完全实践不但是个人自身人格的完成，也是整个社会成员人格的完成，孔子回答子贡说：“仁者，己欲立而立人，己欲达而达人”，也就是指的这个意思。孔子所主张的“有教无类”，就是从仁的彻底实践过程中这种个人与社会间不可切割的紧密关连上出发的。孔子本人的生命历程就是追求仁的全面实践的最佳写照,他有时虽然感慨地表示要“乘桴浮于海”,要“居九夷”,但他始终是“知其不可而为之”地从事下去,从他终身的“学不厌”“诲不倦”可以看出他对自我及他人的完成所付出的是无穷尽的追求,从他在生命结束的前几年当中还对自己从十五岁立志向学开始、到七十岁的为仁历程作检讨,也可以推知为仁是与生命共终始的事业。他的弟子曾参说:“士不可以不弘毅,任重而道远。仁以为己任,不亦重乎?死而后已,不亦远乎?”就是指这点。

实践仁要由自己本身做起,要在和自己关系最切近的人相处中去落实,也就是从与自己家人的相处中开始,而后以这为基础,把它扩大到跟自己关系更疏远的层次上去,即孔子所说的“弟子入则孝,出则悌,谨而信,泛爱众,而亲仁”。有若也阐明这层意思说:“孝弟也者,其为仁之本与。”

政治在孔子的思想中并没有本身的意义,政治只有在帮助众人实践仁时才有其价值,即政治本身不是目的,只是手段,只具备工具性的价值。执政者的主要工作在于帮助众人排除求仁途径上的障碍,牵引众人走上为仁的道路,即孔子所揭示的“富之”“教之”的原则。

既然政治的目的在求仁,即行道,则政权自然要顺从于道。但一般人对这点却有相当严重的误解。历史上的专制皇帝祭孔子,独尊儒术,连那开倒车复辟帝制的袁世凯在推动帝制复活的过程中也把祭孔当做一项重要的手段,而孔子弟子有若又说:“其为人也孝弟,而好犯上者鲜矣,不好犯上而好作乱者,未之有也。”因而一般人又把孔子当成了专制政治的守护神,认为孔子所提倡的忠、孝等道德是为专制统治者服务的,是替专制统治者培养绝对服从的顺民的。实际上这是上了历史上专制君主的当,孔子从来不主张对君主、父母要绝对的服从。孔子说:“事父母几谏”,也就是父母有过错时,不但不可盲从,还要劝谏;即侍奉父母时,不是以父母的好恶选择作为标准，而是根据道、根据客观的是非对错来作标准，否则反而会陷父母于不义。孔子又说："君君、臣臣、父父、子子。"也是指君、父、臣、子各有各的角色，社会对这四种角色各有不同的要求或期望，即他们的行为是局限在一定的范围之内的，如果超越了这范围，就违背了社会的伦理，因此子女（臣子）对父母（君主）的顺从是要在合乎社会规范的条件下才可以的，否则就不对了。因此孔子所讲的孝并不是教人对父母无条件地服从，自然也不是为专制统治者服务的。用有若的话来代表孔子的主张，必须先要证明有若的话可以代表孔子的意见，否则是讲不通的。纵使有若这段话可以代表孔子的主张，也未必就能推出前述孔子所提倡的忠孝伦理是为专制统治者服务的结论，因为从逻辑上来看，"不好犯上""不好作乱"与"服从"并不相等，所以这个推论是错误的，当然这个结论也就不能成立了。

对君臣之间的关系孔子讲得更明白，既然君、臣的行为是要局限在一定的规范内，那么这两者该怎么做？孔子说要"君使臣以礼，臣事君以忠"，更明确地规定了君主要以礼来限制自己的行为，不得要求臣子无条件的服从；臣事君以忠又该如何呢？孔子说："忠焉，能勿诲乎？"既然忠则必欲诲之，那当然不允许盲从了。"子路问事君，子曰：'勿欺也，而犯之。'"即不但不可对君盲从，反而要犯颜强谏。在臣对君的关系里更是只有从道不从君的原则，"季子然问仲由、冉永可谓大臣与？子曰：'……所谓大臣者，以道事君，不可则止。今由与求也可谓具臣矣'。（季子然）曰：'然则从之者与？'子曰：'弑父与君，亦不从也。'"孔子认为即使是"具臣"也不可对统治者唯命是从的。从这可以看出，孔子把道放在最高的地位上，君、臣的行事必须合乎道，这也就是儒家"道统"高于"政统"的主张。

孔子死后，儒家继续地发展，到战国时代逐渐形成了八派，有子张之儒、子思之儒、颜氏之儒、孟氏之儒、漆雕氏之儒、孙（荀）氏之儒、乐正氏之儒、仲良氏之儒。孔子弟子对于孔子所不多谈的问题，如子贡所说的“夫子之言性与天道，不可得而闻也”中的性、天道的问题，到春秋战国之际也开始讨论了，如宓子贱、漆雕开都议论情性，有善有恶。但他们的言论、活动情况都已不能详知，直到孟子出现，才看到儒家思想有了明确的发展。

二、孟 子

孟子名轲，邹人，约生于前390年，受业于子思的门人。他也周游齐、宋、薛、邹、鲁、滕、魏等国，但并未受到重用，约在前312年孟子回到齐国，约到前305年去世。孟子生长、活跃的时代和孔子的时代差距已相当大，孟子时封建体制已经瓦解。在封建下非法的权臣已纷纷称侯，取得合法的正式名位。其后更进一步各国开始一一称王，不再承认只有周室才有统治天下的合法权利，对封建体制的残余做了更彻底的破坏。同时自公元前5世纪以来各国纷纷从事内部的改造，任用才能，铲除了大家族，打破了贵族世卿掌权的局面，加强并集中了王权，提高了农业的生产，造成了富而强的新国家。再则国际的斗争日渐激烈，外交权谋策士及专业军人的地位日渐突出，在应付日益危机的局面中经常担任重要的角色。

孟子，佚名绘

在思想界出现了许多学派，儒家独盛的局面已经改观，墨家声势浩大，道家、名家已极活跃，相互问难，相互批评，呈现前所未有的活跃的现象。

除了儒家的内部因素外，在这样的局面下，孟子也不得不将儒家思想发展得更深刻、更具体，表达得更明白易懂，不得不“距杨墨”与各家辩论、对各家批判，因此《孟子》一书中除了较短的语录、对话外，已有长篇的辩说、论证、譬喻，在表达的体裁或形式上，已与《论语》有所不同。

孟子继承并发展了孔子的“仁”的概念。他说：“无恻隐之心，非人也；无羞恶之心，非人也；无辞让之心，非人也；无是非之心，非人也。恻隐之心，仁之端也；羞恶之心，义之端也；辞让之心，礼之端也；是非之心，智之端也。人之有是四端也，犹其有四体也。”“仁、义、礼、智非由外铄我也，我固有之也。”即认为有仁、义、礼、智之心，为人的必要条件，这仁、义、礼、智之心是与生俱来的，是不学而能、不虑而知的，即性善。孟子虽然认为人皆必有可以成为人的“必要条件”，但并不必然保证人人（生物人或自然人）都可以成为“人”（道德人）。他说：“人之所以异于禽兽者几希，庶民去之，君子存之。”因此同样是人，有些人成为大人，有些却沦为小人、禽兽。因此人必须培养、扩充其善端，而每个人都有扩充到极至境界、成为圣人的可能，即《告子下篇》所记载的“‘人皆可以为尧舜，有诸？’孟子曰：‘然。’”

仁的实践的步骤，仍然要由家族中做起，孟子对这点阐述道：“仁之实，事亲是也；义之实，从兄是也；智之实，知斯二者弗去是也；礼之实，节文斯二者是也。”这一最初的步骤如果不能做到，则仁的实践就不可能完成，因此他说：“不得乎亲，不可以为人，”做到最高境界就成了圣人。即《离娄上篇》所说的：“规矩，方圆之至也。圣人，人伦之至也。”

然而人有时会“从其小体”，或“蔽于物，物交而引之”而成为小人，成为禽兽，即人可能受到外物的引诱而产生不善，即所谓：“富岁子弟多赖，凶岁子弟多暴，非天之降才尔殊也，其所以陷溺其心者然也。”并不是人人都能够抗拒外物的引诱的，孟子指出“无恒产而有恒心者，惟士为能，若民，则无恒产因无恒心，苟无恒心，放辟邪侈，无不为已。”有时人的生活条件虽然没有问题，但也会坠落，即“饱食暖衣，逸居而无教，则近于禽兽”。

因此统治者应以“不忍人之心”来行“不忍人之政”，要确切地落实“富之”“教之”的原则，使人民不至于因缺乏而受外物之引诱，开导人的善端而使人伦臻于至善之境。在这方面孟子把孔子的原则做了更细致的发展，使它更具体，有更高的可行性。

孟子认为统治者在消极的方面要“省刑罚、薄赋敛”，不“夺民时”，停止战争。积极地要为民制产，使人民“养生丧死无憾”，这是“王道之始”。孟子规定为民制产的最低标准是人民的田业每年的生产要到达能够使他们“仰足以事父母，俯足以畜妻子，乐岁终身饱，凶年免于死亡”，“五十者可以衣帛”，“七十者可以食肉”，“八口之家可以无饥”的地步。即使人民有足够的生活资料，而不至于因匮乏而易于受外物的引诱，同时具备了仁的实践的第一个步骤，即孝养亲长的物质条件。因此孟子说“养生丧死无憾”是“王道之始”。另外在既已“富之”的基础上，还要实施进一步的“教之”，建立地方的基层教育机构，来进行人伦之教的第一步，即他所提出的“谨庠序之教，申之以孝悌之义”“设为庠序学校以教之……所以明人伦也”，这样逐步实践下去，王道才有可能出现在大地上。

政治的目的既然在通过养民、教民而使人人都向化为仁，则统治者当然是为了帮助人民明人伦而统治，并非为了自己或一姓一家的私利而统治，因而应当以人民的利益、期望为前提，因此孟子主张说：“民为贵，社稷次之，君为轻。是故得乎丘民而为天子，得乎天子而为诸侯，得乎诸侯而为大夫。诸侯危社稷则变置。牺牲既成，粢盛既洁，祭祀以时，然而旱干水溢，则变置社稷。”国家的要政也应当取鉴于人民的意见，“国人皆曰贤”，然后才察用；“国人皆曰可杀”，然后察而杀之。

既然统治天下并不是为了个人或一家一姓的私利，而是为了天下人的幸福，因此统治天下的政权是应该由条件最理想的人选来执掌，各级的官职也应由才德兼备的人来担任，即要“使先知觉后知，使先觉觉后觉”，这才是所谓的“天下为公”。因此凡才德不足、不能为公、不称职的统治者，包括国君在内都不可以在位，他说：“惟仁者宜在高位，不仁而在高位，是播其恶于众也。”这些不够资格的统治者必须要加以撤换，因此他说：“君有大过，则谏，反复之而不听，则易位，”有一回他并当着齐宣王的面逼问这一点，《孟子·梁惠王篇》记有这次的对话：“孟子谓齐宣王曰：‘王之臣有托其妻子于其友而之楚游者，比其反之，则冻馁其妻子，则如之何？’王曰：‘弃之。’曰：‘士师不能治士，则如之何？’王曰：‘已之（即去之）。’曰：‘四境之内不治如之何？’王顾左右而言他。”

政权既属为公，因此也不可以由统治者私相授受，即孟子所说“天子不能以天下与人”，必须经过人民的许可、接受才行。如果统治者失职，“上慢而残下”，孟子提出曾子的话：“出乎尔者，反乎尔者也”，主张人民可以“反之”，即有报复统治者的权利；对不仁的失职君主，孟子更认为人民有革命的权力，他说：“暴其民甚，则身弑国亡”，又说：“闻诛一夫纣矣，未闻弑君也”，都是指此而言的。

孟子进一步发扬孔子道统高于政统的主张，他说：“仁，天之尊爵也”，又说：“有天爵者，有人爵者。仁、义、忠、信、乐善不倦，此天爵也。公卿大夫，此人爵也……既得人爵而弃其天爵，惑之甚也，终亦必亡而已矣。”“天爵”高于“人爵”即指道统在政统之上。孟子指出：“彼以其富，我以吾仁；彼以其爵，我以吾义。”也就是抗“人爵”或权势之威，而做到“富贵不能淫，贫贱不能移，威武不能屈”的“大丈夫”。

天爵是基于天赋的仁、义、礼、智的根源加以培育、扩充而获得的成就，代表了知识和道德。天爵重于人爵、道统高于政统的具体意义即是政治不得领导、干涉、控制知识和道德，而是由知识、道德来指导政治、改进政治，因此孟子说："将大有为之君，必有所不召之臣，欲有谋焉，则就之，其尊德乐道不如是，不足以有为也。"

三、荀　子

荀子名况，字卿，赵人，约生于前 340 年左右。大约在前 325 年他到齐国游学，到前 320 年左右到达燕国，但不为燕王哙所重用，于是他在前 316 年回到齐国，为稷下学士。约在前 286 年稍后又自齐至楚，后来担任楚的兰陵令，约到前 278 年再返齐，为稷下老师。前 265 年左右离开齐国，西入关游秦，约在前 261 年自秦至赵，到前 257 年与临武君论兵于孝成王之前。到前 247 年他的门人李斯来辞行，预备到秦国去从政，大概到前 245 年左右他才去世。荀子的学问成长期间，君主专制的中央集权体制已经巩固，政治权势已成不可抗拒的力量。荀子的学问大概是渊源于孔门的仲弓学派。在他学说形成的过程中正是百家诸子最活跃的时代，荀子批判并吸收了其他学派的概念，发展出新的思想。

荀子采借了道家对人的外在世界的观点，认为天、地、山、川是自然的，并非有一有意志、有目的、有计划、执行赏善罚恶、主持公道的天或上帝，也没有山精水怪等鬼神存在，因而过去所信仰的天灾、异象与政治、人事的关连，就不能成立。他的著名论文"天论"说："天行有常，不为尧存，不为桀亡……强本而节用，则天不能贫……养备而动时，则天不能病；修道而不贰，则天不能祸。故水旱不能使之饥渴，寒暑不能使之疾，妖怪不能使之凶。"又说："治乱天耶？曰：日月星辰瑞历是禹、桀之所同也，禹以治，桀以乱，治乱非天也。"即在证明这种主张。他既然否认了有超自然存在，自然就把注意力都放到了人事上，他认为星体自天陨落、树木发出声响并不是可怕的现象，只是稀有的事罢了；真正可怕的是人为的政治腐化，黑暗的现象，荀子称它作“人袄”。

荀子对天的看法虽然来自道家的影响，但他排除了道家所主张的效法顺应自然的观念，他批评庄子说“庄子蔽于天而不知人”，他更积极地强调人的作为，强调人可以改造修饰、控制自然，使自然为人所利用。他以为与其崇拜、歌颂天，还不如把天当做物来对待，设法把天制服，加以控制利用；与其赞美自然所创造的事物，还不如发挥人的能力去改造自然事物。因此绝不可以“错（搁置）人而思天”，也就是不可以放弃人的主观积极的努力而去仰赖天。他说：“天地生之，圣人成之。”也就是强调自然是不完美的，只有靠人的才智、努力才能使它完成、完美。

天既是无知的自然，对人事并无主宰支配的力量，则人世的一切都是由人自己的所作所为造成的。然则人的本身是否具有特别的条件使他们能够解决自己的问题呢？依荀子看来人的本性却不能对人有所帮助。什么是性呢？荀子有十分明确的定义：“凡性者，天之就也，不可学，不可事”，“不可学，不可事而在人者谓之性。”也就是说性是自然所赋予的。既然自然是不完美的，人性当然也不例外，荀子肯定地提出了性恶的观点，在《性恶篇》中他说：“人之性恶，……今人之性，生而有好利焉，顺是，故争夺生而辞让亡焉。生而有疾恶焉，顺是，故残贼生而忠信亡焉。生而有耳目之欲，有好声色焉，顺是，故淫乱生而礼义文理亡焉。然则从人之性，顺人之情，必出于争夺，合于犯分乱理而归于暴。”即顺着人的天生性情去行动，必定会产生恶果。

但人性虽恶，却不是不可救药的，天虽然赋予人造成恶果的性，但也同时配给了解药。也就是人还具备了“生而有知”的心，心是人的认识器官，心具有认识的能力，可以判断是非对错，而决定是否依照性情的倾向去采取行动，因此可以主宰人的行为。心不但可以消极地制止人性的活动而使恶果不致发生，心更可以积极地改造人性。

心所具备的思虑作用或认知能力在虚静而专一的状态下可以知“道”，人不断地经历这种过程，日累月积，可以使“道”在人的意识中生根，产生一种合乎“道”的行为倾向，这种后天的，靠人努力学习，累积功夫而产生的行为倾向，荀子把它叫做“伪”。这种改造人性的工夫，荀子称作“化性而起（产生）伪”。即人性是可塑造的，可以改造的，经过不断的学习、累积，削减了“性”的部分，扩大了“伪”的部分，使一个不完善自然人或生物人转化成了一个道德人。这种学习、累积的功夫达到最高的境界，就是圣人，即荀子所说的“积善而全尽，谓之圣人”。他也和孟子一样，认为每一个人都可以成为圣人，他说：“圣可积而致”，“途（道路）之人可以为禹（指圣人）。”

虽然荀子认为人人都可以成为圣人，但这并不容易做到。心虽有思虑、判断的认识功能，但受到其他因素的干扰，不能获得虚静专一的状态，则容易导致认识上的错误，因而不能保证人可以必然地成为道德人。因此荀子主张借用外力的强制、导引来配合心的认识作用，即由君主、师、友等来进行强制、教导、辅助的工作。其中师尤其重要，荀子认为这是学习上最便捷的道路：“学莫便乎近其人。”

荀子认为人的本能与其他动物比起来，也不是十分超越的，他说，人“力不若牛，走不若马”，因而人必须结成群体，互相合作，彼此依赖，才能生存下去。同时更应和睦相处，团结一致，使人的力量强大起来，足以制服自然，造福天下。否则“离群不相待则穷”。即人是社会动物，“人生不能无群”，必须过群居的生活。然而人性是恶的，每个人都有相同的欲望，要能使他们都获得同样程度的满足是不可能的，因为没有这样多的物质供应，于是难免产生争夺，破坏群体的纪律，使人穷困、不能生存。也就是人的欲望满足和群体秩序的维护有了不相容的冲突。那么这个问题要怎样解决呢？荀子提出了“礼”。

荀子认为礼的目的在“养人之欲”，就是要谋求全体人民生活上最大限度的满足，使人不必绝欲，也不使人为了满足欲望而用尽所有的物质；使人的欲望的满足程度不断地提高，同时物质的生产或供应量也相应地不断增高，因而人能够长期地获得适当的满足。

另一方面，礼又有划定度量分界的作用。在群体中，不可能使每个人的所求、所欲都得到相同的满足，每人在群体中所担任的义务、所享受的权利也不可能完全一致、平等，势必有多有寡，有大有小。礼就是用来划定各种人的权利、义务的界限，规定在自己的分内求满足的，也就是划分了贫富贵贱的等级，各等级的“衣服有制、宫室有度、人徒有数、丧祭械用皆有等宜”。然而又用什么标准来决定谁该贫、贱，谁该富、贵呢？荀子主张依照个人才德的成就作标准：“决德而定位，量能而授官”，同时不允许各种身份、地位世袭。因此才德成就最高的圣人应居于君主的地位。

荀子认为君主既由圣人担任，则应有最高的权势，但这仍是为天下众人的幸福，而不是为了君主本人的私利，他说：“天之生民，非为君也；天之立君，以为民也。”因此君主仍然要重视民意。如果君主失职、不仁，人民依旧有反抗、报复及革命的权利，他说：“臣或弑其君，下或杀其上……无它故焉，人主自取之”，“天下归之谓王，天下去之之谓亡，故桀、纣无天下，而汤武不弑君。”

第二节　墨家

墨家思想在先秦学术中十分特别。法家是代表君主的利益发言的，儒家虽替人民的利益讲话，但却站在士大夫知识分子的立场上，而墨家则处在平民的立场，代表了广大下层社会人民的利益。墨家思想在中国历史上像一颗闪亮的彗星，划过长空，光芒万丈，但转瞬间便消失了踪影，从历史的舞台上退下。

墨家的创始人墨翟，是鲁国人，约生于孔子卒年（前 481）前后，死在孟子生年前后（约前 390）。墨子大概出身于下层社会的工匠，没有姓氏，“墨”并不是他的姓氏。墨是黥刑，即黥刻面额，而以墨涅染，当时官营手工业的生产劳作者有不少就是刑徒，大概墨子及部分弟子出身工匠或黥墨刑徒工匠，而在他们苦行主义下的生活也跟劳工生活相近，因而被称作“墨”“墨者”。墨子的早年身世不详，他曾从史角的后人求学。墨子也曾经学过“儒者之业，受孔子之术”。

前 444 年左右墨子为了阻止楚人运用公输般新造的云梯攻宋，走了十天十夜到楚都，又派弟子禽滑厘率弟子三百人守宋，终于成功地拦阻了楚人侵宋的行动。约到前 439 年左右墨子献书给楚王，但楚惠王不能用，于是离开了楚国。墨子曾做过宋国的大夫，约在前 415 年在鲁，鲁缪公不能用。在前 405 年左右墨子又游齐，到了前 393 年左右墨子又在楚国鲁阳，企图阻止鲁阳文君攻郑，不久就去世了。

墨子对天下人类有最诚挚的爱，据孟子说杨朱主张为我，要他“拔一毛而利天下”他也不干；而墨子却不然，他主张“兼爱”，为了做到这点，自行剪短了头发，穿起农夫们那种便于生产劳作的鞋子，来做“利天下”的事业。

为了实践他的主张，墨者们过着牺牲自己的苦行主义的生活，他们穿最粗的、便于劳作的“短褐之衣”；吃最粗的食物，即“藜藿之羹”，有时早上有一餐，晚上就没了；他们以亲操橐（盛土的器具）耜，栉风沐雨，为民治水，搞到腿上汗毛都脱尽的大禹为榜样，要劳作到手脚上都起了硬茧，弄得“面目黧黑”才行。

正式的团体组织在当时各学派中是没有的，而墨者们却组织了严密的团体以作为实践理想的手段，这团体同时也就是代表墨者理想的具体而微的模型。团体的领袖称作“钜子”，钜子的权力极大，可以指定其继承人，墨子即首任的钜子。团体的纪律极严，为墨子服役的弟子有180人左右，墨子可以让他们“赴火蹈刃，死不旋踵（向后转）”。团体有自己的法律：“杀人者死，伤人者刑”，执法极严，前4世纪晚期墨家钜子腹䵍之子在秦国杀了人，秦惠王特地赦免了他的死罪，但腹䵍依旧照墨家的法律把自己的儿子处死，即墨者团体实施的是他们所主张的公平、平等的理想。团体的成员都受过武装战斗训练，能制造守城、防御的武器装备以实行他们帮助弱小来自卫的反侵略战争，即非攻的主张。团体的生活费用除来自自力劳作生产外，也依“多财而以分贫”的原则，相互照顾，使有饭大家吃。

墨子的主张是直接从广大平民现实生活的苦难中诞生的。他真实地反映了平民的期望，高举着社会正义的旗帜，为天下大多数人的共同利益而奋斗。墨子学说的出发点是功利，一切都讲究实际的功效、利益、害处。墨子并且以是否符合“国家百姓人民之利”作为判断事情对错的标准之一。他不断地讲“天下之利”“天下之害”“百姓之利”，他认为“圣王之道”所以有价值是因为圣王之道是“天下之大利”。

既以“天下之利”“百姓之利”，即极大多数人民的利益为衡量价值的标准，则一切对天下百姓的利益没有用处、或相冲突、甚至有严重的害处的事都要废除掉。那么这些违反天下极大多数人民利益的又是什么事呢？墨子认为是国与国的互相战争，是人们的自私、自利、自爱而互争，是对极大多数人的不公平。

战争“杀人盈野”“杀人盈城”，死伤最多的是一般的百姓平民，对他们最不利；战争即使得胜，可是杀人一万，己损八千，也没有多少利益可图，因此战争是天下的大害，必须禁止，墨子因而极力地鼓吹“非攻”。

人们的自私、自利、自爱而损人利己是天下大害的根源，于是墨子提倡“兼爱”，要人“相爱相利”，不要“相恶相贼”。墨家的兼爱是基于人人平等的概念而出发的，认为人不分长幼贵贱，都是上天的子民，是一样的。因此只要是人，就该去爱他、利他，不可有“贫富贵贱、远迩（近）亲疏”的分别，即所谓“爱无等差”。显然这还是由于天下大多数的野人没有强大宗族可互相照应扶持，最为无助，而贵族国人却有众多的宗族而“各亲其亲”“各子其子”。因此墨子依旧代表了最大多数人民的利益，劝天下要“视人之国若视其国，视人之家若视其家，视人之身若视其身”。

出于自私自利、自爱，对天下大多数人不公平而又没有实际功效的另一件事就是封建体制下的世卿世禄制度了。墨子认为所以要建立国家、设置官吏，目的在“为万民兴利除害”，然而“王公大人”们却专把“宗族、父兄、故旧以为左右，置以为正者”，“其所富，其所贵，皆王公大人骨肉之亲”，结果搞得国家既贫，人民又少，刑政又乱。因此墨子高唱“尚贤”，要“使能为政”，“不党父兄”，使“官无常贵，而民无终贱”。即要打破不合理、不公平、没有实效的旧制度，使广大下层人民中有才德的人能够有机会获得更高的地位，不要让天下大多数的人永远被不合理地压抑在下面。

在大多数人民过着“仰不足以事父母，俯不足以畜妻子，乐岁终身苦，凶年不免于死亡”的生活时，王公大人们却享受着“堂高数仞，题数尺”，“食前方丈，侍妾数百人”，“庖有肥肉，厩有肥马”，“般乐饮酒，驱骋田猎，后车千乘”的日子。王公大人们生前生活豪华奢侈，死后还厚葬久丧，棺椁数重，随葬大量的衣衾、金玉、车马、礼器，甚至杀人殉葬，多则数十，少则数人。墨子指出他们这一切都来自“亏夺民衣食之财”、来自“厚敛”百姓，实与“天下之大利”不相容，因此墨子针对王公大人们提出了“节用”“节葬”“非乐”。一切衣食、宫室、舟车、器用、丧葬等用度都以实用为标准，凡是加费而无益于民利，一概不做；丧期要短，三个月就够了；又要禁止乐舞。凡“节用”“节葬”“非乐”都是对王公大人而发的，广大的下层民众实在无从奢侈起，只有王公大人们在这几方面的享受、开支削减，天下百姓的负担才会减轻，生活才有可能改善。

为了要保障这些主张的切实施行，墨子又提出了“尚同”“天志”“明鬼”诸义。墨子主张选择天下最贤的人做天子，而后天子又选用一些次贤的人做大臣，选置各国诸侯、官吏，直到基层的乡长、里长，都选用一国、一乡、一里的仁人、贤人来担任。各家均须服从里长的命令，以里长的是非为是非，即尚（上）同于里长，各里长又须尚同于乡长，一级一级的尚同上去，直尚同到天子，而天子又尚同于天。天与鬼神都是有原则的、赏善罚恶的，而天与鬼神所根据的标准就是天下百姓的大利。如果统治者违反了人民的大利，则天与鬼、神会处以严厉的制裁，如果统治者能够做到“兼相爱、交相利”，则天、鬼、神会给予奖赏。

墨子所主张的平等与社会分工并不相冲突，不必人人都得从事生产劳动，自力养身。但到了墨子的二传弟子许行（约与孟子同年）时有了不相同的主张。许行特别重视农业，主张“贤者与民并耕而食，饔飧而治”，即许行对贤人的要求更高，他要求贤人不但能够有充沛的精力来治国，同时还要有能力、余暇来自力生产自己生活所需的粮食、自己为自己料理、准备饮食而不假手他人生产供应、服务。即统治者不得脱离农业生产的行列、不得由他人服侍饮食，因而在这两方面不允许出现社会的分工。也就是许行将自我牺牲的苦行主义推广到了统治者身上去，要求统治者做到传说中的大禹那样。

墨家自墨子死后逐渐分裂成了三派，即相里氏之墨、相夫氏之墨和邓陵氏之墨，彼此互相驳斥论难，也对名家展开了猛烈的攻击、辩论。这些晚期的墨家不但对物理学（尤其是其中的光学、力学、运动学）、几何学有所贡献，并且更发展出了知识论体系及逻辑学。

他们指出人类感性知识的获得的先决条件是要具有求知的能力，他们把这项能力称作“材”，即是人的感觉官能，如视力、听力等，他们说“惟以五路知”，就是指通过眼、耳、鼻、舌、身五种官能而取得知识。有了这个条件还未必能产生知识，还要以感觉官能与外物接触，才能摄取到所接触的外物的形象、颜色、大小、声音等性征。然后再根据过去所得的经验对这些性征加以分析、综合、判断而建立起知识。

他们并不认为只有通过感觉才能获得知识，他们提出三种知识的来源，即所谓“亲知”“闻知”和“说知”。“亲知”是由亲身经历而得到的直接知识，“闻知”则是由别人传授而获得的间接知识，这两者都是通过感官的作用而取得的；但“说知”则是经由思虑作用的推论而获得的知识。

他们又把人类所知事物的名称分成三类：“达名”“类名”“私名”。达名是万物的通名，类名是一类事物的共名，私名则是一个体事物的专名。对事物的同异，他们也作了分析，“同”可分为四种情况，共指同一物的二种名称是“重同”；二者都属于同一事物的一部分叫“体同”；二者共处于一场所则是“合同”；二者相似是“类同”。“异”也可分为四种情况，两者在名与实方面都不一样的叫“二”；两者不属于同一事物的一部分则称作“不体”；两者不共在同一场所叫“不合”，两者不相类似称为“不类”。

后期墨家也建立起一套逻辑方法，他们发展出了几种三段论法，也讨论了一些推论过程中的谬误。

墨家在战国时代虽然是声势极为浩大的显学，但消失得很快，这与墨家本身的主张有最密切的关系。墨家的理想极高，但其苦行主义并非人人能够忍受的，尤其是那些王公大人更不可能接受。其次墨家讲的天下百姓的大利也与掌握实际力量的统治者的利益冲突得太大，墨家的非攻主张又不允许他们使用武力来取代当时的统治者，因此他们的理想极难落实。到了后来一些钜子的领导路线也发生了偏差，把墨者团体带到替贵族作战效命的方向上去而迷失了原来的理想目标。这样墨家终于丧失了原来的光彩而退到历史背后的阴影中去了。

第三节 道家

道家的先驱人物是隐士。在东周时代封建体制崩解的过程当中，旧有的政治、社会次序逐渐破坏，转而为新生的事物所取代。面对着这种种的变迁，有些人认为旧有的次序不可挽回，也不值得去维护、挽回；而新生的体制又并不是可欲的，也不愿意毫不保留地加以接受；在此进退两难之际，甚至于开始怀疑起政治、社会各种制度的本身是否有价值了。他们既不能，也不愿意维护旧的，又不愿意接受新的，于是只有避开，做个旁观者或隐士，反对积极地、有意志、有目标地去对变化中的事物加以干涉。个人在其所处的社会既不可为，只有退而求一己的自保、自足、自适。

隐士在春秋末已经出现了不少，孔子也注意到了当时“贤者避世、其次避地”的动向。孔子在周游列国的行程中也碰到不少隐士，如石门晨门、卫荷蒉者、楚狂接舆、长沮桀溺、荷蓧丈人等。

杨朱是时代介于墨子与孟子之间的道家人物，他的重要主张是“为我”，据孟子批评他说，他连拔自己的一根毛而对天下有利的事都不干。他把自己的生命看得比什么都重要，要“全生保真”，不使自己为外物所累。杨朱这派道家的后继者有子华子（约在前 380 ~前 320）、詹何（约在前 350 ~前 270）。子华子认为能够使自己的“六欲皆得其宜”，则做到了“全身”；如只能让部分得其宜，已经是“亏生”了；如果六欲都不得其宜，而却委屈、勉强地活下去，这叫做“迫生”，他认为与其“迫生”，还不如死。詹何也强调要“重生”，认为“重生”则自然“轻利”。

道家各派中最重要的还是老子与庄子。关于老子这个人的年代和事迹，在司马迁作《史记·老子传》的时候已经不十分清楚了，传说他姓李，名耳。现存的《老子》一书，从其内容看来，当是战国时代的作品，这书的作者究竟是谁，还很难确定。

老子，选自《历代名臣像解》。

由《老子》一书看来，老子认为道是产生天地万物的根源或总原理，老子说："天下万物生于有，有生于无"，又提到"道"是"先天地生"的，因此"道"也就是"无"。老子说"道之为物，惟恍惟惚"，又说"是无状之状，无物之象"，即指道没有具体的形象，也不可以通过视、听、触觉等来把握的；道也没有意志，没有目的，老子讲"道法自然"，即道生万物，是出于自然，成于无心，而并非有意的造作，也即所谓的"天道无为"。道是无时无所不在的，个别的事物得之于道而以成其物的是"德"，也就是说"德"是个别事物所以产生的个别原理。

老子观察宇宙间事物的变化，所得到的永恒的规律是物极必反，即所谓的"反者道之动"；"大曰逝，逝曰远，远曰反"；"物或损之而益，或益之而损"；"曲则全，枉则直，洼则盈，敝则新"；"祸兮福之所倚，福兮祸之所伏"。即是一循环往复的规律，洞察万物依此规律发展的先机，则可

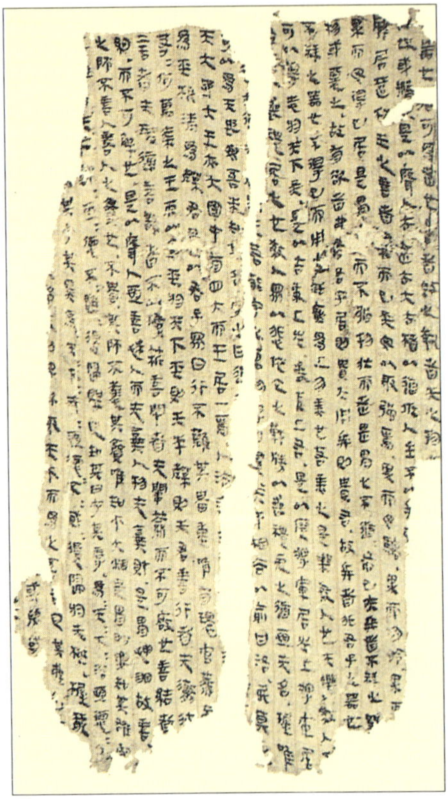

《老子》帛书，1973年湖南长沙市马王堆3号汉墓出土。

以称作“明”，即所谓“知常曰明”“见小曰明”；如果不知道这恒常的规律而产生的不知常利的结果，即所谓任意作为，则必定产生不（即否，音pǐ），妄作，凶”。老子认为人即使是亲身处在某一事物演变的过程当中，或者亲身主持某事，对于他所面临或主持的事，也只能顺其自然变化，不可主动地造作干涉，不得催促其变化，也不能拦阻其前进，否则一定会失败，即所谓“为者败之，执者失之”；只可以采取旁观者的态度，“无为故无败，无执故无失。”

为求全生、自保、自适也必须顺从此原则，必须要做到“柔弱”，老子指出“柔者道之用”；“人之生也柔弱，其死也坚强”；“柔弱胜刚强”；“天下之至柔驰骋天下之至坚”；“守柔曰强”；“万物草木之生也柔脆，其死也枯槁，故坚强者死之徒，柔弱者生之徒”；“天下莫柔弱于水，而攻坚强者莫之能胜”；“强大处下，柔弱处上”。

其次，又须做到“谦下”，老子说：“江海所以能为百谷王者，以其善下之；是以欲上民，必以言下之；欲先民，必以身后之；是以圣人处上而民不重，处前而民不害，是以天下乐推而不厌，以其不争，故天下莫能与之争。”

再则要做到“知足”，他说：“知足不辱，知止不殆，可以长久。”又指出“祸莫大于不知足，咎莫大于欲得，故知足之足，常足矣”，又讲过“知足者富”。

既然处在事物发展的极点的反面才能保持长久，则一定要“去甚、去奢、去泰”，他说：“金玉满堂，莫之能守，富贵而骄，自遗其咎，功成身退，天之道”；又说“保此道者不欲盈”。

老子指出人类的社会、政治制度、伦理行为也因为人的有意造作而发展到与原来所预期的目的相反的方向，导致社会次序的破坏，他认为“天下多忌讳而民弥贫；民多利器，国家滋昏；人多技巧，奇物滋起；法令滋彰，盗贼多有”；“民之难治，以其上之有为，是以难治”；“民之饥，以其上食税之多，是以饥”。因此老子主张要“无为”，他说：“我无为而民自化，我好静而民自正，我无事而民自富，我无欲而民自朴”；“圣人处无为之事，行不言之教”；“为无为，则无不治”。

然而人何以有为呢？老子以为欲望及知识是两项促使人类以自己的意志去造作、去进行干涉、去改变原来社会（即有为）的重要因素，因此人类必须节欲、知足，必须去知。他把削去知识、欲望的功夫称作“损”，他说：“为道日损，损之又损，以至于无为”，即把知、欲削去，削到人不根据自己的欲望、知识来造作的地步，就是“无为”了。

关于这种主张，老子的名言有：“绝圣去智，民利百倍；绝仁弃义，民复孝慈；绝巧弃利，盗贼无有。”“民之难治，以其智多；故以智治国，国之贼；不以智治国，国之福”。“圣人之治，虚其心，实其腹，弱其志，强其骨，常使民无知无欲，使夫智者不敢为也”。这样就可以逐步达到理想的境界：“小国寡民，使有什佰之器而不用，使民重死而不远徙，虽有舟舆无所乘之，虽有甲兵无所陈之，使人复结绳而用之，甘其食，美其服，安其居，乐其俗，邻国相望，鸡犬之声相闻，民至老死不相往来。”

在道家学派中与老子齐名并称的是庄子。庄子，名周，宋国人，约与

庄子，选自《历代名臣像解》。

孟子同时，他与名家惠施是知交至友。

庄子也认为道是宇宙的本体，产生天地万物的根源，道也是“无所不在”的，道的作用也是自然无心的；他所说的德也与老子的德相同。

老子虽然在手段上是消极的，但在态度上或目的上却是积极的，即他企图通过守柔、谦下、知足的方式来积极求富、求强、求上、求生、求长保不殆。也就是老子还在对立的事物（如多少、轻重、长短、高下、坚柔、祸福、巧拙、善恶、先后、得失、贵贱、死生等）中有所区划，分别赋予正面、反面或高下不等的价值。在这方面，庄子却很不一样。由庄子看来，道既产生万物，道既然无所不在，万物的自生自灭、自成自毁即出自道的作用。这变化是无时无刻不在发生、无时无刻不在进行的。即所谓“物之生也，若骤若驰，无动而不变，无时而不移”。万物无论演变成什么事物或产生什么新事物，从道的观点来看都是一样的，即所谓“自其同者视之，万物皆一也”，因此也就无所谓彼此、是非、成败、死生的差别而无物不齐了，所以他说：“以道视之，物无贵贱。”然而人怎样才能超越价值区分的束缚，消融一切死生、贵贱、贫富、荣辱、毁誉、是非、成败、得失等对立事物的界线呢？庄子主张要学道，要把自我与道合为一体。往这个方向去下功夫忘掉一切价值分别、忘掉一切思虑知识、忘掉一切概念，逐步就可以达到“心斋”的境界。斋原是指斋戒，即除去杂欲、杂念而达到心灵的净化。在心斋的境界中，人对其所经验到的事物只有“是这样的”感觉，至于那是什么则全然不知，自然就不会对事物有所区别，有所评判了，这样打破了一切的畛域的隔阂而直接与道结合为一，即庄子所说的“天地与我并生，万物与我为一”。达到这种理想境界的人叫“真人”，真人因超脱了一切的束缚而获得了精神上的彻底解放，成就了绝对的自由，因此能够无入而不自得，无往而不逍遥。

庄子既认为万物齐一，“无（即“无”字）物不然，无物不可”，则各宜顺其自然之性，既不必强人以同己，也不必舍己而从人，因而万物无不自得，“长者不为有余，短者不为不足”。如果勉强地执一以齐众，必定导致天真斲丧，本性泯灭的结果。因此庄子在政治上反对约束管制，主张自由放任、平等，他说：“顺物自然而无私容焉，而天下治矣”，即几乎无政治而言，他的主张与无政府主义十分接近。

在齐国首都临淄的稷下学者中还有宋钘、尹文、田骈、慎到、环渊、接子等道家人物。宋钘（又作宋牼、宋荣，约在前 360 年至前 290 年）与尹文（约在前 350 ~ 前 285）的学说相同，与墨家学说也有接近的部分，他们主张要对人宽恕，要容忍屈辱，不要与人争斗，反对报仇，反对战争。田骈、慎到（均约在前 350 ~ 前 275）以及田骈之师彭蒙（约在前 370 ~ 前 310）的学说大致上十分接近，他们也主张万物平等齐一，要忘却自己本身，抛弃一切知识，顺着事物自然变化，随波逐流，“推而后行，曳（拉）而后往”，这样完全成了无知之物。他们借此以图远祸而全生。慎到一方面还讲法与势，他的学说因而也与法家思想搭上了桥梁。

第四节 名家与阴阳家

春秋战国之际在各方面都发生了巨变，许多旧事物变了质，而新生事物也不断地涌现。这样在相对较短的时间里，事物变动的速率过巨，使人们赶不及构铸新的名词或概念来命名新的事物，于是许多事物的名实之间的联系纽带因而崩脱剥离，不相符合了。在春秋末年孔子已看出这种问题而提出了“正名”的要求。当时郑国著名的讼师邓析（死于前501年）就已经利用名实之间的空隙，钻法律条文的漏洞来图利，这样造成了相当棘手的法律、社会问题，搞得“郑国大乱，民口讙哗”，邓析也因而被杀了。春秋战国之际各国纷纷地制订、颁布法律，这种问题也就日益普遍了。春秋末以来，工商业的繁荣使得许多人民脱离了农业生产的工作，“民舍本而事末，则好智，好智则多诈，多诈则巧法令，以是为非，以非为是”。荀子也提到战国时代“奇辞起，名实乱，是非之形不明，则虽守法之吏，诵数之儒亦皆乱”的情形。

“名家”大概即出于当时那种对刑名加以解释、对语言文字的用法、意义做分析、并在这个基础之上来进行辩论、解说的讼师。在战国当时称作“刑名之家”或“辩者”。战国时代著名的辩者有惠施、公孙龙、桓团、兒说等人。

惠施是宋国人，曾在前334年到前322年间相梁惠王，制定了亲齐路线的外交政策，他也替魏国编订了法律。前322年魏在秦国的压力下，用张仪为相，逐惠施于楚，楚人不愿得罪张仪，于是又送惠施到宋国，前319年张仪离去，惠施才再回魏国，仍为魏国外交上的要角，前318年出使楚国，前314年又出使赵国。其后不久就去世了。

惠施博学，他著的书可以装满五辆车子。惠施是庄子的知友，在思想上也有与庄子接近的地方。他主张“泛爱万物，天地一体”。惠施认为一切事物都是相对的，从同的观点来看，万物都相同，从异的观点来看，万物都不一样，即所谓“万物毕同毕异”。他的辩论方式通常是撇开个体事物的实际的客观性质，而只提出抽象的概念来作为辩说的依据。

公孙龙是赵国人，约在前 283 年左右劝燕昭王偃兵，到前 279 年左右又提出“兼爱之心”来游说赵惠王偃兵。他在赵国受到平原君的礼遇，约到了前 256 年或稍后，邹衍来到赵国与公孙龙辩论，公孙龙于是被黜，约到前 250 年左右去世。公孙龙曾经有“罪三王，非五帝”之论，但现已不可得知。

公孙龙对概念、概念与个体事物的关系作了相当详细的讨论。从《公孙龙子》一书的《白马论》和《坚白论》二篇中可以看到他所提出的著名论题“白马非马”和“坚白石三”。他认为“马”是代表形体的概念，“白”是指颜色的概念，由于“白”“马”两个概念不同于“马”一个概念，所以说“白马非马”。“坚白石三”或“离坚白”是反对把坚白石当做一件物体。他认为用手摸到“坚”的时候，并没有感觉到“白”；而眼睛看到“白”时，却不能感觉到“坚”，因此只能说“坚石”或“白石”，而不能说“坚白石”；“坚”跟“白”还可以脱离“石”而独立存在，因此所感觉到的实际上是坚的性质、白的颜色、石的形体三件事物，而三者统一的物体是不存在的。

前 780 年西周三川皆震，周史官伯阳父提出“阳伏而不能出，阴迫而不能烝，于是有地震”的解释。而到西周末史伯又说到“以土与金、木、水、火杂以成百物”，即将五行视为构成宇宙万物的基本元素。

这种以阴阳二气或五行来说明万物的变化或起源的学说到了战国时代已趋于成熟。经过长久的演变，战国时代的五行学说已发展得相当细密、相当系统化，同时更企图将天下万物一网打尽，当时的五行系统中已经包含了四时、四方、十日（天干）、五帝、五神、五虫、五音、十二律、五数、五味、五臭、五祀、五祀祭先品、明堂、五色、五谷、五牲等事物。

到了邹衍时（约在前 305 ~ 前 240）有了更进一步的发展。邹衍是齐国人，事燕惠王（前 278 ~ 前 272），后游齐国稷下，号“谈天衍”。其后曾到过赵国与公孙龙辩论，最后又事燕王喜。

当时关于五行之间的关系有两种相反的说法，一是五行相生，即木生火，火生土，土生金，金生水，水生木；另一是五行相胜或相克，即金克木，木克土，土克水，水克火，火克金。邹衍采取了五行相胜的说法建立起五德终始说，把朝代与五行组合起来，五行的相胜即王朝的相代。五行代表了五种自然的基本势力，即五德，每一德兴盛时，即有帝王将要兴起，天必先显现祥瑞于人间。他认为黄帝时是土德，木克土，因此被代表木德的夏朝所取代；金胜木，于是“金气胜”的商又取代了夏朝；火胜金，于是代表火德的周又灭了商，而将代周而兴的朝代必然是一个“水气胜”的朝代。这样形成了一种机械式循环的命定论。

第五节　法家

战国时代的法家人物有李克、吴起、商鞅、申不害、韩非子、李斯等人。此外道家的慎到对法家思想的发展也有所贡献。李克、吴起、商鞅、申不害在魏、楚、秦、韩的政治上都曾担任过极重要的角色。李克、吴起、商鞅都着重法律的编订、强调法律贯彻、执行上的严格不二。法不但是指法律，实际上也包括了一套客观的官僚制度。申不害强调“术”，术是用来操纵官僚制度的有效地运行、藏在心胸中来考察、应付各种事物、暗中控御群臣的一套技术或谋略。老子与当时介于道、法之间的“黄老学派”也讲究“术”。慎到则谈“势”，势是指至尊至重的地位。战国末的韩非子则总结了各派的主张，集法家之大成。

韩非（约在前 280 ~ 前 233）是韩国的公子，他与李斯同为儒家大师荀卿的弟子。他看到当时韩国的削弱，上书劝韩王改革，但却不见采纳。前 234 年韩国眼看就要被秦吞并了，韩非奉使入秦，企图挽救，但未成功，次年为李斯迫害，自杀而死。

法家思想是我国古代的极权政治思想，完全是站在君主的立场上，为君主的利益讲话的。

法家思想形成、发展的背景是封建体制崩溃过程中种种政治、社会的变革。封建的解体，导致天子陵夷，诸侯强盛，列国间战争不已。诸侯的强大与攻伐兼并互为因果，从而又刺激了战争剧烈的程度日益增高，外交上的联合、阴谋活动也日渐频繁，使各国感到如果要求生存，必须要求改革，要有一套客观、有效的行政系统，要求富、强。在各国邦内又有君与臣之间层出不穷的激烈斗争，当时黄老学派的学者就指出那种“上、下一日百战”的情形。国君要怎样才能控制臣下，不至于为臣下出卖、夺权、篡弑，而又能迫使臣下施展才智为其效命以应付来自国内、外的威胁或问题，又引导君主们认识到巩固权势、讲究统御技术的必要。

在这种冷酷、现实的环境中，稍有不慎、一露弱点、偶犯过错，就立刻可能有败亡陨命的危险。法家思想既然诞生、成长在这样的环境里，要应付四面现存的、潜伏的危机，便不得不步步踏实，讲究利害，强调功效，追求在种种斗争中必然胜利的保证。这使法家思想具备了功利、现实的性格，成就了绝对主义的精神。由《韩非子》一书看来，这种性格或精神反映到法家思想的表现形式上，就是对证据的要求，推理的合乎逻辑，思路的清晰、细密，问题分析的深刻，体系的严谨。

法家的政治主张是建立在其人性观的基础上的。法家对人性是不信任的，韩非子指出人性是趋利避害（害是利的反面）的，他说“好利恶害，夫人之所有也”，又说“民者，好利禄而恶刑罚”。人总是以自我为中心追求一己的利益，是全然自私的，即人人“皆挟自为之心也”。即使是骨肉至亲的关系也不免以自私自利之心来相对待，韩非子举例说："父母之于子也，产男则相贺，产女则杀之（古代人民在沉重的赋税压力下，杀婴以减少人口负担的方式）。此俱出父母之怀衽，然男子受贺，女子杀之者，虑其后便，计之长利也。故父母之于子也，犹用计算之心以相待也，而况无父子之泽乎！"为了追求利益，几乎人人都可成为勇士，韩非子说："鳣似蛇，蚕似蠋，人见蛇则惊骇，见蠋则毛起。然而妇人拾蚕，渔者握鳣，利之所在，则忘其所恶，皆为贲、诸（指孟贲、专诸，都是著名的勇士）。"

在这种情况之下，怎么可以相信人呢？君主对大臣绝对不可信任，这是由于"君臣之利异，故人臣莫（没有任何一个）忠，故臣利立而主利灭"。韩非子认为臣下始终都在暗中窥视君主，一有机会就立刻下手谋求一己之利、立刻夺权篡位，因此他说："人主之患，在于信人，信人则制于人。"即使是君主身边最亲近的妻子或后妃、亲生的嫡子或太子都不可信赖，他们就极可能希望君主早死。

人既如此自私、可怕，不可信也就罢了，而一般人又普遍地愚昧无知，不能顾虑到群体的长远利益，因此君主也绝不可信赖人民："民智之不可用，犹婴儿之心也……婴儿不知犯其所小苦，致其所大利也。"

人性既然如此，就不是可以依赖仁德来教化的了，韩非子说："夫严家无悍虏（凶悍的奴仆），而慈母有败子，吾以此知威势之可以禁暴，而德厚之不足以止乱也。"在法家看来仁义道德教化不是具有实效的办法，而切实有功效的办法是利用人性的弱点，即趋利避害。用赏，即利来引诱；用罚，即害来禁止，这样才会有效果。但利之所在人人都成了勇士，人们还是敢犯险冒害地去追求大利，因此在运用赏罚时还要做到"严刑峻法""信赏必罚"两项原则，即小过错就有极重的惩罚，大罪过当然更重，谁还敢犯呢？要做到没有侥幸、没有漏网之鱼才可以。关于这点，韩非子举过一个著名的故事来加以说明："董阏于为赵上地守，行石邑山中，见深涧峭如墙，深百仞，因问其旁乡左右：'人尝有入此者乎？'对曰：'无有。'曰：'婴儿、盲聋、狂悖之人（疯子）尝有入此者乎？'对曰：'无有。''牛马犬彘尝有入此者乎？'对曰：'无有。'董阏于喟然太息曰：'吾能治矣，使吾法之无赦，犹入涧之必死也，则人莫之敢犯也，何为不治！'"

法家这种统治态度显然是认为人性是不可塑、不可改造、也不必去改造的，他们只是把人局限在严刑峻法网络的范围里，并不要求在人的本身上产生质的变化，人性仍然还是自私自利、不可信赖的。这点是标志法家与儒家巨大差距的分水岭，荀子虽然说人性是恶的，但人性却是可塑的，可以改造的，而荀子也正追求在人本身上建立起永恒的道德自主或自律的行为倾向。

鉴于国际、国内的种种情势，基于人性的好利避害，法家提出了他们的具体政治主张。在经济上他们提出重农抑商的政策，要增加生产，奖励耕织，裁抑游食末作的工、商，以求富国。在军事上，则奖励军功，得士死力，以求强兵。在政治上，采取一套客观化、理性的政治系统，即官僚制度，消极地可以取代世袭贵族，削私门之权，以免篡弑劫杀之祸；积极地可以通过"循名责实"的方式来察选贤才、来尽臣下之能而增进行政的效率。用"严刑峻法""信赏必罚"来保证一切政令之必行；采取种种权术、阴谋、诡诈的手段来考察臣下的诚、伪、忠、奸、贤、愚，而求对臣下的绝对控制；尊崇君主的威势以阻吓、禁扼一切阴谋不法、反叛的活动。

在这我们可以明了，法家思想实践下的逻辑结果就是极端的君主专制。为了保证这一切主张的彻底落实，为了保障君主的所有利益，为了维护君主的绝对安全，而在君主无人可信、可靠的情况下，权力绝对的集中成了必要的条件，君主的尊严至高无上、不容冒犯成了必然的要求，君主的极端专制也因而出现。君主必须要大权独揽，申不害提出："独视者谓明，独听者谓聪，能独断者，故可以为天下主。"不可以有丝毫假贷，否则就有被夺权的危险，韩非子说："酸、甘、碱、淡，不以口断，而决于宰尹，则厨人轻君而重宰尹矣。上、下、清、浊，不以耳断，而决于乐正，则瞽工轻君而重乐正矣。"不容许有任何独立于其权威之外而不受其控制的人物存在。韩非子曾提出一个故事阐明这点："太公望东封于齐，齐东海上有居士曰狂矞、华士昆弟二人者，立议曰：吾无求于人也，无上（统治者）之名，无君之禄，不事仕而事力。太公望至营丘，使执而杀之。"即不容许有隐居、脱离社会、不受君主掌握笼络的人存在，这种人的存在等于是在对君主的绝对权威挑战。

法家要求君主的尊严至高无上，不容冒犯，这个目标是不容易办到的，君主若有了过失，便易为臣民批评、为臣民看轻，在法家看来这就危害到君主的权势了。这个难题在韩非子手上得到了成功的解决，他提出"明君之道，使智者尽其虑，而君因以断事，故君不穷于智；贤者敕其材，君因而任之，故君不穷于能；有功则君有其贤，有过则臣任其罪，故君不穷于名。"这样一切功、名都归于君主，一切罪过都在臣下，君主便永无错误了，既然君主永远都是对的，则君主的法律、制度、政策、命令自然具有至高无上的权威，与其抵触的任何言、行一律要禁止。韩非子说："明主之国，令者，言最贵者也；法者，事最适者也。言无二贵，法不两适，故言、行而（若）不轨于法、令者必禁。"而人民也因而只有服从的义务，没有言论或批评的权利或自由。

在学术思想上当然也不例外，韩非子说："人主于听学也……若非其言，宜去其身而息其端"，即将统治者认为不对的学说禁止，把提倡者杀掉。儒家学者"多诵先古之书，以乱当世之治"，即"以古非今"，更是要不得，必须禁止。但最彻底、最安全的策略就是消除一切非官方的言论、学术，统一思想，具体的实践办法就是禁其言、杀其人、毁其书，这就是韩非子所提出的著名主张："明主之国，无书简之文，以法为教；无先王之语，以吏为师。”通过这种愚民政策的施行，君主就可高枕无忧了。

任何人的言行活动都要符合君主的主张、君主的利益，因此人民以工、商为业就不可以；游侠肆意杀人、活贼匿奸，向君主的法令挑战，更不可以；“四体不动、五谷不分”，不事农业生产，专门提倡没有实效的仁义道德来干扰君主的政策的儒家也不可以；专凭三寸不烂之舌假借谈论计策，而实际上却在勾结外国，谋求私利的纵横言谈之士也不可以；重臣私门的党羽，钻营请托说情，也不可以。这些人在君主眼中，都是国家的害虫，韩非子称这五种人作“五蠹”，即五种国家的蛀虫。一切人民的言论、作为都要符合君主的利益：“境内之民，其言谈者必轨于法，动作者归之于功，为勇者尽之于军。”

法家思想中的君主既有最高最重的权势，因而想要将其更换易位是极困难的，而君主又是永不错误的，则更不应该、也没有理由要把君主易位，韩非子的譬喻说得很明白：“冠虽穿弊，必戴于头；履虽五采，必践之于地。”也就是说无论如何君永远是君，不可更换；即使是桀、纣之君也不可推翻；臣民永远是臣民，即使是孔、孟一样的圣人也不可取君位而代之。因此法家否定了人民有革命的权利，儒家所说的汤武革命，他们认为是篡位弑君。

法家思想为后世历代专制君主提供了在政治上的指导理论和行动纲领，在往后二千多年的历史中有极深远的影响。